数字普惠金融译丛

U0674972

INTELLIGENT CREDIT SCORING

Building and Implementing
Better Credit Risk Scorecards

Second Edition

智能信用评分
创建和实施更好的
信用风险评分卡

（第二版）

Naeem Siddiqi

[加]纳伊姆·西迪奇 著

张岳令 龚永国 张淳博 译

东北财经大学出版社
Dongbei University of Finance & Economics Press

大连

辽宁省版权局著作权合同登记号：图字06-2018-66号

图书在版编目（CIP）数据

智能信用评分：创建和实施更好的信用风险评分卡（第二版）/（加）纳伊姆·西迪奇（Naeem Siddiqi）著；张岳令，龚永国，张淳博译.一大连：东北财经大学出版社，2021.1
（数学普惠金融译丛）
ISBN 978-7-5654-3990-2

Ⅰ．智…　Ⅱ．①纳…②张…③龚…④张…　Ⅲ．贷款风险管理-信用评级　Ⅳ．F830.5

中国版本图书馆CIP数据核字（2020）第185309号

东北财经大学出版社出版发行
　　大连市黑石礁尖山街217号　邮政编码　116025
　　网　　址：http：//www．dufep．cn
　　读者信箱：dufep@dufe．edu．cn
大连图腾彩色印刷有限公司印刷

幅面尺寸：170mm×240mm　字数：332千字　印张：22.5
2021年1月第1版　　　　　2021年1月第1次印刷
责任编辑：刘东威　　　　　责任校对：刘慧美　吉　扬　王　玲
封面设计：原　皓　　　　　版式设计：钟福建
定价：69.00元

教学支持　售后服务　　联系电话：（0411）84710309
版权所有　侵权必究　　举报电话：（0411）84710523
如有印装质量问题，请联系营销部：（0411）84710711

译者前言

现代管理科学的重要奠基人爱德华兹·戴明称："除了上帝，其他任何人都必须用数据说话。"当今时代是一个用数据说话的时代，也是一个依靠数据竞争的时代。大数据分析已成为银行日常经营的重要生产力和驱动力，"以客户为中心"的创新是建立在"大数据"基础之上的。通过对海量数据的深入挖掘和分析，可以掌握客户的线上线下行为习惯、充分了解客户关心的问题、支持客户购买行为、构建新的业务模式，更好地满足客户的金融需求。

大数据是性感的——它时髦又流行。银行和其他金融机构已开始探索和理解利用大数据进行信用评分的好处和用途。大数据正在改变金融业的运作方式。大数据分析将不仅仅应用于产品和业务的创新改进，还将进一步发挥创新催化剂和转型助推器的作用，推动商业银行经营理念、组织架构、管理模式等的全面调整和深度整合，驱动银行数字化转型不断深入。

本书作者阐述了信用风险评分卡作为强有力的业务决策核心能力的重要性，描述了评分卡开发、验证、实施和监测的整个信用风险生命周期的细节，为我们提供了有价值的参考和见解。

作者认为，大数据是信用评分行业的游戏规则改变者。信用评分和大数据的融合似乎是合乎逻辑和自然的。借助大数据，金融借贷行业可以快速从海量资源中获取有用信息，支持业务决策，提供更有效的精准营销和风险管理，提高业务绩效和运营效率。尽管大数据带来了巨大的机遇，但它也带来了新的挑战和竞争。

作者还指出信用评分会带来歧视。将大数据纳入信用评分算法时，需要考虑和避免可能引入授信决策的潜在歧视因素。金融贷款机构在使用大数据源时要谨慎行事，采取一切必要手段，确保利用大数据服务消费者的公共利益，而不是孤立一些群体使他们无法获得贷款。

本书由张岳令、龚永国、张淳博三人共同翻译。张岳令翻译第1～7章，龚永国翻译第8～11章，张淳博翻译第12～14章。其余部分及最后统稿由张岳令完成。由于译者水平有限，书中难免有疏漏之处，敬请读者批评指正。

张岳令

2020年5月于布拉柴维尔

致　谢

与第一版一样，我要感谢许多人，他们为这本书的内容提供了想法、建议和灵感。

我要感谢比利·安德森博士（Dr. Billie Anderson）、亨德里克·瓦格纳博士（Dr. Hendrik Wagner）、克拉克·亚伯拉罕斯（Clark Abrahams）、布拉德利·本德（Bradley Bender）和查尔斯·马纳博士（Dr. Charles Maner），感谢他们慷慨地应邀为本书撰写内容丰富的部分章节。

古罗马诗人奥维德（Ovid）曾经说过："当一匹马可以追赶和超越其他的马时，它就跑得比任何时候都快。"我非常感谢与我一起在SAS工作的才华横溢的同仁，他们不断地给予我丰富的风险管理和分析知识。

我要感谢尼古拉·菲利彭科夫（Nikolay Filipenkov）和克拉克·亚伯拉罕斯（Clark Abrahams）对本书的审阅，并提出了很好的改进意见。

我不断从我的客户和信用评分业务部门的同事那里了解这个行业面临的当代问题、挑战以及处理这些问题的创新方法。我们今天所知道的，在很大程度上归功于信用评分从业者对知识和研究工作的慷慨分享。我们感激他们。

我的家人——Saleha、Zainab和Noor——非常支持我，并容忍我经常因为工作原因而离家。在那段时间里，他们做了大量的家务（特别是在万锦市暴风雪期间，我却待在暖和的他乡）。

最后，一如既往地，我要感谢我的父母，他们鼓励我不断地探索知识，感谢他们不断的祈祷和祝福，没有他们就没有我的成功。

目　录

第1章 绪论

"一名年长的风险管理者唯一的优点是,不会重复犯曾经犯过的那些大量错误。"

唐纳德·范·德文特 (Donald Van Deventer)

自本书 2006 年第一版出版以来,情况发生了很大变化。在国际范围内已经开始使用信用评分,数以千计的贷方正在开发自己内部的评分卡。SAS 信用评分[①]方案作为行业标准,差不多创立于 2006 年,现在已有 60 多个国家和地区的上百个客户采用。当然,更多的银行使用其他供应商的产品在内部构建和使用信用风险评分卡。但就总的趋势来说,更多的银行正将评分卡的开发由原先的外包转变为自己内部构建。下列因素按照需要讨论的先后顺序排列,推动了评分卡的更广泛使用,并解释了为什么银行决定构建自己内部的评分卡。

推动评分卡广泛使用的因素包括:

■ 加强监管。

■ 易于使用大量可靠的数据。

■ 构建评分卡更好的软件。

---

① www.sas.com/en_us/industry/banking/credit-scoring.html.

■ 为潜在的开发者提供更多的教育和培训材料。

■ 在公司知识管理中促进专业知识的保护和共享。

■ 向外部和内部利益相关者发出信号。

■ 效率和流程改进。

■ 创造价值及提高盈利能力。

■ 改善客户体验。

在过去的十年中,《巴塞尔协议 II》是推动银行开发内部信用评分卡的最主要因素。[①]

具体而言,那些主动选择(或者被告知)遵守《巴塞尔协议 II》的初级或高级内部评级法的银行,必须在内部做出违约概率(probability of default,PD)估算(以及对违约损失率(loss given default,LGD)和违约风险敞口(exposure at default,EAD)的估算)。大型银行扩大了信用评分的使用范围,以彰显其在信用评分方面的能力。在很多国家(特别是在欧洲),即使是小型银行也决定采用这些方法,它们也因此必须自己构建模型。这当然带来一些挑战:有些银行从未在内部构建评分卡(有的还没有使用过评分卡),要从何处开始构建?许多机构在数据仓库/管理、组织结构、技术基础设施和决策以及风险管理文化等方面经历了重大变化。其中一些实践中的经验教训将在有关创建信用评分基础设施的章节中以及参与该项目的人员中分享。

尽管欧洲在实施《巴塞尔协议 II》的过程中存在诸多分歧,但好歹完成了这一进程。[②]《巴塞尔协议 II》中的一些内容,特别是如何定义违约的概念将在亨德里克·瓦格纳博士撰写的那一章中加以详细说明。许多国家正在实施《巴塞尔协议 II》,相同的实施进程已被不同国家重复多次(在大多数情况下,

---

① Basel Committee for Banking Supervision, Basel II: International Convergence of Capital Measurement and Capital Standards: A Revised Framework, Bank for International Settlements, November 2005.

② European Banking Federation, Study on Internal Rating Based (IRB) Models in Europe, 2014.

很多国家依然会遇到欧洲 10 年前遇到的问题)。零售信用卡和汽车贷款公司等很多机构,并不需要遵守《巴塞尔协议 II》,但是它们都自愿选择遵守,认为这是向市场证明其能力和睿智的一种方式,也是对其内部流程稳健性的一种自信。遵守《巴塞尔协议 II》的合规要求不应该仅仅被视为一种强制性的监管活动,而是引领它们优化内部流程的最佳实践,有这样认识的机构往往得到更多。这个持续改进的主题贯穿于本书的各个章节,并为评分卡的开发实施提供最佳的实践指导。

有些国家的本地银行决定采用分析法来改善内部流程以提高竞争力,反而并不考虑《巴塞尔协议 II》。在许多发展中国家,银行业开始解除管制或更加开放,这使得跨国银行开始在那里开展业务。这些银行一般都有使用先进的分析和评价信用的悠久历史。这给一些当地银行带来了竞争压力,这些银行在许多情况下都是用人工和判断的方法。因此,当地银行开始对数据仓库、分析和内部信用评分等方面进行投资,以求降低成本、减少损失并提高效率。促使信用评分被广泛接受的另一个因素是,对评分卡的开发商而言,在全球范围内,信用评分仍是一个供不应求的市场。无论是否遵守《巴塞尔协议 II》,几乎所有的国家对成熟的信用评分系统的需求仍然旺盛。

最近,由于引入《国际财务报告准则第 9 号》(IFRS 9)来计算预期损失,导致所有公司扩大了预测模型的使用。那些早先加大投入修复数据问题并建立持续的、强大的分析功能的机构,将更容易适应这种变化。

在成熟的市场中,那些早就开发出模型和评分卡的银行正在研究如何使流程效率高、可持续和更透明,增加对数据仓库(能使分析师快速、轻松访问数据的工具)、降低模型风险的集成框架、流程管控和其他此类领域的投入。许多在数据仓库上投入大量资金的银行也在寻求提高投资回报率(return on investment,ROI)。信用评分提供了一种快速且经过验证的数据使用方式,不仅可以减少损失,还可以提高盈利能力。[1]

---

[1] L. Einav, M. Jenkins, J. Levin, "The Impact of Credit Scoring on Consumer Lending," RAND Journal of Economics, 44, no. 2, (Summer 2013): 249-274.

建模或信用评分卡（这两个词在本书中可互换使用）研发资源的稀缺性，促使公司尝试通过使用建模工具来降低人力资源风险，建模工具能够鼓励共享并保护公司知识产权，减少培训周期和成本，并且更容易使用。我们将在管理内部评分风险的那一章讨论开发内部评分卡面临的挑战和风险。

在没有受到前述影响的其他银行当中，日益激烈的竞争和不断增长的创收压力促使授信机构寻求更有效的方式来吸引信誉良好的新客户，同时又能控制住损失。激进的营销策略往往导致银行不断迈进潜在客户的风险池里，同时还要求提高效率、加快流程，这又会导致不断提高信用和保险的申请及审批过程的自动化程度。风险管理人员面临的挑战是，要制订风险判断解决方案，不仅要令人满意地评估信誉度，而且要保持较低的单位处理成本，同时减少客户等待的周期。有些国家没有征信机构，风险管理者面临着可能使用不稳定或不可靠的数据的额外挑战。此外，提供优质的客户服务又要求这种自动化的过程能够最大限度地降低将资信良好的客户拒之门外的可能性，同时尽可能地避免出现潜在的违约。

从客户管理角度来说，公司通过提供更多的产品和增值服务，尽最大努力来留住已有客户。风险管理人员也要帮助选择"合适的"（低风险）客户来享受这些优惠措施。相反，对于那些表现出负面行为（不及时还款、欺诈）的客户，风险经理需要制定策略，不仅要识别他们，还要有效地应对，使损失最小化，并尽快收回欠款。

正是在这种环境中，信用风险评分卡继续为业务需求提供强有力的、经验性的解决方案。各行各业广泛运用信用风险评分卡来预测各种类型的支付逾期、欺诈、索赔（如保险）以及清收应收账款等。最近，如前所述，信用评分已广泛用于监管合规。信用评分是评估风险的客观方法，也是一个前后一致的方法，前提是系统重新定义保持在可接受的政策指定阈值内。

过去，大多数金融机构从少数信用风险供应商处获得信用风险评分卡。首先由金融机构向供应商提供它们的数据，供应商据此开发出预测评分卡交付给金融机构。对于小公司而言，购买通用的或集成的数据评分卡是唯一的选择。而先行一步的大公司长期以来一直拥有内部建模和评分卡开发的能力，但在过去几年中，开发内部评分卡的趋势已经变得更为普遍。本章开头已经介绍了出现这种现象的监管和经营方面的原因。其他的原因将在后面讨论。

首先，现在的数据挖掘软件比以往任何时候都更强大、更易于使用。这使得用户无须在高级程序员和基础设施上投入巨资就可以开发评分卡。日益激烈的竞争和几家新的数据挖掘供应商的加入，使得这些工具的价格越来越便宜。鼠标一点，就可以使用复杂的数据挖掘功能，让用户花更多时间应用业务和数据挖掘的专业知识来解决问题，而不必调试复杂而冗长的程序。软件强大的基于"点击"的提取－转换－加载（Extract-Transform-Load，ETL）的功能，能有效地提取和准备数据，用于评分卡开发和其他数据挖掘方面。其次，智能化和易于访问的数据存储技术的进步，减轻了收集所需数据并将其转化为易于分析的形式的大量负担。如前所述，银行和其他贷款机构已经在数据仓库和数据管理方面进行了大量投资，现在正致力于利用这些数据提高盈利能力。

一旦这些工具成熟可用，内部开发就成为许多中小型机构的可行性选择。该行业现在可以为那些开发内部评分卡的参与者提供大量的投资回报。经验表明，内部信用评分卡的开发可以比任何外包的做法更快速、更便宜、更灵活。由于维持内部信用评分能力的成本低于购买评分卡的成本，因此开发成本更低。内部开发能力还允许公司以同样的支出开发更多的评分卡（进行更进一步的细分）。使用合适的软件，内部资源也可以供公司更快地开发评分卡，这意味着更好的定制评分卡可以更快地实施，从而降低损失。

此外，公司越来越意识到它们对内部数据和业务洞察力的超凡见识，将引导其开发出效能更好的评分卡。经验丰富的建模人员明白，影响模型质量的最主要因素是数据本身，其次是数据分析师的知识水平。本书将详细介绍如何应用内部知识来构建更好的评分卡。在项目的每个阶段，我们将讨论如何应用准确的判断来强化统计分析能力。

效能更好的评分卡也来自灵活的细分实验，然后通过开发更细化的评分卡来实现。更深层次的细分可以实现更精确的预测和策略。结合可以实施冠军/挑战者评分卡的软件，将是一种试验不同模型配置的好方法。通过外部供应商执行这种具体的细分分析，代价可能会很大。

银行也意识到信用风险评分卡这种商品不是购买价格越低越好。相反，它们是该机构的核心能力和知识产品。内部评分卡开发增加了组织的知识储备，因此所做的分析揭示了潜藏的宝贵信息。这些信息能更好地了解客户的风险行为，并有助于制定更好的战略。我们将在模型开发部分，特别是分组过程中，介绍这些知识产品。

总之，将关键的建模和战略决策留给"外部专家"虽可以证明是较佳的次优选择，成本当然也是相当高昂的。

本书介绍了一个以业务为中心的信用风险预测评分卡的开发和使用流程，该流程建立在统计和数据挖掘原则的坚实基础之上。统计和数据挖掘技术及方法已在各种出版物中详细讨论过，这里不再深入讨论。我想当然地认为读者要么熟悉这些算法，要么可以事先阅读它们，且正在查阅与评分卡开发相关的业务知识。

本书涉及的主要概念有：

■ 业务智能应用于评分卡开发过程，因此评分卡的开发和实施被视为解决业务问题的智能解决方案。良好的评分卡不是仅通过一系列程序或算法传递数据的，而是当数据流经用户经历过分析和业务培训的大脑时构建的。这一概念将应用于本书的所有部分——统计分析再加上业务知识，以创造更好的结果。

■ 创建评分卡是一个业务流程——就像我们使用简单或复杂的统计算法来构建模型一样，归根结底它是一个业务活动。这项工作的目的是做出更好的业务决策，而不仅仅是创造一个伟大的公式。因此，每个过程——无论是选择"不良的"定义，还是决定细分和属性的最佳分组，或者最佳评分卡——都将通过业务决策的视角来审视。

■ 评分卡是以协作的方式开发的，最终用户、业务专家、实施者、建模者、验证者、决策者和其利益相关者以协作的方式工作，以获得更好的结果，避免开发过程中代价高昂的挫折和潜在的灾难。

■ 建立风险概况变量——这意味着建立包含代表主要信息类别的预测变量的评分卡，通常在8到15个变量之间。这模仿了有经验的风险判断者的思维过程，他们分析来自信贷申请或客户行为的信息，并根据可用的不同信息类型勾勒一个风险概况。他们不会仅使用四到五条信息就做出决定——那么为什么有人要建立一个限定变量的评分卡呢？在统计学中，通常优选简化模型。然而，在这种情况下，当建模者试图更充分地捕捉业务现实时，为了总结出适当且具有代表性的风险概况，会优选更多变量。这项工作的目的是寻求最好的决策工具，而不单纯是统计工具。

■ 预测决策的影响并为其做好准备。每个决策——无论是目标变量的定义、细分、变量的选择、转换、截止值的选择，还是其他策略——都会引发影响公司其他领域以及未来业绩的一系列事件。通过利用公司的专有知识且与他人合作，用户将学会预测每个决定的影响，并相应地做好准备，以尽量减少干扰和令人不快的意外。

■ 将评分卡视为决策支持工具。评分卡被认为是有助于做好决策的工具。这表明必须理解和控制评分卡。评分卡不应该被开发成一个复杂的模型，以至于人们难以理解，进而无法做出决策或进行诊断。

个性化的评分卡开发项目需要以不同的方式处理，具体取决于每个公司的具体情况，包括可用数据的数量和类型、知识水平、员工和监管限制等。因此，应将此方法视为一套"最佳实践"指南，而不是必须遵循的一套明确规则。用户一旦了解了本书中描述的诸多过程和计算，就可以自行更改和调配。

最后，应该注意的是，为确保用于授予消费者信用的评分卡在统计上可靠、在经验中派生，并能够在统计上以显著的效率将守信、失信申请人区分开来，合规监管在此方面发挥了重要作用。[1]用户还应该关注其所在国家对模型

---

[1]　Reg. B, 12 C.F.R. §202.2(p)(2)(iii)(1978).

进行监管的那些法律法规，并相应地修改完善流程。

1.1 评分卡：概述

与其他预测模型一样，信用风险评分是用于评估与申请人或客户相关的信用风险水平的工具。虽然它没有在个体基础上区分"正常"（没有预期的负面行为）或"不良"（有预期的负面行为）的申请，但它提供了统计概率，或者说概率，即任何给定分数的申请人将有"正常"或"不良"的概率或得分，并且还有其他业务考虑，如预期批准率、利润、客户流失率和损失额，作为决策的基础。

评分卡最简单的形式，是由一组特征数据组成，这些特征数据在统计学上被确定为用于区分正常账户和不良账户的预测性指标。作为参考，图表1-1显示了评分卡的一部分内容。

评分卡特征可以从申请时贷方可用的任何数据源中选择。这些特征的例子包括人口统计数据（例如，年龄、居住时间、工作时间、邮政编码），现有关系（例如，与银行有信用往来的时间、产品的数量和类型、还款状况、以前的索赔），征信机构（例如，查询、交易、逾期、公共记录），房地产数据等。在后面的章节中，将会详细地讨论这些变量的选择和评分卡的创建。

针对每个属性（"年龄"为特征，"23～25"为属性）在统计分析的基础上，综合考虑特征的预测强度、特征之间的相关性、操作等多种因素进行打分。申请人的总得分是该申请人的评分卡中每个属性的得分之和。

图表1-2是收益表的一个示例，是评分卡开发过程中产生的管理报告之一。

在后面的章节中将详细介绍收益表，收益表告诉我们评分卡预期的履约情况。可以从这个表中观察如下：

■ 分数区间已经安排好，每个分数区间（score bucket）大约有10%的账户。有些分析师喜欢把它们分成相等的分数区间。

图表1-1 评分卡样本（部分）

LTV	LTV< 89	41
	89<= LTV< 98	27
	98<= LTV< 111	18
	111<= LTV< 119	11
	119<= LTV, _MISSING_	7
Mth_oldest_trade	Mth_oldest_trade< 42, _MISSING_	16
	42<= Mth_oldest_trade< 58	17
	58<= Mth_oldest_trade< 86	19
	86<= Mth_oldest_trade< 125	20
	125<= Mth_oldest_trade< 178	22
	178<= Mth_oldest_trade< 216	26
	216<= Mth_oldest_trade	29
Total_lim_cc	Total_lim_cc< 1100, _MISSING_	15
	1100<= Total_lim_cc< 1902	16
	1902<= Total_lim_cc< 3970	18
	3970<= Total_lim_cc< 12500	20
	12500<= Total_lim_cc< 21218	25
	21218<= Total_lim_cc	31
Utilisation	Utilisation< 2, _MISSING_	20
	2<= Utilisation< 12	29
	12<= Utilisation< 27	25
	27<= Utilisation< 39	24

图表 1-2　收益表

Bucket	Score Bucket	Data Role	Count	Cumulative Count	Event Count	Non-Event Count	Cumulative Event Count	Cumulative Non-Event Count	Marginal Event Rate	Marginal Non-Event Rate	Cumulative Event Rate	Cumulative Non-Event Rate	Average Predicted Probability	Low Predicted Probability Threshold	High Predicted Probability Threshold	Cumulative Approval Rate
10	Score >= 232	TRAIN	2465.5	2465.5	5	2460.5	5	2460.5	0.202799	99.7972	0.202799	99.7972	0.004772	0.00312	0.006819	10.60852
9	220 <= Score < 232	TRAIN	2315	4780.5	16	2299	21	4759.5	0.691145	99.30886	0.439285	99.56072	0.008167	0.006419	0.010231	20.56947
8	207 <= Score < 220	TRAIN	2283.75	7044.25	36	2227.75	57	6987.25	1.590282	98.40972	0.809171	99.19083	0.012515	0.009648	0.01603	30.30991
7	193 <= Score < 207	TRAIN	2425.25	9469.5	55	2370.25	112	9357.5	2.267807	97.73219	1.182745	98.81726	0.019892	0.014836	0.02602	40.74524
6	182 <= Score < 193	TRAIN	2349.75	11819.25	84	2265.75	196	11623.25	3.574848	96.42515	1.658312	98.34169	0.03	0.023839	0.037466	50.85572
5	172 <= Score < 182	TRAIN	2331.75	14151	85	2246.75	281	13870	3.645331	96.35467	1.985725	98.01427	0.042729	0.034268	0.051626	60.88874
4	163 <= Score < 172	TRAIN	2297.5	16448.5	122	2175.5	403	16045.5	5.31012	94.68988	2.450071	97.54993	0.058533	0.047773	0.068489	70.77439
3	154 <= Score < 163	TRAIN	2328.5	18777	191	2137.5	594	18183	8.202706	91.79729	3.163445	96.83656	0.07829	0.065195	0.092712	80.79343
2	143 <= Score < 154	TRAIN	2214.5	20991.5	248	1966.5	842	20149.5	11.19892	88.80108	4.011147	95.98885	0.104679	0.086111	0.131602	90.32196
1	Score < 143	TRAIN	2249.25	23240.75	354	1895.25	1196	22044.75	15.73858	84.26142	5.146133	94.85387	0.168506	0.12092	0.277842	100

■ "边际事件率"（marginal event rate）一栏显示的边际不良率，从最低的0.2%到最高的15.7%不等。由于计数较少，基于计数的不良率与模型预测的不良率（平均预测概率）之间存在一定的差异。

■ 例如，得分在163~172分之间的账户预期边际不良率为5.31%。这意味着得分在这个范围内的账户有5.31%将是不良的。

■ 对于得分在163分以上的所有账户，"累计事件率"一栏中显示的累计不良率为2.45%。这将是163分以上申请人的总预期不良率。

■ 如果我们把163分作为申请评分卡的截止值，录取比例将在70%左右，也就是说，70%的申请人得分高于163分。

根据上述所列因素，以及将在评分卡实施章节中讨论的其他决策指标，公司可做出决定。比如说，拒绝得分低于163的所有申请人，或者根据他们更大的违约风险向他们收取更高的费用。"不良"的定义通常使用负面履约指标，如破产、欺诈、逾期、核销/撇账以及负净现值（NPV）等。

风险评分信息与其他因素（如预期批准率和每个风险级别的收入/利润潜力）相结合，可以用来开发新的应用策略，将收益最大化和不良率最小化。一些针对高风险申请人的策略是：

■ 如果风险等级过高，降低信用评级/服务。

■ 降低信用卡或信用额度的起始信用额度。

■ 要求申请人为抵押贷款或汽车贷款提供较高的首付比例或保证金。

■ 对贷款设定较高的利率。

■ 对保单收取较高的保费。

■ 调整业务客户的付款条件。

■ 要求申请人提供水电设施服务或固定电话押金。

■ 提供预付移动电话服务，而不是后付费，或提供较低的月付费计划。

■ 拒绝电信公司的国际长途接入。

■ 要求高风险申请人提供有关就业、资产或收入的进一步证明文件。

■ 选择申请人，以便对潜在的欺诈活动进行进一步审查。

相反，得分高的申请者可能会获得优惠利率和更高的信用额度，并获得升级到更好产品的机会，如优质信用卡，或公司提供的额外产品。

申请分数也有助于制定"尽职调查"政策。例如，可以直接拒绝得分非常低的申请人，可以批准那些得分中等的申请人，但是需要提供有关房地产、收入证明或证券的估值信息等额外的文件。

前面的例子专门讨论了申请阶段的信用风险评分。同样，风险评分也适用于现有客户。在这种情况下，就需要用客户与公司的行为数据以及征信机构的数据来预测持续的负面行为的概率。基于前面提到的类似业务考虑因素（如预期风险和盈利水平），可以针对现有账户进行不同的处理，例如：

■ 为更好的客户提供升级产品和额外产品。

■ 增加或减少信用卡和信用额度的信用限制。

■ 允许部分循环信贷客户超出其购买信贷限额。

■ 即使存在违约，也允许资信良好的客户继续使用信用卡。同时立即禁止高风险客户使用信用卡。

■ 标记潜在欺诈交易。

■ 提供更优惠的贷款/保单续保价格。

■ 设定按揭保险保费。

■ 决定是否补发过期的信用卡。

■ 为交叉销售预先确定直销名单。

■ 对逾期账款采取更严格的清收方式或外包给清收机构。

■ 暂停或撤销电话服务或信贷安排。

■ 将有潜在欺诈行为的账户列入"观察名单"。

除了可以将评分卡用于新申请人（申请评分）或现有账户（行为评分），还可以根据用于开发这些账户的数据类型定义评分卡。"定制"评分卡是专门为某个公司的客户使用数据开发的评分卡。例如，如果一家银行使用自己客户的履约数据来构建一个评分卡以预测破产率。它可以使用内部数据或为此目的从征信机构获得数据，但这些数据仅供其在自己的客户范围内使用。

"通用"或"数据池"评分卡是使用来自多个贷款人的数据构建的。例如，四家小银行，没有一家有足够的数据来建立自己的定制评分卡，于是它们决定将各自的数据集中起来用于汽车贷款。然后它们用这些数据构建一个评分卡并共享它，或者根据它们投资组合的独特特征定制评分卡。使用行业数据制作并由征信机构销售的评分卡是一种通用评分卡。这种通用模型（以及其他外部供应商构建的模型）的使用带来了一些独特的挑战，因为一些专有技术和流程仍然可以保留为"黑匣子"。我们特邀经验丰富的业内人士 Clark Abrahams、Bradley Bender 和 Charles Maner 撰写部分章节，讨论如何验证和使用此类模型。

风险评分除了是评估风险水平的工具外，还有效地应用于其他业务领域，例如：

■ 简化决策过程，即把高风险和风险不确定的申请交给经验丰富的员工进行更严格的审查，而把低风险的申请交给初级员工审查。这可以在分支机构、信用评审中心和清收部门分别实施。

■ 通过自动化决策缩短处理申请的周期，从而降低单位处理成本，提高客户满意度。

■ 通过基于征信机构的通用评分，评估拟收购的投资组合的质量。

■ 设定经济和监管资本配置。

■ 预测。

■ 应收账款证券化的定价。

■ 比较不同渠道/地区/供应商的业务素质。

■ 有助于遵守信贷制度规定，这些规定要求贷款方法经实证检验，没有潜在的歧视性判断。

因此，信用风险评分为贷款机构提供了基于实证检验获得的信息进行标准一致和客观决策的机会。预测建模技术与业务知识相结合，为风险管理人员提供了额外的效率和对风险管理过程的控制。

信用评分现在也越来越多地用于保险行业，以确定汽车[①]和家庭保险费。[②]美国联邦储备委员会（Federal Reserve Board）进行的一项独特研究甚至表明，

---

① http://time.com/money/3978575/credit-scores-auto-insurance-rates/.

② www.cbc.ca/news/credit-scores-can-hike-home-insurance-rates-1.890442.

信用评分较高的夫妻共同生活的时间往往更长。[①]

信用评分及其实践应用前景是光明的。稍后将讨论几个问题，这些问题将决定该行业未来5~10年的格局。

替代数据源（包括社交媒体数据）的兴起将影响整个行业。实际上，这种变化已经开始，许多银行现在开始使用这类数据，而不是更传统的评分。[②]这个问题将在后面几章中做更详细的讨论。在许多国家，设立征信机构对信贷行业产生了积极的影响。拥有一个集中的信用信息库可以减少损失，因为贷款人现在可以意识到申请人在其他领域的不良信用行为。它也有助于信用好的客户获得信贷，因为他们现在有强有力的、可靠的证据证明自己有令人满意的偿付行为。此外，对非常大的数据集和日益强大的设备的访问，也使银行能够使用更多的数据，并更快地进行处理分析。我们将在比利·安德森博士撰写的章节中更详细地讨论这个话题。

监管方面的挑战仍将继续，但银行已做好了充分的准备。《巴塞尔协议 II》全面提高了银行的分析水平和信用评分。它在银行中引入并形成了可重复、透明和可审计的流程，用于开发模型。它帮助创建了真正独立的公平风险函数，以及能够进行有效挑战的模型验证团队。《巴塞尔协议 II》和巴塞尔银行监管委员会（BCBS）发布的239条规定，[③]也使得银行的数据创建、存储和聚合比以前好得多。《国际财务报告准则第9号》和其他当前的监管举措，如全面资本分析与审查（CCAR）、当前预期信贷损失（CECL）和压力测试，以及它们的全球同类产品，将继续扩大和挑战分析与信贷评分。

信用评分的机构需要谨慎应对的一个因素是，普通大众对信用评分的了解越来越多。特别是在美国，公众越来越了解征信机构的评分，比如 FICO 的评

---

① Jane Dokko, Geng Li, and Jessica Hayes, "Credit Scores and Committed Relationships," Finance and Economics Discussion Series 2015-081. Washington, DC: Board of Governors of the Federal Reserve System, 2015; http://dx.doi.org/10.17016/FEDS.2015.081.

② www.wsj.com/articles/silicon-valley-gives-fi co-low-score-1452556468.

③ Basel Committee on Banking Supervision Document, BCBS 239, Principles for Effective Risk Data Aggregation and Reporting, Bank for International Settlements, January 2013.

分等。关于如何提高分数的文章、讨论和问题的数量就证明了这一点（我个人至少每一两周就会从电子邮件和社交媒体收到这样的问题——比如"我如何在最短的时间内最大化我的分数？""如果我取消我的信用卡，它会降低我的分数吗"等）。这个因素有两方面的作用。从积极的方面来看，它可能会促使人们改变他们的偿付和其他信贷行为，以获得更好的分数。从消极的方面来看，这也可能导致人为操纵。使用可靠的征信机构数据将降低部分风险，而使用不可靠的社交媒体或人口统计数据，可能不会降低风险。

关于如何找到更好的评分方法的讨论还将继续。我们对更好地解释数据、区分有用信息和噪声的探索已经持续了几十年，而且很可能还会持续几十年。当前的热门话题是机器学习。机器学习或其他更复杂的算法是否会取代在信用评分中使用的更简单的算法，将取决于许多因素（这个主题也将在关于供应商模型验证的后面一章中讨论）。绝大多数银行选择逻辑回归、评分卡和其他基于其开放性、简洁性及易遵从性的信用评分方法。复杂算法将在非贷款和非监管建模中变得更加流行，但在它们被监管模型广泛接受之前，监管和模型验证思维模式需要进行变革。

2008 年发生的信贷危机已被许多人广泛讨论和剖析。这让我们认识到，它首先是一个复杂的事件，其原因很多。获得廉价资金渠道、许多地方的房地产泡沫、对次级抵押贷款借款人的诱惑利率、模型缺乏透明度、对一线员工扭曲的激励、抵押贷款支持证券的不切实际的评级、贪婪、欺诈及使用自报的（未经证实的）收入等都被讨论了。①总的来说，我认为这是银行家们在实践银行业基本规则方面的失败，也是风险管理未能有效实施的失败。一些人甚至认为，模型和评分卡是罪魁祸首。这并不十分准确，并反映出这些人未理解模型的本质。正如我们将在本书中介绍的，模型是建立在许多基本假设之上的，它们的使用涉及许多需要警惕的因素。模型并不完美，也不是任何时候都百分之百准确。所有模型都描述了历史数据，因此迫切需要根据未来的经济周期调整

---

① www.forbes.com/sites/stevedenning/2011/11/22/5086/#c333bf95b560.

预期。对任何模型或评分卡的置信度都必须基于基础数据的质量和数量，并相应地调整决策策略。明智地使用模型以及策略规则和判断，同时认识到它们的优缺点，模型就会非常有用。如果银行选择不确认来自信贷申请人的任何信息或验证身份，那么即使使用世界上最准确的模型也将无济于事。因此，在使用评分卡/模型时，必须非常现实，不要对它们抱有不切实际的信任。

　　"……太多的金融机构和投资者只是简单地将风险管理外包出去。他们没有进行自己的分析，而是依靠评级机构为他们做风险分析的基本工作。"

劳埃德·贝兰克梵（Lloyd Blankfein），高盛集团首席执行官

（英国《金融时报》，2009年2月8日）

第2章 评分卡开发：人员和过程

"天才赢得比赛，但是团队和智慧会赢得冠军。"

迈克尔·乔丹（Michael Jordan）

多年前，我们为一家银行的风险管理部门开发了一套评分卡。由于风险人员提供给我们的数据非常好，我们因此建立了一个很好的评分卡，大约包含14个合理的变量。在交付评分卡大约两周后，我们接到了客户银行的电话。显然，他们发给我们的数据集里，有两个变量是不可用的，我们需要把它们抽出来。我曾听过一些银行家告诉我改变评分卡变量的故事：信息技术（IT）人员用3~4个月的时间来给一个新的派生变量编码，然而，IT人员告诉不喜欢最后一刻被告知要求实施新的评分卡，或使用现有系统无法处理衍生变量。我所担任顾问的每家银行几乎都有过这样的情况：风险经理所期望/预期的变量不能出现在模型中，导致开发的模型无法使用，因为其他利益相关者不同意使用，或者在实际工作已经完成后的几个月里，仍会有意外情况发生。

这些因素导致评分卡在开发和实施过程中出现了一些问题。为了防止出现此类问题，在评分卡的开发过程中，需要IT、风险管理（战略和策略）、建模、验证和操作人员之间通力协作。这种合作能够研发出更好的评分卡，还确保了解决方案与业务方向一致，防止发生意外，并在开发过程中实现培训和知识转移。评分卡开发不应该是一个使用"黑匣子"的过程，也不应该被这样看待。经验表明，孤立地开发评分卡可能会产生很多问题，诸如包含不可收集的特征（法律上可疑或操作上难以收集的特征）、操作上关键变量被剔除以及导致"意外"产生或不可实现的战略设计等。事实上，自2007—2008年发生信贷危机以来，大多数银行对复杂/黑匣子模型和流程的容忍度已经消失殆尽。企业用户期望拥有一个能够理解、具有合理性并在必要时可根据业务需要进行调整的模型，以及拥有一个可以控制的开放并透明的流程。

　　在本章中，我们将介绍围绕评分卡开发和实施项目中所涉及的各种任务角色。其中，工作人员的参与程度各不相同，在这一过程的各个关键阶段需要有不同的工作人员。通过了解成功的评分卡开发和实施项目所需的资源类型，人们也将开始了解围绕这些项目所要考虑的业务和经营因素。

2.1　评分卡开发的人员角色

　　至少需要以下主要参与者。

2.1.1　评分卡开发人员

　　评分卡开发人员是执行开发评分卡所需的统计分析人员。此人通常：

　　■ 对正在开发的产品/任务具备一定的业务知识。例如，如果某人负责为汽车贷款产品或手机账户构建模型，他们应该熟悉汽车销售业务或手机/电信业务。类似地，为清收欠款而构建评分卡的人员需要了解清收过程。这是为了确保他们理解数据，并能在每个主题的上下文中正确地解释数据。它包括了解哪种类型的变量通常被认为对每个产品都很重要，数据源的选择和收集如何影响质量，以及模型将如何用于决策。

　　■ 精通公司的各种数据库和使用的数据集。确定模型质量的最重要因素是数据质量。数据异常，在哪里以及如何生成数据，数据的缺陷、偏差和解释——当用户理解这些时，他们就会对数据进行智能分析。否则，他们的分析将是无本之木。此任务也可能由评分卡开发人员以外的其他人员负责，比如说担任顾问角色的数据科学家。

■ 对统计原理（特别是与预测建模相关的统计原理）有深入了解。例如，逻辑回归、拟合统计、多重共线性、决策树等。

■ 充分了解模型和模型开发过程中的法律法规要求。这些要求包括文档要求、透明度以及控制某些信息使用的任何法律。例如，在许多国家，禁止使用性别、婚姻状况、种族、民族、国籍等信息。他们还需要了解内部模型验证团队所期望的要求，以便满足最低标准的建模要求。该主题的详细知识通常与模型验证团队有关。

■ 具有风险模型实施和使用方面的业务经验。这与产品的业务知识有关。如果分析人员了解模型的最终用途，那么他们就能够开发最适合该用途的模型。分析师不会开发一个仅仅满足统计验收测试要求的模型。

评分卡开发人员须确保根据具体情况收集数据，并考虑所有的异常数据，以确保评分卡开发过程在统计上是有效的。

2.1.2　数据科学家

数据科学家是帮助获取和提取所需记录及信息字段的人员，以便填充评分卡开发数据库。此人通常：

■ 谙熟公司中的各种数据库以及所使用的数据集。

■ 精通各种工具和系统（用于决定和记录数据沿袭关系），能够从各种内部遗留事务系统和外部数据报告中将特定域的代码映射应用到公共值和定义中。

■ 具备合并/组合不同来源的信息的能力，并执行必要的预处理，以处理数据问题，如未定义的代码、丢失的信息或极端/可疑值。

■ 熟悉不同的征信机构、评级机构以及其他第三方数据提供商提供的文件格式和信息领域。

数据收集和提取所需知识的一个很好的例子是抵押贷款，其中最多可以有四名共同申请人，必须找到每名申请人的记录，然后合并成一个完整的申请人记录，并列出个别和合并的特征。这些特征包括合并贷款与价值比率、合并收入、合并收入支付比率、合并债务与收入比率以及合并当期住房支付的还款冲击。即使在数据仓库中，共同申请人的记录也可能位于不同的表中，必须使用主申请人记录和匹配逻辑来关联相关记录。典型的评分卡开发人员不具备这一类的深奥知识，特别是在较大的、更复杂的金融机构当中。

2.1.3 产品（或投资组合）风险经理/信用评分经理

风险经理负责公司投资组合的管理和评分卡的使用。他们通常负责政策的制定和战略的审批、信贷限额设置、清收和定价等。在大多数公司中，风险经理是评分卡的管理使用者，通常应具备如下资质：

■ 利用评分制定和实施风险策略的专业知识。

■ 深入了解公司的风险政策和流程。

■ 深入了解公司客户和产品/服务申请人的风险状况。

■ 熟悉公司风险评估和战略实施的各种平台。

■ 了解有关使用具体特征/程序裁定信贷申请的法律问题。

■ 了解公司信用申请处理和客户管理流程。

■ 了解滚动率模型，按产品、地区和渠道划分的逾期趋势，以及报告和平均冲销时间。

当要求建模者建立模型时（通常是由业务领域发起的流程），他们应该向业务人员询问的第一个问题是"为什么"，该业务人员通常是风险经理。这个问题的答案决定了从那一刻开始做的一切事情，包括确立目标、模型中的可变组合、挑选最佳模型、条件、适当的模型拟合度量，当然还包括做决策的最终截止值。在评分卡的开发设计和实施中，风险经理必须确保充分考虑业务因素。在此过程的早期，风险经理可以利用他们对投资组合风险动态和履约经验的了解，帮助利益相关者（感兴趣的人）来确定什么因素构成"不良"履约。恰当的做法是让风险经理（或代表）参与评分卡开发过程的每个阶段，并在每个阶段结束时征求他们的意见。风险经理应该利用他们的实践经验引领评分卡开发人员的特定开发方向，或者对某些数据元素给予特殊考虑。例如，在数据较弱或存在偏差的情况下，风险经理可以利用他们的经验调整证据权重（weight of evidence，WOE）曲线或强制将某些变量（弱但合乎逻辑）纳入模型。经验丰富的风险经理也知道市场的历史变化，他们能够根据实际需求调整预期的履约比率。他们还将对战略的制定和衡量这些战略对客户和本机构内部各领域可能产生的影响，做出积极重要的贡献。评分卡的开发是为了帮助做出决策，其中如何预测变化是关键。

2.1.4　产品经理

从市场营销或维护客户角度看，产品经理是负责管理公司产品的。他们的主要目标通常与收入相关，他们需具备以下才能：

■ 具有产品营销策略开发和实施方面的专业知识。

■ 完全了解公司的典型客户群和目标市场，其中包括最优秀/最有价值的客户。

■ 了解未来产品开发和营销的方向。

针对客户群，产品经理可以提供重要见解，并在细分选择、特征选择和策略评估中提供帮助。他们还协调设计新的申请表格，收集新的信息。细分为越来越具体的客群提供了评估风险的机会——在这方面的努力中，市场营销的参与可以确保评分卡的细分符合公司的预期目标市场。这种方法可以为最有价值的细分带来最佳结果，并协调营销和风险方向。换句话说，评分卡的细分是基于产品设计的目标市场或该产品的预期目标市场，而不仅仅是基于风险的考虑。

我们将在后面的章节中讨论如何衡量截止值的选择对主要客户细分选择的影响。例如，这包括考量高净值和类似高端客户的预期批准率等指标。营销人员应该能够就这些细分领域提出建议。产品经理通常对最终模型或变量的选择没有发言权。

2.1.5　业务经理

业务经理负责部门的管理，如清收管理、申请处理、裁定（与风险管理分开）和索赔等。制定使用评分卡的任何战略（例如更改截止值）都会影响这些部门。业务经理与客户直接接触，通常具有如下资质：

■ 具有实施和执行公司战略及程序的专业知识。

■ 完全了解与客户相关的问题。

■ 具有信贷方面的经验。

业务经理可以提醒评分卡开发人员某些问题，如前台员工在收集和解释数据方面面临的困难、各种战略组合的影响，以及与评分卡和战略实施相关的其他问题。

在开始建模项目之前，强烈建议与业务人员进行面对面交流，这是最佳的做法。例如，如果分析师正在寻求开发申请抵押贷款的评分卡，他们应该与批准抵押贷款的审查人员/信贷分析师或其他具有贷款经验的高级职员交谈。同样，与清收人员交谈对于开发清收模型的人也很有用。我通常会问他们一些简单的问题。为开发申请模型，我通常会得到大约8到10个被批准的申请，以及8到10个被拒绝的申请，并请审查人员向我解释他们批准或拒绝的理由。我经常询问清收人员是否可以在与债务人交谈之前确定哪些债务人可能会支付，以及他们用哪些特定变量来做决定。来自审查、清收部门的工作人员可以提供基于经验的观点来预测负面行为的因素（比如他们认为可以预测的变量），这在选择分析特征和构建"业务最优"评分卡时有很大帮助。这对于那些没有大量银行/贷款经验的分析师，以及可能正在为新产品或新市场开发评分卡的情况尤其有用。在某些情况下，与审查人员的交谈激发我产生了一些关于衍生变量的有趣想法。例如，当处理"薄"的文件时，审查人员使用第一次交易开盘日期和第一次询价日期之间的天数差作为衡量信誉的标准。当时的想法是，一个信用良好的申请人在申请后很快就能获得信贷产品，而信用不良者则需要一段时间，并在获得资金之前经过几次调查。在国际上，仅是通过与不同国家的银行从业人员交谈，就会发现在贷款以及独特的地方变量方面，存有许多细微差别。例如，在西方国家，"居住时间"这个变量对年轻人很有用，因为他们往往在18岁或毕业后不久就会独自生活。然而，在其他文化中，年轻人往往与父母住在一起，往往持续到中年，这个变数很高，可能并不能完全反映出年轻人的经济状况是否稳定。与当地银行从业人员的面谈交流可帮助我们更好地了解数据，并为公司用户构建最有价值的评分卡。

另一个更好地理解数据的方法是花一些时间来创建数据。例如，在银行分支机构以及汽车和手机经销商那里待上一段时间，将有助于了解某些字段是否以及为什么没有填写，是否存在任何数据操作，以及填写长申请表的容忍级别

（确定评分卡中自我申报的变量与征信机构变量的组合有关）。这将有助于衡量所研究数据的可靠性。

在人工评审的公司中，或者以前的申请都由人工评审的情况下，与评审人员进行面谈也有助于理解数据偏差。人工审查贷款和重定义偏差数据（理解制度政策和贷款操作指引，以及审查人的个人习惯）将有助于了解哪些变量存在偏差以及如何形成偏差。这类似于分析一个公司的制度规则，以了解其数据为何有偏差。例如，如果贷款价值比（LTV）高于 85%，则所有决策都只是例外，那么 LTV 大于 85% 的所有账户的履约将会有偏差，并且看起来会比实际情况好得多。

这里的目标是挖掘经验，并抓住那些仅仅通过分析数据可能无法很快找出的问题。这也有助于解释以后的关系，并确定需要修正的偏差。如前所述，卓越的数据知识有助于创建更好的评分卡，这项工作使分析师能够将业务/经验应用于数据当中。申请评分卡通常是基于可能超过两年的数据开发，清收人员可以确定需要纳入分析的任何趋势或变化。此项工作还提供了检测和验证公司内部经验的机会。例如，我回到评审员那里，向他们展示数据，以验证或质疑他们的一些基于经验的借贷理念。

2.1.6 模型验证/审核人员

模型监测功能一直是模型开发过程的重要组成部分。随着多数国家引入银行监管法规和模型风险管理指南，模型监测的作用变得更为关键。模型验证和角色及主要职责，已详列于联邦储备委员会监管函件 1–7（SR11–7）[①] 和《巴塞尔协议 II》工作文件 142 等材料中。在理想情况下，模型验证应包括：

- 对评分卡开发中使用的数学和统计原理有良好的理解。
- 完全了解公司模型验证政策、所有相关法规以及银行监管机构的期望。
- 在金融机构开发风险模型和评分卡方面的实际经验。
- 熟悉银行业务。

[①] Supervisory Guidance on Model Risk Management，Federal Reserve Bank，www.federalreserve.gov/bankinforeg/srletters/sr1107a1.pdf.

■ 对银行内部数据有较好的理解。

模型验证人员应该与模型开发人员定期检查，并根据文档标准清楚地定义所期望的内容。与预期和其他危险信号的任何分歧都应尽早确定。

公司治理良好的银行创造了一个好的工作环境，在此环境中，模型开发、风险管理和模型验证等团队相互合作，每个团队都有分工明确的角色和责任。这样就减少了拖延和"意外"的发生，也不会产生没有人愿意做出决定的僵局。有些银行的评分卡开发流程却存在长期性的功能失调，是因为：

■ 模型开发人员孤立地工作，使用黑匣子程序，不与他人分享他们的知识。

■ 风险管理人员拒绝参与或未被邀请参与评分卡开发过程，也不会分享他们如何使用评分卡和下游决策的知识。

■ 风险管理人员甚至没有关于如何开发评分卡的最基本概念。

■ 人们因为责任不清而害怕做出决定。

■ 模型验证人员从未建立过自己的评分卡。这是全球许多银行面临的一个主要问题。模型验证人员如果提出错误的问题并将开发过程视为学术练习，会生成虽然统计上完美但最终无用的模型。

■ 模型验证人员没有银行业务经验。

■ 模型验证流程和政策模糊不清。

2.1.7 项目经理

项目经理负责项目的整体管理，包括项目计划和时间表的创建、开发和实施过程的集成以及其他项目资源的管理。项目经理通常：

■ 具有项目管理方面的专业知识。

■ 非常了解项目涉及的公司相关领域。

2.1.8 IT / IS 经理

IT 经理负责管理公司使用的各种软件和硬件产品。他们有时会承担管理企业数据库的职责。他们通常：

■ 具有与风险管理和风险评分实施相关的软件和硬件产品的专业知识。

■ 精通企业数据、数据管理政策以及引入数据处理变更的内部程序。

■ 具有处理外部数据提供商数据的知识。

IT经理可以提醒评分卡开发人员注意与数据收集和编码有关的问题（尤其是在引入新数据时），以及与用于实施评分卡和操作数据的软件平台有关的问题。必须向他们及时通报变更情况，以保证按时间表实施。特别是，使用复杂的转换或计算来开发评分卡需要在实时软件上实现，IT部门也许能够告知这些计算是否超出了软件的能力。同样的情况也适用于派生征信机构变量，衍生变量必须通过征信机构的接口或使用其他软件。如果要在紧迫的时间内实施评分卡，最好是与IT人员沟通，看看有多少可以在要求的时间内实现。这样就可以驱动细分策略，其中要开发的评分卡的数量将与可实现的一致，而不是数量越多越好。

2.1.9　公司风险/公司风险管理人员（如果适用）

公司风险部门负责在公司层面（与产品层面相对）管理财务和操作风险。该部门风险管理人员通常也参与资本配置和风险功能的监督。他们通常拥有：

■ 在公司风险管理和风险承受水平政策方面的专业知识。

■ 非常了解对资本配置/对冲等方面的影响，以及介绍风险裁定的变化等。

■ 对精算实务有深入的了解。

实施新的战略通常会随之改变公司投资组合的风险状况，风险人员应当注意此点。风险水平的增加或减少会影响公司需要配置的资本数量。承担重大额外风险也可能违反公司规定的风险偏好，并可能影响其自身的信用评级。风险管理人员将确保所有策略符合公司风险指导方针，并确保公司的风险状况有充足的资本覆盖。

2.1.10　法务人员/合规经理[①]

在大多数司法管辖区，授信业务受法律和法规的约束，这些法律和法规确定了可用于评估信用可靠性、信贷限额和不能用于此种特征的方法。可取的做法是向法务部门提交一份拟议的细分和评分卡特征的清单，以确保其中没有任

---

① Bank of International Settlements, Working Paper No. 14, 2005.

何一项违反现行法律法规。例如在美国，由《平等信贷机会法案》（Equal Credit Opportunity Act）①、《公平住房法案》（Fair Housing Act）②、《多德-弗兰克法案》（Dodd-Frank Act）③、《条例B》（Regulation B）④以及"不利的"和"不同的"影响引起的议题，都是在评分卡开发和使用中所需要考虑的领域。

2.2 智能评分卡开发

将这些资源纳入评分卡开发和实施项目中，有助于整合公司的集体知识和经验，防止拖延，并生成更有可能满足业务需求的评分卡。大部分公司的知识经验都没有归纳记录在案，因此，将其引入信用评分系统的唯一有效方法，是将相关资源纳入评分卡开发和实施过程中。这是智能评分卡开发的基础。

注意

■ 考虑到不同的公司可能对相似的职能拥有不同的头衔，并考虑到公司不同利益相关方的因素，上述材料旨在反映为确保制定的评分卡具有良好的平衡性所需的典型各方代表，实际参与者可能会有所不同。

2.3 评分卡的开发和实施过程：概述

当选择合适的参与者来开发评分卡时，回顾评分卡开发和实施过程的主要阶段是很有益的，有助于理解与每个阶段相关的任务。下面的列表描述了各个

---

① https://www.justice.gov/crt/equal-credit-opportunity-act-3.
② https://www.justice.gov/crt/fair-housing-act-2.
③ https://www.congress.gov/bill/111th-congress/house-bill/4173.
④ https://www.federalreserve.gov/boarddocs/supmanual/cch/fair_lend_reg_b.pdf.

主要阶段和任务。本书后面的章节将对每个阶段进行详细描述。图表 2-1 还总结了每个阶段的输出信息，是否建议验收，以及哪些团队成员应该参与验收。注意，尽管本章从营销或产品管理领域的人员那里获得建议，但他们不参与任何验收工作。每一列表中参与者使用的缩写是：

MD：模型开发，通常代表模型开发团队的负责人。

RM：风险管理，通常是业务方面的投资组合风险/策略经理或最终用户。

MV：模型验证或审查，通常是负责监督流程的人员。

IT：负责实施模型的信息技术或类似功能。

图表 2-1　　　　　　　　　评分卡开发和实施的各个阶段与任务

阶段	输出	签署	参与者
第一阶段：预备和规划			
制定业务规划	业务计划	Y	RM，MD，MV，IT
确定组织目标和评分卡的作用	项目计划		
确定内部和外部开发以及评分卡类型			
创建项目计划			
识别项目风险			
确定项目团队			
第二阶段：数据审查和项目参数			
数据可用性和质量审查	协商继续运行	Y	MV，MD，RM
为定义项目参数而收集的数据	数据集		MD
项目参数定义	参数分析报告	Y	RM，MD，MV
履约、样本窗口和不良的定义			
履约类型定义（目标）			
除外			
细分	报告	Y	RM，MV，MD

续表

阶段	输出	签署	参与者
第三阶段：创建开发数据库			
开发样本规范	带有派生变量和原始变量的数据集开发	Y	RM，MV，MD，IT
抽样			
开发数据采集与构建			
第四阶段：评分卡开发			
探索数据			MD
缺失值和异常值			
相关性，共线性、分布等			
初始特征分析（分组）	协商分组和原因的报告	Y	MD，RM，MV
初始评分卡（回归）	模型/评分卡	Y	MD，RM，MV，IT（如果派生出其他变量）
拒绝推断	组合数据集	Y	MD，RM，MV
最终评分卡生成（探索、分组和回归）	最终模型/评分卡	Y	MD，RM，MV
选择最终评分卡/模型	为筛选而报告统计数据和业务原因	Y	MD，RM，MV
验证	定性和定量的模型验证报告	Y	MD，MV
第五阶段：评分卡管理报告			
分布等收益表			MD
分布等特征报告			
业务报告			
实施前验证	稳定性报告	Y	RM，MV

以下阶段用于战略的后期开发工作，通常由业务风险管理功能处理。

第六阶段：评分卡的实施

■ 评分策略

■ 设置截止值

■ 政策规则

■ 重定义政策

第七阶段：实施后的评分卡

■ 评分卡和投资组合监测报告

■ 评分卡管理报告

■ 投资组合绩效报告

前面的阶段并非详尽无遗：它们代表了生成、讨论和验证关键输出的主要阶段。鼓励团队合作并尽早发现问题的验证过程，将在下一章中讨论。模型审核/验证单位的参与取决于每个银行的模型验证政策以及监管机构的期望。

第3章 评分卡开发的基础结构设计

如今，全球越来越多的银行意识到分析和信用评分的价值，随之而来的是，人们对建立内部分析架构和建模方法产生了浓厚兴趣。这显然需要制定一些规划并建立长期愿景。许多银行雇用了高素质的建模人员并购买了性能优良的数据挖掘软件，想当然认为他们的员工很快就能以正常速度创建模型。对于大多数银行来说，这个愿景并没有实现。创建模型和分析与以前一样花了很长时间，或者比预期的要长得多。问题不能归咎于他们的员工不知道如何构建模型，也不在于模型拟合耗时太长。事实上，建模是整个数据挖掘过程中最简单、有时也是最快的部分。未能解决的问题主要出现在建模之前和之后的其他活动中。访问数据、清洗数据、获得业务部门支持、模型验证、建立文档、生成审计报告、实施以及其他操作问题，使得整个过程进行得缓慢而困难。

在本章，我们将会看到银行等机构在分析建立基础架构时，所面临的最常见问题，以及采取哪些具体方法来通过更好的设计减少问题的产生。

本章讨论所涉及的内容仅限于评分卡的构建、使用和监测。图表3-1是在评分卡项目开发期间进行的端到端工作的简化示例。这些工作并不像本书其余部分介绍的那么详尽，仅是用来解释为推进整个过程而创建的基础架构这一相关要点。

基于贷款机构在构建评分卡时面临的最常见问题，我们建议在设计分析架构时要做以下考虑：

■ 一个报告真相的版本。两个人问相同的问题，或重复相同的练习，应该得到相同的答案。实现此目的的一种方法是，对诸如数据源、数据提取逻辑、数据过滤器和细分逻辑的条件、模型、参数和变量（包括派生的逻辑）等资源进行共享和再利用。

图表 3-1　　　　　　评分卡开发过程中的各项任务

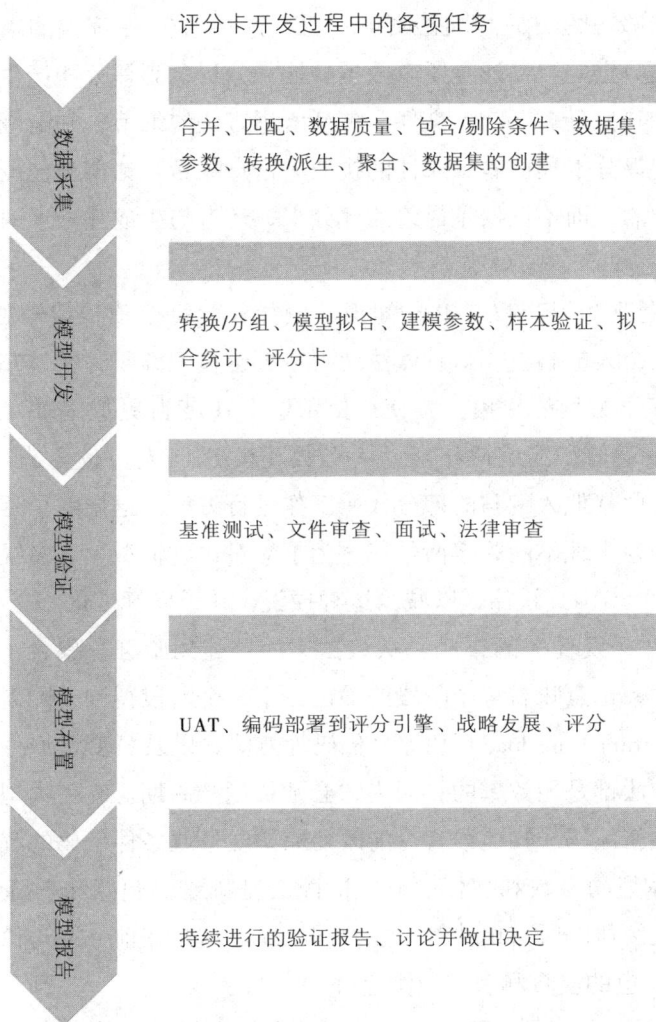

数据采集

合并、匹配、数据质量、包含/剔除条件、数据集参数、转换/派生、聚合、数据集的创建

模型开发

转换/分组、模型拟合、建模参数、样本验证、拟合统计、评分卡

模型验证

基准测试、文件审查、面试、法律审查

模型布置

UAT、编码部署到评分引擎、战略发展、评分

模型报告

持续进行的验证报告、讨论并做出决定

■ 透明度和审计。鉴于监管机构对黑匣子模型和流程的容忍度很低，从数据创建到分析、部署和报告，所有事情都应该是透明的。任何需要了解开发过程每个阶段细节的人都应该能够轻松地做到这一点。例如，如何转换数据以创建聚合和派生变量，为模型拟合选择的参数、变量如何进入模型，验证细节和其他参数最好以图形用户界面（graphical user interface，GUI）格式存储以供审查。虽然上述所有操作都可以通过编码完成，但代码审核还是有些复杂。此外，还应该能够在图表3-1中显示的所有任务中生成一个完整的审计链条：从源系统中创建数据的点，通过所有数据转换并分析，到评分和产生验证报告以及监管资本和其他计算。演示文件应包括所用方法的细节，并围绕这些方法的选择以及最终评分卡提供有针对性的挑战。这意味着讨论覆盖被测试和拒绝的评分卡是必要的，而不仅仅是最终的评分卡，还有与生成评分卡的方法相竞争的方法。

■ 保留企业知识产权（IP）/知识。例如，为每个项目编写独特的代码，并将其保存在个人电脑上，这种做法使得在关键员工离职时保留知识产权更加困难。使用基于编程的建模工具使得保留这个IP变得更加困难，因为离开的员工会随之带走他们的编码技能。大多数建模/编码人员也会选择重写代码，而不是对以前由其他人编写的部分代码工作进行编程。这导致了延迟，并且通常以同一个问题出现不同答案而告终。为了应对这种情况，许多银行已经转向图形用户界面（GUI）软件，以减少这种损失，并予以标准化。

■ 跨模型开发任务的集成。从数据集的创建到验证，整合了图表3-1所示的连续活动，这意味着每个阶段的输出在下一个阶段得到无障碍使用。重写ETL（extract-transform-load）和评分代码等方法，以及将变量派生和创建到不同语言中的方法都是无效率的，因为它会延长生产周期。它在模型方面还存在风险，因为重新编码成其他语言可能改变原始变量或条件编码的解释能力，包括数据集和模型的参数和条件。分析的配套基础设施也意味着降低了实施风险，因为跨连续体的所有组件都可能协同工作。这是在前一章讨论的各种利益相关者/人物角色的整合和参与范围之外的。

■ 更快的结果时间。建立一个模型并在许多机构实施，有时需要数月的时间，结果导致使用效率低下或不稳定的模型的时间超过了必要的时间。高效的基础设施设计可以基于集成组件使这个过程加快，为用户提供更短的学习周期，并减少重复（如重新编码）。

在讨论设计架构/基础设施以支持内部评分卡开发和分析时，所要考虑的要点是——我们将考虑与在任何组织中执行分析相关的主要任务。

3.1 数据收集和组织

这一关键阶段包括收集和整理来自不同（原始）数据源的数据并进行筛选，包括对不同产品、渠道和系统的记录进行合并和匹配。

这项工作的结果是产生一个清洁、可靠的数据源：最好是每个客户都能有一个完整的记录，而且包括所有产品的所有申请和履约数据。这意味着客户的抵押贷款、信用卡、汽车贷款、储蓄和支票账户以及 ATM 使用的数据都将保存在同一个地方。在本书的后面部分，在有关评分卡开发的章节里，我们会参考使用这些变量。在一些银行中，这被称为企业数据仓库（enterprise data warehouse，EDW）。[①]

在任何分析基础架构的项目中，这个阶段通常最为困难、特别漫长。很多组织机构通常拥有这些数据：无用数据库、数十个不同的数据库、数百个没有匹配密钥的数据库、数据不完整和缺失的数据库、某些情况下编码无法解释的数据库。但这是该项目最重要的阶段，修复这个阶段将对该项目的整个过程产生最大的、长期的积极影响。如果没有清洁和可靠的数据，因其所发生的一切都没有什么价值。然而，我们认识到，在评分卡开始研发之前就想得到所有产品的完美匹配的清洁数据，尤其是在具有许多遗留系统的大型银行中，这是不现实的。EDW 在很多地方被称为"无尽的数据仓库"是有原因的。为了获得"快速点击"，很多组织机构通常采用筒仓方法，并在数据仓库中填充一个产品

---

① www.sas.com/en_th/industry/banking/credit-scoring.html.

的信息，然后为该产品构建和部署评分卡。之后，以连续性方式转向下一组产品。在短期内这有助于展示数据仓库的一些好处，这比期望加载所有产品的所有数据的方式要好一些。

在理想情况下，在将数据放入 EDW（或任何其他数据存储库）之前，应使用自动 ETL 完成所有数据的清理和匹配工作。一旦完成，用户可以从此处提取数据并用于分析。这还有助于标准化如何计算"逾期天数"等字段的逻辑，以便在整个组织中消除差异。

一些公司拥有部门数据集，其中包含 EDW 中的信息子集。例如，零售信用评分卡建模部门可以仅提取关于零售产品的信息并将其存储在星形模型中以实现评分卡开发。一个好的方法是确保所有变量的转换、派生和聚合都是通过标准化的 ETL 完成的，即从 EDW 读取并填充部门数据集的代码。这种方法的优点颇多。首先，它将派生变量和目标定义等内容标准化，从而减少错误。其次，有利于审计，因为只需要审核源代码一次，而不是审核每个项目代码。一旦检查了变量创建的代码，就可以信任它，并且基于这些可靠的基础变量所创建的任何派生变量也都是好的。最后，它保护了企业自有技术。在许多银行中，用于生成数据的代码保存在本地硬盘驱动器或服务器上，并且仅为其创建者所知。通过标准化代码并将其保存在中心位置，我们可以创建可重复使用的内容。这可以通过使用 GUI 软件来创建数据集或通过用于各种任务的集中代码存储库来完成。

3.2 创建模型数据集

此阶段包括业务用户（有时是 IT 部门）编写代码来读取数据和创建用于开发模型的较小数据集。涉及的任务包括申请加入和剔除条件/过滤器、指定变量导出新变量、导出和指定目标、指定履约窗口和样本窗口，以及细分和采样。

为分析或建模而创建数据集在太多地方仍然是一项冗长而烦琐的工作。在理想情况下，此任务应由评分卡开发人员完成，因为他们最熟悉各种数据和操作的目标。这会确保效率，得到的数据集完全符合预期而无须解释。特别是在许多银行，这项任务是由 IT 或其他部门完成的。其结果是一个重复的操作，需要更长的时间，并且常常产生有错误的数据集。为了少犯错误、保护公司知识产权、提高效率并进行全面审计，较好的银行采取以下做法：

■ 在前面的工作中使用 GUI 界面，减少编程错误，减少新员工的培训时间。有业务软件可用，如 SAS 信用评分，可以通过点击接口帮助创建数据集。

■ 创建一个集中的代码/宏库，用于定义包含/排除过滤器、细分、派生变量、公共目标变量和非标准采样。所有建模者都使用此代码来实现企业知识产权的标准化和保护。如此以来审核也更容易，因为在模型验证中，每个代码只需审核一次。例如，为每个细分和每个产品创建定义特定过滤条件（例如，排除）的代码，以便在未来的重新开发中重复使用。

3.3 数据挖掘/评分卡开发

这是之前创建的数据集用于执行分析的阶段，包括模型开发。总的来说，这一阶段是最容易理解的，在大多数公司中，这是端到端流程最短的一部分。评分卡的开发将在本书的其余部分详细介绍。与数据收集阶段类似，银行和其他公司已采用多种做法，以使数据挖掘过程更加完善。其中包括：

■ 使用图形用户界面（GUI）软件。尽管大家都认识到使用基于代码的语言（如 SAS）的最大灵活性，使用点击式软件仍有一些优点。特别是应用于受到严格监管和审计的行业（如银行业）时，GUI 软件能够提供标准，减少错误，并且比编程替代方案更好地保护公司知识产权。这意味着更高的透明度、更短的培训周期和建模时间、更便利的合规性和重复性。在评分卡研发资源匮乏的地方，这也有助于管理人力资源风险（更多内容详见后面的章节），使得验证人员无须学习复杂的编程就可履行职责。

■ 与部署工具集成。一旦开发了模型，就应该能够很容易地实现它们。在理想情况下，数据挖掘软件输出的评分代码应该直接读入评分引擎。这不仅节省了时间，而且通过一致性降低了模型风险。

■ 关键宏和代码的集中。与数据集创建类似，共享标准化代码的概念在这里也很有用。在此过程中组织选择使用代码，一些关键宏用于将任务（例如变量分组、变量选择、模型拟合、验证等）集中存储在某一位置。每个人都为相同的任务使用相同的代码库，因此确保了某种程度的标准化和可重复性。此外，如果建模人员在处理项目时离开，其他人可以轻松地接替。

■ 对派生变量的控制。如果在数据挖掘软件中产生了新的变量，并且预计将在未来使用，那么这些变量的不断创建则会转移到集中的ETL过程中。这意味着这些变量会在加载 EDW 或部门数据集市的 ETL中自动创建。这又一次确保了效率和更少的错误。

3.4 验证/回溯测试

一旦建立了几个模型，超时和超样本验证就会发生（除了定性验证之外）。稍后将更详细地介绍该主题。特别是在一些银行中，这项任务是由远离原始模型的团队完成的。验证可能涉及独立的模型重建和基准测试。许多银行发现，验证团队在使用不同于建模者的软件程序时出现了问题。这使得重建精确变量和比较模型变得困难。除了因重新编码模型（从而引入"翻译中的丢失"问题）而导致监管风险之外，此过程还会导致延迟。集成的建模和验证环境可以减少这些错误。如果两个团队使用相同的软件，审核工作也变得更加简单。例如，我有很多这样的客户，一旦评分卡开发人员构建模型，则验证团队会在同一软件中使用相同的项目来构建额外的基准测试模型。此外，在资源稀缺的情况下，标准化软件使银行能够在较少干扰的情况下共享和转移资源，并更有效地利用其培训预算。

3.5 模型实施

一旦经过验证，最终的候选模型就可以批量或实时实施。一些银行面临监管审查，因为它们使用的软件模型实施环境与实际环境不同。模型验证期间，这里关注的问题是连续性、可重复性，以及在将派生变量、过滤器、条件和模型重新编码为不同语言时的转换丢失。许多银行已经发现，从数据到分析再到使用单一通用软件语言实现的平台集成有助于避免这些问题。模型实施中的困难和拖延可能会产生比翻译更大的影响。许多银行不会重新开发评分卡或使用新的变量，因为实施它们需要的时间太长了。银行会继续使用相同的变量对评分卡进行权重调整，以使新的评分卡快速投入使用。毫无疑问，这在许多地方都是由现实驱动的次优行为。因此，无缝部署选项意味着有机会使用更好的评分卡，从长远来看，还意味着更少的损失和更多的利润。此外，出于经营目的，银行还发现，同样的环境对战略管理也很有用。

3.6　报告和分析

监视模型和评分卡的稳定性、性能和准确性，并在建模后生成各种投资组合指标。这个话题将在以后的章节中再次讨论。从体系结构的角度来看，这些报告最好在自动化环境中按月、按季或按年生成。世界上大多数银行都有业务智能（Business Intelligence，BI）软件或报告软件来处理它们的报告。与前面的任务非常相似，将分析和实施工具整合在一起的报告环境会有所帮助。由于关键评分代码的逻辑没有中断，因此它缩短了项目实施的时间线，降低了项目风险，并使达成合规性和维护更加容易。

第4章 评分卡开发过程第一阶段：预备和规划

"如果给我六个小时的时间去砍倒一棵树，我会用前四个小时磨斧头。"

亚伯拉罕·林肯（Abraham Lincoln）

"如果您不知道您要去哪儿，那么您哪儿也去不了。"

约吉·贝拉（Yogi Berra）

正如前一章中简要讨论的那样，评分卡开发项目不是从获取数据开始的。智能评分卡开发需要在任何分析工作开始之前进行适当的规划，包括确定项目的原因或目标，确定开发和实施评分卡的主要参与者，并给他们分配任务，以便每个人都清楚他们要做什么。关键要确保项目可行，并能顺利运行。

4.1 制订业务计划

4.1.1 确定组织目标和评分卡的作用

在任何评分卡开发项目中，第一步是确定项目的组织目标及优先序列。这就提供了一个关注点，有助于对开发和实施评分卡过程中出现的竞争性问题（例如，增加收入还是减少损失，或选择变量）确定孰先孰后。同时，确保没有"意外"发生——例如，决定是否将申请批准分数截止值调低以赢得更多的客户，还是将其设置得更高以减少损失。

公司的目标，也可能是目标模型，包括：

■ 减少坏账/破产/索赔/欺诈等事件发生。

■ 在抵押贷款等领域提高批准率或市场份额，因为低逾期率意味着机会增加；或者在电信行业，将低风险客户从预付费账户转换为后付费账户，可能是赢得客户的优先考虑。

■ 提高盈利能力。请注意，尽管盈利能力是一个极好的目标，但在现实中，在每个公司拥有多种产品的复杂环境中，要准确地估计利润是极其困难的。在许多地方，在计算中使用已知收入并在某些成本/损失数字的地方使用代码，就形成了最低基准，至少公司会确切地了解其非盈利能力。

■ 提高运营效率或节约成本。例如，许多仍在进行人工信用审核的银行，希望通过自动化加快审核进度。这些银行并不一定存在逾期问题，因此希望构建评分卡来维护当前的投资组合指标，并依此缩短申请的周期。在新兴市场，这是相当普遍的，银行正从人工审核过渡到自动审核。在这种情况下，越来越强调最终用户能接受的评分卡，因此分数中使用了更多的判断性更改。在某些情况下，可以基于清收人员清收欠款的能力，依据清收评分将特定案例分配给清收人员，把高回收率的账户分配给初级的清收人员，把较困难的案件转交给有经验的资深清收人员。

■ 更好的预测能力或超越当前的改进（与现有的定制评分卡或征信机构评分卡相比）。

■ 监管合规。为遵守《巴塞尔协议 II》、《全面资本分析与审查》（CCAR）、《〈多德－弗兰克法案〉压力测试》（DFAST）或《国际财务报告准则第 9 号》等监管倡议而建立模型，这些监管倡议可能需要遵守特定的标准。

■ 公司审批贷款决策从主观/人工判断到使用信用评分卡自动判断的变化。这可能与政策变化或收购其他银行相关。

■ 定期审查。每隔两到三年，依照惯例，许多银行就会重新开发评分卡。目标是尽可能使用最新信息，积极主动地进行重建，而不是等待评分卡变得不稳定时才被动应对。

公司目标，以及建模的目标，会影响项目的各个阶段。合适的履约和样本窗口、目标、细分选项、混合变量（例如，需要隔离最坏情况的破产或冲销模型，将具有更多的负面隔离变量，如"曾经破产（ever bankrupt）"或"90天逾期的次数（number of times 90 DPD）"，而行为评分卡则需要在所有评分范围内进行风险排名，将有更多的可选择数据），这将影响建模技术。目标还将确定如何进行开发后验证，并在开发了一个以上的情况下选择"最佳"评分卡。通常，大多数公司都有多种目标，包括前面列出的目标。

在这个阶段应该澄清的另一个问题是评分卡在裁决过程中的作用程度——它是唯一的仲裁者，还是被用作决策支持的参考工具？这对于以前没有使用风险评分的公司尤其重要，因为引入评分卡可能会对公司文化和业务产生影响。评分卡可以在不同程度上用于决策制定过程，这取决于所申请的产品、公司风险文化和结构、对模型的信心以及法律和合规性问题。例如，信用卡公司可能使用风险评分卡作为主要的评判工具和唯一的仲裁者，其中小部分（如1%）被选中的申请人（通常是基于分数和政策规则）会被推荐给信用分析师进行额外检查。在这种情况下，大多数决策将自动和完全由评分卡做出，没有人为干预以外的键控数据。在信用卡和电信等风险敞口小、业务量大的企业，以及在信贷决策中的人为主观性导致额外的监管审查或人员配备成本高的国家，这种情况相当典型。

与此同时，商业银行、按揭公司或保险承保人可能会利用风险评分作为衡量申请人资信（或索偿风险）的多项措施之一，并考虑到大量的人力参与和判断因素。这种方法在企业贷款和抵押贷款等大额产品中很常见，在以人工审批贷款为文化准则的国家/银行中也很常见。

了解这些问题将有助于设计适合公司以及预期目的的有效评分卡和策略。这里的目标是将评分卡作为公司内连贯一致的决策过程的一部分。评分卡的内容最好不要在其他地方重复使用，如在制度规则或裁决者指南中。理想情况下，在单一裁决者设置中，评分卡应该基于尽可能多的独立数据项（而不是具有代表有限信息类型的少数特征的评分卡）。从概念上讲，这里的评分卡应该模拟一个优秀的、有经验的审核人员在信用申请中应该寻找什么（对该申请人的资信状况进行总体评估）。评分卡应该尽可能全面地反映申请人的风险概况。正如第2章所建议的，有关个别产品或地区的良好风险状况应该是什么样子的意见，最佳做法是与经验丰富的评审人员和风险管理人员交谈。

在决策支持的设置中，评分卡的特性应该考虑补充其他被用来评估信用的因素。例如，如果正在使用策略规则，那么最好将这些策略规则中包含的因素排除在评分卡之外。如果是人工做出的决策，那么需要理解审核准则和个人贷款标准。这是为了进一步了解数据中的偏差，以及模型中需要避免的变量。此外，如果正在进行重新定义，了解其范围和用于重新定义的一些因素，将有助于进一步识别任何有偏差的数据。

4.1.2　内部与外部开发及评分卡类型

在相关情况下，业务计划应阐释评分卡是由内部开发的还是由外部供应商开发的，其中哪个方案好，同时说明理由。

如果存在充足的和清洁的内部数据来构建定制评分卡，则此决策可取决于诸如资源可用性、特定产品的评分卡开发专门知识、内部和外部开发的时间框架以及与内部开发相比获取评分卡的成本等因素。定制评分卡建立在公司自己的数据上，通常是最好的和最恰当的选择。在过去的大约10年里，大多数国家的大多数银行都认识到了这一点，开始转向开发内部评分卡方式。然而，在某些情况下，向外部供应商支付费用开发评分卡，也是一种可行的和更好的选择。

评分卡是应该在内部开发还是外包，让我们一起看看两种开发方式的主要优点和缺点。

外包评分卡开发的主要利弊包括以下几点：

■ 对非常小的投资组合来说更便宜，对其他情况来说很昂贵。如果一家银行的客户基数很小，而且一年只需要两到三个模型，那么付钱给别人做模型或买通用模型就很便宜。请注意，这仅仅是基于评分卡的开发，银行或许还想在内部做其他类型的分析。这些银行也更有可能选择《巴塞尔协议 II》的标准化方法，而并不需要在模型开发中彰显自身内部能力。然而，对于较大的银行来说，外包战略几乎总是更昂贵的，因为收费是按构建的评分卡数量来计算的。许多大型机构每年要建立几十个评分卡和模型（在许多情况下超过100个），如果选择外包，会非常昂贵。

■ 开发商的信誉/履历。正如本书一直讨论的，建模师在统计学、异常数据及其劣势、优势、相关产品、国家和地区的经济状况、当地借贷法律、地理和其他当地的细微差别等方面的知识水平，影响评分卡的质量。选择合适的公司和建模者就显得尤为重要，因为没法控制开发模型的员工。一个公司仅仅在建模方面有着悠久的历史是不够的，因为初级员工所做的工作有时会受到质疑。银行应确保供应商指定的构建其模型的员工具备前面提到的必要知识。

■ 风险越低，回报越低。对于贷款方来说，外包战略的风险较低，因为我们在本章中讨论的大部分风险都转移给了供应商。对于评分卡的开发，没有必要管理资源、技术或担心停滞不前。然而，更低的风险也伴随着更低的回报，包括更低的投资回报率（ROI）和更少的经验积累。

■ 获得很少的知识或洞察力。仅仅为评分卡开发而分析银行数据的外部供应商通常不会为贷款策略或政策规则提供更好的想法。没有对银行数据的深入了解，外部供应商也不太可能发现一些看起来正常但实际上不正常的偏差或问题。外部开发评分卡不会像内部开发那样能提高银行的知识水平。

■ 更少的监管监督。许多银行选择外包评分卡，是因为这降低了它们面临的监管审查压力。在美国是这样，此类审查能牵扯到大量的银行资源。外包策略将一些监管负担转移给模型开发供应商，但银行作为贷款方仍然负责评分卡的实施和正确使用。

■ 3~6个月的周期。通常，外部供应商需要3~6个月的时间来创建模型。这取决于银行能多快生成数据并发送给供应商。

■ 较低的灵活性。外部开发评分卡在两个方面不灵活。第一，由于成本的限制，探索详细的细分策略只能是浅尝辄止，而供应商只可能研究那些主要的、已知的行业标准或供应商/银行提出的细分策略。在很多情况下，这些就足够了。然而，对于成熟的贷款人来说，通过更详细的分析而进行更好的细分能产生显著的收益。第二，当一个评分卡被认为是不稳定的，或者根据其他衡量标准表现不佳，因此决定重新开发时，外包战略将不会像内部开发那样及时响应。重新开发（或重新加权等）工作将取决于供应商的时间安排和可行性（尽管在某些情况下，内部人员无法处理更多的数据量，在这种情况下，从外部供应商那里临时获得帮助是有意义的）。任何延迟将导致额外的损失，因为次优的评分卡仍然在使用。

■ 黑匣子。正如在关于供应商模型的章节中所指出的，在某些情况下，供应商所使用的方法以及它们的假设可能不可用。这使得合规和持续验证变得更加棘手。

然而，内部评分卡的开发提供了以下主要好处和挑战：

■ 对大公司来说成本更低。一般来说，如果一个公司每年需要开发的评分卡不止三五个，那么就成本来说，构建内部评分卡就更低廉了。这归功于经济但强大的数据挖掘软件以及知识和培训的广泛应用。此外，一旦配备了工具和人员，能够构建的模型和评分卡在数量上就没有限制了。通常，那些在内部开发信用评分的公司最终会比外包构建更多的模型。一些较小的公司选择这样做不是为了直接的投资回报率，而是为了间接的利益，比如知识增益和在公司内部建立一个基于分析的决策文化。

■ 风险越高，回报越高。与外包相比，内部评分卡的开发是一项风险更高的活动。贷款人承担的人力资源风险和其他风险，在外包的情况下通常由供应商承担。本章讨论了其中的一些风险，后面的章节会讨论如何降低这些风险。然而，就更高的投资回报率、效率、学习和灵活性来说，伴随风险而来的是更高的回报。

■ 培养和留住人才的需要。内部开发原则意味着贷款人必须雇用、培养和留住人才来匹配战略活动。在任何一段时间内，评分卡开发的目标，长期也好，短期也罢，都取决于分析人员的稳定性。在一些高增长市场，这些资源比较稀缺，导致雇佣成本和薪金快速升高。之后有单独的一章会详细地讨论如何降低这种风险。

■ 维护基础设施。贷款人必须构建和维护内部基础设施，以促进评分卡的开发，包括数据集和数据挖掘软件，这已在不同的章节中详细介绍过了。然而，这个问题的影响相对较小，因为所涉及的大多数基础设施无论如何都会被创建用于通用分析工作，以及验证和使用评分卡。

■ 监管/审查。内部开发确实意味着内部验证/审查的增加，以及对模型开发本身的外部监管审查。不过，对于那些选择或预期会建立自己的监管模式的较大型机构而言，这并不是一个选择的问题。对数据和流程进行适当的规治，可以使处理这种审查更加容易。内部开发还意味着在方法、验证、扩展和文档等方面会保持长期的一致性，这有利于合规。

■ 有利于更好地拓展策略/产品，有利于知识增益和开阔视野。我们在本书中讨论的分析方法，包括分组变量，在公司内部创造了大量知识，并导致更好的战略、策略规则和细分。这种分析可以丰富任何公司的知识基础，这就是为什么在内部进行分析是有意义的。

■ 两周至两个月的周期。这是围绕评分卡的开发而构建成熟流程的那些公司的平均时间。它意味着自动化的数据收集，使用方便的GUI软件进行分组、建模、验证和其他任务。通常，对于银行来说，从头开始，可能需要9到12个月，建立3到4个评分卡才能达到这个目的（调整所有进程）。快速开发模型的能力直接影响投资回报率（ROI）。更快地使用更好的模型，能够降低损失，特别是在旧模型不稳定或存有其他方面缺陷的情况下。

■ 最大的灵活性。当内部开发完成时，贷款人不必等待供应商开发完成。他们可以在需要的时候快速建立新的模型。内部开发让详尽的细分分析成为可能。优秀的内部和本土化知识可以用来试水更好的细分战略，并随之构建更好的模型。更好的细分会降低整体损失，能发现大量的高/低风险客户，从而实施更好的业务战略和规章制度。

■ 必须克服信心障碍。外部供应商在构建评分卡方面有悠久的历史，掌握了专门知识，因此得以确立其行业地位。然而，一旦内部员工学会了如何构建评分卡，并且获取了恰当的工具，他们也可以变得知识渊博，并开始在内部建立这种类似的专门知识。许多贷款人以及他们的员工需要克服信心障碍，实际上他们自己能够在内部进行开发。尽管投资回报率数据令人瞩目，但只有当贷款人有信心从外包开发向内部开发跨越时，投资回报率才会上升。

■ 本土化。最理想的评分卡开发应该由属地国的本地员工完成。要确保在评分卡内部开发的所有阶段都已充分考虑到当地的法律、法规、信用文化、地理、经济和其他细微差别等因素。

■ 充分披露。只要用于开发的软件是开放的和透明的，内部模型开发就要确保对验证人员以及监管机构的充分披露。由于开发人员已了解所使用的数据、假设、参数和方法等，因此这种披露有助于更好地理解模型的优点和缺点。

内部模型开发的一些风险规避措施将在后面的章节中详细讨论。

如果没有足够的数据（例如，低违约率的投资组合），或者对数据的可访问性和质量存有疑问，就需要外部供应商或征信机构的通用评分卡。在下列几种情况下，也可采用通用的评分卡：公司对新的市场、渠道或产品进行营销时，没有历史数据，但是行业数据可用；一个产品的业务量不能证明开发定制评分卡的成本合理；或者一个产品发布时间表没有安排足够的时间来开发定制评分卡。

当通用评分卡的开发样本/目标与银行的客户非常匹配时，通用评分卡就是最好的选择。例如，在加拿大，如果一家银行想把贷款价值比超过 80% 的首次购房者作为目标，最好使用这种利用加拿大的同类型抵押贷款客户的数据开发出来的通用评分卡。不是每个国家都能有这样经过深度细分的通用评分卡。在这种情况下，采用的是最接近的替代方法。然而，贷款人应该认识到，由于不同国家的贷款环境不一样，以及客群细分与预期的目标市场非常不同，基于区域或全球的数据而构建的通用评分卡也并不总是很好用。例如，使用来自征信机构的通用分数来套用未注册或预付费的电信客户可能达不到理想的效果。大多数征信机构的数据是来自拥有信用卡、汽车贷款或抵押贷款的客群；而电信的基本客户，尤其是那些大多数国家的预付费客户，则与此大不相同。

在某些情况下，可能无法使用基于统计分析开发的定制或通用评分卡。这通常是由于数据数量非常少，无法获得与任何外部付费评分卡开发相关的成本或没有通用模型可用的产品所带来的可感知收益。在这种情况下，可能有必要发展基于判断的裁决模型。这样的模型也被称为判断模型、专家系统或基于经验的模型。

这种模型的开发包括选择一组被认为是风险良好预测因子的特征，并为每个特征分配分数，就如基于统计分析开发的模型。然而，该开发是基于集体经验和直觉进行的，并且开发出来的模型通常结合许多规章制度来实施。尽管不是基于统计分析而进行的开发，但与个人信用分析师的审核相比，该判断模型能够提供前后一致且客观的决策工具。判断模型的评分卡在小额信贷方面效率较高。[①]

判断模型的开发离不开信用审核、信用政策和其他风险管理职能的参与。在大多数情况下，风险专家小组遵循这样的过程：

■ 选择一组风险因素/变量，通常用于评估信誉，而且与所涉及的问题产品相关。

■ 按重要性对变量进行排序。排名不一定按单个变量进行，而是以"强度"的递减顺序创建多组变量，这相当于在进行统计分析时用卡方排序。

■ 这些变量经判断而"分组"或分成不同的类别。例如，"偿债比率"被分成若干组，如"0~10%""10%~15%"等，代表不同的风险水平。在这里它也可以分成十组。与基于分组统计的方法一样，这些变量也是基于规章制度和其他业务因素的了解而进行调整/创建的。

■ 基于变量的相关风险度和相对强度为每个变量的不同属性分配分数。例如，如果认为贷款价值比非常高，那么其属性可能存在从最小值到最大值的80分差异。所以贷款价值比为0~10%的人将得到80分，而贷款价值比为90%~95%的人将得到0分。例如，如果认为"二手车龄"较短，那么新车和旧车的最大差别可能只有30分。

■ 一旦创建了判断模型评分卡，一些预先评估的申请就应被打分，以确保风险评级前后一致。

---

① L. Simbaqueba, G. Salamanca, and V. Bumacov, "The Role of Credit Scoring in Micro Lending," LiSim, 2011.

4.2　创建项目计划

项目计划应包括明确界定的项目范围和时间表，并处理交付成果和实施战略等问题。在与以前没有使用过评分卡的公司打交道时，最好给决策者一份评分卡结果文档的样本副本，以设定预期。一般来说，风险经理和风险策略经理会得到收益图表和其他类似的分析数据，以帮助他们做出决策。我通常根据不同的子群体生成预期的损失率、批准率、滚动率、恢复率等。在这一点上，可以向决策者展示这类报告的例子并询问他们希望研究哪些有用的子群体。关键是生成对决策者有用的分析。通过示例项目计划对模型审查或验证团队进行走访并向他们展示每个项目的结果也是非常有用的。然后，经理们有机会根据其内部政策或监管指南的具体要求增加或调整计划内容。这就减少了日后产生误解和其他问题的可能性。

项目计划应包括所有可预见的意外情况和风险，并在项目开发过程中和开发之后保持连续性，目的是从开发团队到负责测试、策略研发和项目实施人员实现无缝过渡。在这个阶段，合适的计划会防止出现诸如评分卡由团队开发但不能实施、IT 部门没有被提前告知或者用于新评分卡实施的报告无法及时生成的情况。所有的利益相关者都应该知道需要做什么、由谁来做、何时做。

4.2.1　识别项目风险

评分卡开发项目的成功取决于各个相互关联的过程，每个后续过程只有在前一个过程圆满完成后才能启动。作为根据经验得出的解决方案，该过程也完全依赖于开发数据。因此，与评分卡开发项目相关的几个风险包括：

■ 数据不可用或数据不足。低违约组合给许多选择遵守《巴塞尔协议 II》的基础或高级内部评级规定的银行带来了问题。稍后我们将更详细地讨论数据是否充足。在这一点上，我们希望意识到，没有足够的数据对模型开发而言是一种风险。

■ 数据质量差（不清洁的或不可靠的）。

■ 访问数据时的延迟/困难。许多银行的建模员工需要几个月的时间来获取需要分析的数据。这会极大地影响项目的时间安排，又会因为使用过时的模型而造成损失。

■ 非预测性或弱数据。这是只有在开发过程开始后才能发现的情况，在借贷很大程度上是手工操作或类似的银行中尤为严重。变量似乎不能预测风险，因为风险账户大多是精挑细选的，因此风险与低风险账户风险相等。

■ 不能由操作系统处理的评分卡特征或衍生数据。通过与IT团队的沟通，这种情况很容易避免。

■ 公司发展方向、优先级的变化。

■ 模型的重新编码问题，特别是在外包情况下，可能导致延迟实施。

■ 其他法律或操作问题。

项目风险、"拦路虎"和可能对评分卡质量产生潜在影响的其他因素应在此阶段识别，并在必要时制订备选方案。关键是，仅仅拥有数据，或者即使拥有大量数据，并不能保证一个公司肯定拥有一个适合任何类型的评分卡或模型。另外，这需要向历史上没有使用过模型和评分卡的银行高级管理层做好解释，以确保他们的期望是实事求是的。

4.2.2 确定项目团队

项目计划还应确定项目的所有利益相关者，并集合多部门的项目团队。第2章提供了团队成员的建议列表。

项目团队成员的名册应该确定各自角色和职责、执行发起人，以及成功完成各个开发阶段并需要签字确认的成员。审核要求是一个最佳实践，它将持续的咨询和审核的理念引入整个过程。在前一章的末尾提供了评分卡开发过程中主要阶段的列表、每个阶段的结果以及建议的签收方。

还应该为那些需要及时了解中期结果、时间表和制定策略的部门编制更详细的列表。这些部门通常在开发本身中没有直接角色，但是会受到策略变更的影响。

在使用评分卡的业务计划得到批准后，执行发起人和实际执行评分卡开发和实施的部门主管就会签署完整的项目计划、范围和可交付成果。

这一章和前一章，旨在鼓励规划和合作。这类业务规划可不是让评分卡开发人员创建额外的官僚掣肘架构。这个概念很简单——在大型公司中，为了提高效率和达到预期，不同的部门应共享开发、实施、检验和管理评分卡所涉及的工作，进行一些协调是必要的。毕竟，这可不是一个好兆头——在评分卡的交付会议上发现，花费了两个月时间开发的评分卡居然无法实施。

我所碰到的大多数评分卡开发项目所涉及的问题，与数学或统计无关；反倒是不可避免地与数据问题、IT 问题、通信问题、决策僵局、模糊的政策、来自国家监管机构的模糊指导方针，以及不熟悉评分卡开发的内部和外部验证者/监管机构有关。

所有这些问题都要充分考虑，但这样的业务规划不一定是正式的。

4.3 为什么采用"评分卡"格式？

这本书涉及传统的基于分数的评分卡的开发，如图表 1-1 所示。虽然人们认识到预测模型还可以采取其他方法开发，如使用多种建模方法的 SAS 代码，但评分卡方法是行业中最常用的一种。之所以优选这种方法，理由如下：

■ 评分卡方法是最容易解释、理解、实施和使用的。属性分数的增减是直观的，符合业务经验，因此对不具备统计或数据挖掘的高等知识的风险经理和决策人员有吸引力。在某些情况下，评分卡可以在理论上自动实现，但不建议这样做。

■ 拒绝、低分或高分的原因可以用简单的业务术语向客户、审计人员、监管人员、高级管理人员、模型验证人员和其他员工解释。当分数发生变化或申请被拒绝时，决策会更简单。

■ 这些评分卡的开发过程没有暗箱操作，而是被广泛了解的。因此，就评分卡方法的透明性而言，其容易满足任何监管或内部模型验证的要求。

■ 使用标准报告的评分卡非常容易诊断和监测问题。评分卡的结构还意味着分析人员无须深入了解统计或编程就可以执行这些功能。这使得评分卡成为管理风险的有效工具。

"创造您自己不理解的东西——买家不理解，评级机构不理解，监管机构不理解——真的不是一个好主意，不管是谁拥有这个东西。那些创造它们的公司愚蠢到拥有它们，但这并没有让我感觉好一点。"

约翰·塞恩（John Thain），前美林首席执行官，
2009 年 9 月 30 日在沃顿商学院的演讲[①]

---

① www.finextra.com/news/fullstory.aspx? newsitemid = 20584.

第5章　内部评分卡开发的风险管理

"每一次高尚的收购都伴随着风险；害怕遭遇其中一种的人，不要指望能遇到另一种。"

彼得罗·梅塔斯塔齐奥（Pietro Metastasio）

"风险来源于不知道自己在做什么。"

沃伦·巴菲特（Warren Buffett）

在前面的章节中，我们详细讨论了内部信用评分卡的各种好处，包括更快、更便宜以及比外包更具灵活性的开发评分卡的能力。虽然开发内部信用评分卡具有诸多优点，但也存在不易于识别的风险。之前，我们已经认识到，随着内部评分卡的开发会产生一些与之相关的风险。在本章中，我们将讨论那些经营良好的贷款人降低风险的一些方法。注意，我们讨论的问题仅限于内部评分卡开发的这个狭窄领域，而非模型风险治理的整个领域。一个公司无论是在内部构建评分卡还是外包开发，总会伴有一些风险：数据风险、模型验证问题、管理使用的制度、审批的内部控制等。以下是贷款人决定建立内部信用风险评分卡时所要承担的一些主要风险：

- 人力资源风险
- 停滞

■ 技术

■ 质量

5.1 人力资源风险

当银行或贷款人决定开始建立自己的评分卡时，他们通常会成立一个部门或团队来做。这些团队需要有适当的人员配备和管理措施，银行得承担起招聘、培训和留住稀缺建模员工的责任。如果选择外包，当然是供应商承担了这个风险。

关键员工有可能会离开，从而使项目面临风险。首先，需要雇用新的员工。这些新的雇员需要经过培训才能使用软件，同时还要熟悉银行业务及数据。同时，现有的建模人员可能不得不捡起离职同事留下的未尽工作。离职员工还能顺便带走公司大量的专有技术，这些任务能否及时完成将决定员工离职的最终影响。

鉴于模型开发战略的性质——考虑信用风险评分卡在操作和管理方面的广泛使用，管理这种风险对于任何内部开发的成功都是至关重要的。

除了提供适宜的工作环境并确保具有竞争性的薪酬和福利外，这种人力资源风险还可以通过几种安排进行有效控制。

科技手段的选择可以帮助管理风险。虽然基于程序设计的数据挖掘工具提供了极大的灵活性，但它们也不是那么透明，更难于学习，并且涉及人们缺乏的技能。通过使用能够加快学习速度、提高透明度和分担工作的产品，可以降低风险。在模型开发和编码资源稀缺的国家，这个问题更为严重。一般来说，需要9~12个月的培训，才能让具有良好统计学或银行业背景的人达到使用基于编码的方法生成模型的水平。这是基于员工不熟悉公司使用的编程工具的假设。然而，对图形用户界面（graphical user interface，GUI）与基于点击的数据挖掘工具的应用，新员工通常需要经过一个月或两个月的培训周期，才能够较顺利地参与开发工作。

传统的基于编程的方法和工作实践不利于共享工作成果。每个开发模型的人都用自己的逻辑编写代码。在通常情况下，当编码人员辞职时，他们也带走了他们的大部分知识，而其他的员工也不愿意筛选成千上万行其他人编写的代码。重新开始部分已完成的工作通常意味着从头开始。一些公司已经建立了集中的宏库和其他代码库来鼓励共享。一种简单的方法是使用/创建 GUI 软件，对于项目、数据条件/过滤器、剔除、派生变量和其他项目构件，每个人都可以使用，并且可以共享（这在第 3 章中已经详细说明）。这些安排的最终结果是降低关键员工离职所带来的风险。未完成的工作可以被捡起并继续，并且新员工的培训速度更快，他们能更快地参与工作。近年来，银行已经转向使用更多的点击式软件，在开发监管模型时尤其如此，这成为降低模型风险和严格遵循时间表的一种合规方式。

当决定构建内部评分卡时，适当的技术/平台合作伙伴能起到作用。贷款方可选择软件/基础设施供应商，并且鉴于内部开发的关键职能也是由供应商提供的，应以降低风险的原则来选择供应商。特别要注意以下几点：

■ 提供分析统计、软件使用和最佳实践方面的定期培训。当新员工加入公司时，影响他们多快能够提高生产力的因素之一就是能否提供适当的培训。在地球另一端等待七个月后的下一堂课，可不是个好选择。理想情况下，新雇员应该已经具备一些编码技能；然而，事实并非总是如此。在市场不景气的情况下，贷款机构通常会聘用具有数字背景并在贷款政策和模型开发策略方面经验丰富的人员。这些人在制作模型之前，往往需要对某些统计数据进行复习。除了软件使用和统计背景之外，评分卡开发人员往往需要接受业务思维的指导，并且需要学习业务技巧。在通常情况下，公司内的高级员工能够履行这一培训职能，但是如果供应商能够承担这一职能，就变得更容易一些。

■ 合作伙伴的"走向市场"战略与公司目标一致。有一些专业的咨询公司和其他公司可以提供帮助，传授知识，促进内部模型开发，而不是试图说服您继续外包。一旦贷款方决定内部开发，就需要寻找与其自身目标一致的合作伙伴。这并不排除评分卡开发服务中的临时帮助。

■ 能够介入并提供短期评分卡开发、咨询和指导的供应商。由于对模型的需求太多或临时员工短缺，许多开发团队面临着暂时性的困难。在这种情况下，最好有一个合作伙伴可以介入并提供评分卡开发服务，并使用与贷款方相同的工具。此外，与前面的观点相关的是，咨询和指导服务也应该提供，但目标应该一致。关键是，在提供这些服务时，最终目标是授权和培训贷款机构的工作人员，使其今后能够自力更生，而不是造成对外部供应商的依赖。

■ 与在当地有业务的供应商合作，以便快速周转和获得相关知识。在当地开展业务有两个好处：可以更快地对问题和难题做出回应；如果将当地知识用于评分卡开发服务，可以开发更好、更相关的模型。

■ 产品应用广泛。如果所选择的开发工具在当地市场被广泛使用，那么雇用和培训员工开发评分卡的过程就更容易了。如果贷款人选择对复杂产品或者不通用的产品使用编程，这一点则更为关键。在必要时，可以雇用大量的人力资源以降低风险。使用不太通用的产品意味着同样的过程将花费更长的时间。

■ 创造一种风险文化，强制记录和分享知识。这意味着评分卡开发人员和验证人员必须记录整个过程的流程、决策和推理。适当的文档不仅可以降低模型风险，还可以确保企业知识的连续性和持久性。

5.2　技术和知识停滞的风险

银行决定将模型开发外包的原因之一是外部供应商拥有更多的知识、更好的技术和不断学习的优势。理论上，供应商带来的行业经验和新知识，是在实践中为大量其他用户做类似的工作时获得的。他们还可以使用最新的专门数据挖掘软件和方法，而这些可能是外部世界无法获得的。内部开发的风险在于，知识容易变得陈旧和孤立，银行在使用最新方法方面可能落后于其他机构。

决定采用某一特定供应商/技术进行评分卡开发的贷款机构也可能面临以前的技能损失和对特定软件培训的投资。这是在基础编码语言或技术中进行切换的场景。这个问题的风险包括延迟从内部建模中获得收益，以及增加支出。

几乎所有的贷款机构都有现成的分析、数据管理和报告基础设施。当它们决定启动评分卡开发时，可能因技术的选择而导致破坏性。具体而言，集成问题相当普遍，可能会延迟/中断内部模型开发的好处，或者更糟糕的是，导致监管问题。经常出现的挑战包括：与现有基础设施不匹配的新技术和平台；需要重新编码的模型（监管和治理风险）；使用不同产品的检验和开发团队，使基准测试更加困难；将模型实施纳入评分和决策软件变得非常烦琐和昂贵；专有实施软件无法轻易安装内部构建的评分卡；执行评分卡监测并将其他报告纳入报告环境的问题。其中一些已在第 3 章中详细讨论过了。

许多贷款机构对自己是否开发评分卡犹豫不决。它们不相信自己的员工能够像外部供应商那样出色地工作，而且认为，如果自己开发内部评分卡会存在质量风险。

那些成功地创建了内部建模功能的贷款机构，则通过以下主要方法降低了这种风险：

■ 一些银行和贷款机构每隔三四年就会与外部的评分卡供应商取得联系，并让它们构建一个定制评分卡，意在"购买"现行的知识，看看供应商对细分、方法和有趣的新变量等方面是否有任何独特的想法。

■ 大多数贷款机构都为其员工的继续教育做了预算。这包括参加课程和在线培训项目及研讨会、各种学术会议。此外，公司也可以从互联网上公开下载大量的学术文章、同行评议和其他行业研究。鼓励员工在研究上花费一定的时间，包括阅读期刊和论文，以及参与在线讨论。尽管其中一些方法可能有立竿见影之效，但许多"前沿"的方法却收效不大。正如本书中所讨论的，开发监管模型在许多方面有掣肘，并非每个新的方法在实践中都是可用的。然而，扩展知识并紧跟前沿创新却总是有用的。

■ 要知道，建立知识库需要时间。大型公司有时确实会雇用具有大量行业和建模经验的整个团队，从而在它们的内部开发之旅中获得一个良好的开端。其他公司会随着时间的推移慢慢建立知识库。随着建模人员构建越来越多的评分卡，并熟悉方法、数据和内部流程，这些公司将变得更好、更有效（也更有价值）。这可能需要三到四年的时间，具体时间取决于所要建立的模型数量，因此必须控制预期时间。

■ 尽可能保持编码平台和软件的连续性。如果有员工熟悉并在培训中学过现有的软件包，那么风险较低的做法就是维持现状。唯一的例外是，这个软件包根本不具备开发评分卡的能力，或者远远低于行业标准。许多公司为保持连续性会放弃先进的特征和功能。同样，这取决于已经投入现有产品中的承诺和投资水平。

■ 不能低估融合的作用。正如在第3章中提到的，数据、分析、实施和报告之间的融合，降低了风险并强化了治理。在做出任何投资决策之前，需要利用内部评分卡对现有基础状况和未来状态进行分析；识别各个融合点、每个组件的最终产品和其他组件的切换、验证和管理需求，以及所有已知的差距/警告；优先考虑并精心安排干扰最少的选择。这样就会降低实施、治理风险和其他风险。内部数据将由评分卡开发工具读取；评分卡可以进行基准测试、验证和实施，而无须重新编码或昂贵的外部帮助；报告可以在合理的时间框架内生成。

■ 尝试与地方征信机构联系，以了解行业趋势和变化。一些国家征信机构能够提供关于主要指标如何变化的信息，如查询、使用或交易的平均数量的趋势。这样的信息能够帮助贷款机构测试其信息以应对市场。

■ 从供应商处获得投资回报率。所有供应商都注重研发（R&D）工作并创造新产品。从两个方面考虑如何选择供应商，以降低贷款机构的技术风险/差距。首先，选择将重要资源投入研发并定期提供此项研发工作成果的供应商。例如，数据挖掘供应商应该在其产品中提供最新的算法，最好没有"黑匣子"。对某些业务模型来说，保守工作秘密可能行得通，但对客户（即银行/贷款机构）来说就行不通了，这些客户想要独立自主并能够向利益相关者解释其所作所为。其次，如果供应商提供短期咨询或评分卡开发的帮助（除了提供独立自主的帮助之外），最好确保其使用的软件产品与卖给客户的相同。如果供应商在内部使用不同的产品，就会出现技术上的差距。

■ 能够做得更好。质量风险/差距是没有数据挖掘或建模经验的公司的一个可理解的信心缺口。降低这一风险几乎涉及本章所提到的所有要点。同样，在发展中国家，这种情况更为严重，因为信用评分本身是一个不成熟的学科，但在发达国家和地区很少出现问题。这就告诉我们：成千上万的金融机构已经并且正在建立自己的模型和评分卡。分析的改进几乎是全球性的，带来了非常明显的好处。即使是那些因为《巴塞尔协议 II》的合规需要而无须在内部这样做的机构，也在这样做，它们可能已清楚地认识到这样做的好处。银行已经发现，优秀的内部数据知识确实产生了更好的评分卡和细分，有利于知识更新和更好策略的创建，并且随着时间的推移，质量差距也比较容易克服。

■ 知识鸿沟真的存在吗？理论上，外部供应商会带来新的知识和变量，但这也需要在实践中得到验证。贷款机构必须确认的问题包括：

• 预测变量变化大吗？在大多数国家，有一组变量一直被用于贷款和建立模型。这些几乎不可避免地与贷款的基本规则有关，比如"5C 贷款法"。除非有一个全新的数据源，比如新的征信机构，否则这些变化不会太大。实际上，变量本身并没有发生显著的变化，尽管一些变量的属性分组已经发生了显著的变化（例如，查询和交易的数量）。

• 最新的信息有多少是可用的？虽然谈论最新的趋势和算法是有意义的，但要考虑在实际生活中有多少是有用的。同样，还要考虑各种法规、检验、技术和其他约束，需要实事求是地评估供应商和银行之间的知识差距。

上述措施只是在内部信用评分卡开发过程中银行缓解风险的一些方法。如前所述，这是建立内部监督机制和验证功能的努力。本书旨在为贷款机构提供可用于开发自有的评分卡的知识。必须再次强调的是，建立合适的基础设施并做好规划以减少操作风险，与这些方法同样重要。

第6章 评分卡开发过程第二阶段：数据审查和项目参数

"事实是不容易改变的，但数据则要灵活得多。"

马克·吐温（Mark Twain）

这个阶段可能是评分卡开发过程中耗时最长、劳动最密集的阶段。需要确定的是：第一，评分卡开发是否可行。如果可行，第二，为项目设置高级参数。参数包括剔除、目标定义、样本窗口、履约窗口和评分卡的细分。

6.1 数据可用性和质量审查

在质量和数量方面，这个阶段首先解决数据可用性问题。这里，我们要回答这样一个问题："我们是否有足够的数据启动这个项目？"评分卡的开发需要可靠和清洁的数据，以及可接受的最低数量的"正常"和"不良"。当数据存放在数据集或数据仓库中时，这个过程就变得容易和有效。

所需数据的数量不尽相同，但一般来说，它应该满足业务信心、统计显著性、代表性和随机性的要求。在这个阶段，确切的数字并不重要，因为这取决于下一阶段要设置的"不良"的定义。我们感兴趣的是，我们是否处于更大范围的"棒球场"（in the ballpark）。抽样本身就是一个非常具体的主题，将在下一章中讨论。大量的工作致力于寻找"最佳"样本，但没有一个明确的答案。建模方法、总体的客户数量、数据类型和用于确定"最佳"模型的衡量标准，这些因素都在确定最佳样本大小方面发挥作用。对于信用评分，Crone 和 Finlay[①]提供了一个很好的参考，他们研究了样本大小和正常与不良比率的影响。他们的研究似乎表明，对于逻辑回归模型，大约需要 5 000 个不良的申请评分卡和 12 000 个行为评分卡的样本规模，这样可以得到最大的基尼系数（此后基尼系数没有显著改善）。

我曾与拥有不同产品的许多数据集以及不同审批流程的银行合作过，我的经验表明：首先，数据质量可以弥补数据的匮乏。我曾见过用小数据集（1 000 个不良）制作的合理的评分卡，其中信用卡投资组合的征信机构数据大部分是（清洁的），其对申请的审核基本没有偏见。其次，业界普遍认为，虽然我们可能不同意什么是"最佳的"数据集，但会同意数据越多越好。最后，更大的问题不是定义最优样本，而在于确定正常和不良的最少数量样本。在大数据时代，银行能够并且确实开发出具有数百万个（有时是数十亿个）观测数据的模型，但银行并没有把自己限制在最佳数字上，尤其是当它们拥有大型数据集时。问题在于那些很少有不良样本的机构。最后，除了在许多关于抽样的论文中已经讨论过的模型拟合和其他统计因素外，特别是对于已经将变量分组的评分卡，还需要最少的数据来构建合理数量样本的分组。当不良样本数量较低时，您可能只能为一个变量（例如贷款价值比，LTV）创建 2～4 个组，因为需要每组中不良样本保持合理的最小数量。对于像 LTV 这样的变量，2～4个组将不能提供不同风险水平之间的足够差别，而且每个超大的分组中的账户将远远不是同质的。同样，这里的讨论是在创建评分卡所需的最少数量样本的数据点背景下进行的。正常和不良的比例是另外一个问题，以后再讨论。基于这一经验，我通常取得了成功，在申请评分卡开发方面，至少有 2 000 个"不良"账户和 2 000 个"正常"账户，可以从一组在规定时间内开立的已批准账

① Sven F. Crone and Steven Finlay, "Instance Sampling in Credit Scoring: An Empirical Study of Sample Size and Balancing." International Journal of Forecasting 28, no. 1 (January 2012): 224–238.

户中，为每个拟开发的评分卡随机选择这些账户。对于行为评分卡，这些评分卡将来自一组账户，在给定的时间点或在某些逾期状态下对这些账户清收进行评分。如果要进行拒绝推断，对申请评分卡来说，还可能需要至少2 000个拒绝申请样本。

对于公司的损失、逾期、索赔或其他履约报告和大量的申请，应提供是否能够达到这一目标的初步想法。通常情况下，相比"正常"账户来说，找到足够多的"不良"账户更难。

项目团队还需要确定打算用于评分卡开发的内部数据是否被篡改，或者由于其他原因是否变得不可靠。人口统计数据和其他未经验证的申请数据项目，比如收入，更容易被歪曲，但是诸如征信机构数据、房地产数据、财务比率等数据项目更稳健，可以使用。例如，如果确定来自申请表格或分支机构的数据不可靠，则评分卡仍然可以仅仅依据征信机构数据进行开发。这在电信行业的模型中也很常见，其中由供应商在销售点收集的数据质量很低。

一旦确定有足够高质量的内部数据进行处理，则须评估、量化和定义外部数据。公司可能决定单独开发基于内部数据的评分卡，或者可能选择从外部来源补充这些数据，如征信机构、中央索赔库、地理人口数据提供者等。在电子数据库中，一些公司能够获取和保留每个申请人的这类数据。如果数据不能以电子方式提供或以纸面形式保留，公司可能不得不将其输入数据库或反过来从外部供应商购买"以往的"数据。"以往的"数据提取的时间框架根据要指定的履约和样本窗口定义来指定。

在这一阶段结束时，如前一章所述，当主要审批人员共同确定可以获得的内部和外部数据的质量和数量时，就可以开始为定义项目参数而收集初始数据。

6.2 为定义项目参数而收集的数据

为了定义评分卡开发项目的参数，首先，必须以数据库格式收集数据。如前所述，项目参数主要包括确定正常、不良、不确定的定义；建立履约和样本窗口；定义子项；定义用于生成开发样本和开发过程本身的数据剔除。

然后，在申请评分卡的情况下，从足够大的样本中收集前2~5年的申请数据项（确切的数字取决于不良的定义、所要求的预测范围和投资组合到期通常需要的时间）。请注意，某些规则，如《国际财务报告准则第9号》可能需要更广泛的数据分析范围。收集的典型数据项目包括：

■ 账户/识别号码。

■ 开立或申请日期（用于测量客户/申请的时间）。

■ 接受/拒绝的特征。

■ 分析时间轴上的欠款/付款/索赔历史（衡量不良率并分配正常/不良特征）。

■ 不履行、强制违约，或坏账标志。

■ 产品/渠道和其他分类的细分标识。

■ 被剔除和有其他定义的当前账户状态（例如，不活动的、关闭的、丢失的、被盗的、欺诈的等）。

■ 贷款审批/贷款政策，以确定偏差来源。

■ 主要营销/交叉销售活动，以确定季节性和其他可能导致样本窗口不合适的偏差。

■ 了解其他业务数据。

对于行为评分卡的开发，首先要选择在某个时间节点上的账户，它们的行为通常要经过6个月或12个月的时间分析。同样，这也会因为规章制度和其他因素而有所不同。类似地，那些构建比例风险或过渡状态模型的人需要为这些情况构建适当的数据集。

由于下一阶段的次要目标之一是了解业务，因此可以根据需要添加另外的相关数据项。我通常会根据年龄、住房状况、现有的银行关系、产品的数量和类型、预付费与后付费电话公司、每日使用时间、地理位置、购买汽车的品牌、特殊客户获取计划的时间等人口统计数据来分析客户分布情况。相关数据项还包括不同征信机构的指标平均值，以及有助于构建公司客户基础的全面概况的任何其他标准。关键是要了解您所从事的业务和数据。用业务术语来说，我试图回答这样的问题，"谁是我的典型客户？""谁是我最好/最差的顾客"

"我最重要的细分是什么?"这样当我分析数据的时候,我就能发现任何不正常的趋势。

如前几章所述,贷款审批政策有助于理解数据中的偏差。与之类似,对过去的市场营销或交叉销售活动的了解,有助于了解季节性效应或开发样本中的任何其他异常趋势。我们使用的评分卡开发样本必须来自正常的时间段,并指向未来的申请人。一旦确定了样本窗口,了解主要营销活动可以帮助确定该样本是否能代表通常的"通过申请(through-the-door)"群体。

6.3　项目参数定义

下面的分析不仅是为了定义项目参数,也是通过数据来了解业务的一种方式。

6.3.1　除外条款

某些类型的账户和申请需要从开发样本中剔除。一般来说,用于开发的账户是那些在正常的日常授信操作中会得分的账户,以及那些成为预期客户的账户。我们需要回答的问题是:我每天要用这个评分卡给谁打分?那些非正常履约(例如,欺诈)的账户以及那些将使用一些不依赖于分数的标准进行审核的账户,不应该列入任何开发样本。这些可以包括指定的账户,包括员工、贵宾、国外、预批准/选择性邀请、丢失/被盗的卡、死亡、未成年和在履约窗口期内自愿取消的账户。请注意,有些开发人员将注销账户分类为"不确定",因为这些账户是经过评分和批准的,所以属于"正常日常运营中的评分"类别。从逻辑的角度来看,这是一种更好的方法。预先批准的申请和那些收到申请邀约的申请(通过交叉销售活动)也被剔除在外,因为它们是一个有高度偏差的子客群。通常情况下,这些申请人要经过风险和营销过滤器,然后他们中最好的被挑选出来进行偶尔的营销活动。将这些数据添加到一个评分卡项目中,包括添加那些自愿申请信贷产品的普通客户,会对数据产生偏差——除非这些活动在将来持续进行,进而成为常态。

多数分析师还剔除了因适用政策规则而被拒绝的申请人,拒绝率几乎是

100%，并且贷方没有计划在将来更改该规则。例如，如果拒绝了所有在过去两年内发生过破产的申请人，并且将来继续执行该政策，那么将这些申请人包括在开发样本中并对其进行分析是没有意义的。

如果存在公司不再经营的地理区域或市场，也应剔除来自这些市场的数据，以便所开发的数据能代表未来的预期状态。例如，一家汽车贷款公司过去为购买雪地车、游艇和全地形车（ATV）等娱乐车辆提供融资。然而，一年前，该公司决定专注于其核心的个人汽车融资业务，并停止为所有其他资产融资。出于评分卡开发的目的，公司内部开发的数据应只包括个人汽车贷款的申请。其他所有人都应被剔除在外，因为他们将不再是该公司未来实施评分卡的申请客群的一部分。

换句话说，我们将剔除作为一个样本的偏差问题。例如，如果想要开发一个适用于大城市居民的评分卡，那么就不应将居住在农村地区的居民包括在开发样本中。同样，任何没有评分或不属于一般客户的账户或申请人亦不应包括在内。

6.3.2 履约、样本窗口和不良的定义

评分卡开发使用的假设是"过去履约反映未来履约"。在此假设的基础上，对以前开设账户的履约进行分析可以预测账户未来的履约情况。为了执行这个分析，我们需要收集在特定时间段内的开户数据，然后在另一个特定时间段内观察它们的履约率，以确定它们是正常的还是不良的账户。收集到的数据（变量）以及正常/不良的分类（目标）构成了开发样本，评分卡就是依此样本开发的。这个分析对现有账户也是这样做的：我们在某个时间点记录账户，并在指定的时间段监测账户的支付记录，以确定目标。例如，在接下来的12个月中，所有1月份没有逾期的账户都将被监测，以确定哪些账户随后出现了违约。

在图表6-1中，假设一个新账户在特定时间被批准和授予信用，或者一个现有账户在特定时间被批准和授予信用。在将来的某个时候，需要确定这个账户的状态是正常的还是不良的（以便分配履约）。"履约窗口"是监测这些账户的履约行为以分配等级（目标）的时间窗口。"样本窗口"是指为开发样本选择已知的正常和不良情况的时间窗口。例如，我们采用从2014年1月起所有申

请某个产品的案例，查看其从开户到 2015 年 12 月的履约情况。样本窗口为
2014 年 1 月，履约窗口为 24 个月。稍后，我们将介绍一些可用于确定这些参
数的分析。在某些情况下，我们已经知道了或预先确定了账户的欺诈和破
产、履约等状态。但是，为了确定理想的履约窗口，执行下面描述的分析仍
然很有用。

图表6-1 履约定义

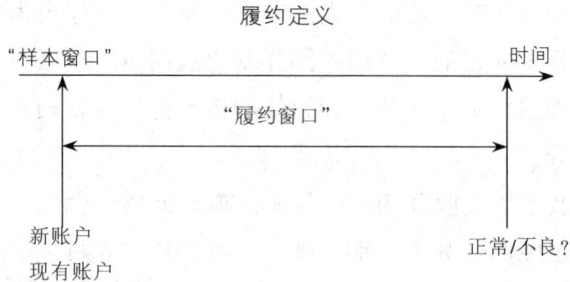

有几种方法来确定样本和履约窗口。

（第一种方法）在某些情况下，监管的具体要求将决定履约窗口，即模型
预测。例如，《巴塞尔协议 II》要求有一个 12 个月的预测窗口，因此为使用
《巴塞尔协议 II》而构建的违约概率（PD）模型具有 12 个月的履约窗口。[1]最
近提出的建议，如《国际财务报告准则第 9 号》，[2]建议对损失放宽预测的时间
范围，直至贷款期限届满。

第二种方法，我称之为"决策范围"方法，将履约窗口与贷款或协议的期
限相匹配。例如，如果汽车贷款的期限是四年，那么贷款的申请分数应该基于
四年的履约窗口。从逻辑上讲，因为借贷期限为四年，所以应当在四年的期限

---

[1] Basel Committee on Banking Supervision, "Basel II: International Convergence of Capital Measurement and Capital Standards: A Revised Framework," 2006.

[2] http://www.ifrs.org/current-projects/iasb-projects/financial-instruments-a-replacement-of-ias-39-financial-instruments-recognitio/Pages/Financial-Instruments-Replacement-of-IAS-39.aspx.

内对风险进行评估。这类似于贷款期限方法，适用于定期贷款。如果贷款期限很长（比如超过8到10年），那么还可以采用到期时间方法来缩短履约窗口，从而可以使用更新的数据。

对于信用卡等循环型贷款、后付费移动电话等服务以及其他长期信贷产品而言，观察投资组合的到期日可能是更好的选择。在这里，我们通过分析投资组合的还款或逾期记录（由一个或多个队列代表）来建立履约窗口，并按时间绘制定义为"不良"情况的走势。这些数据的来源是大多数信用风险部门编制的月度或季度队列或年账龄分析报告。

一个关于90天逾期（DPD）和12个季度（3年）履约窗口的"不良"定义的账龄分析例子如图表6-2所示。该报告显示了从2013年第一季度到2015年第三季度，按账户开立时间（或成为客户时间）计算的90天逾期的累计逾期率。例如，在第一行数据中，2013年第一季度，在成为客户5个季度后，这些新增账户中每日有2.80%为90天逾期。虽然逾期率是相似的，我们可以看到，一些客户在相同的期限里有更高的逾期率。这种现象很正常，因为营销活动、经济周期和其他因素可以决定接受账户的组合及其履约状况。

| 图表6-2 | | | | | | | 样本账龄/队列分析 | | | | | |

不良=逾期90天											记录时间	
		1 Qtr	2 Qtr	3 Qtr	4 Qtr	5 Qtr	6 Qtr	7 Qtr	8 Qtr	9 Qtr	10 Qtr	11 Qtr	12 Qtr
开放日期	Q1 13	0.00%	0.05%	1.10%	2.40%	2.80%	3.20%	3.50%	3.70%	3.80%	3.85%	3.85%	3.86%
	Q2 13	0.00%	0.06%	1.20%	2.30%	2.70%	3.00%	3.30%	3.50%	3.60%	3.60%	3.60%	
	Q3 13	0.00%	0.03%	0.90%	2.80%	3.20%	3.60%	4.10%	4.30%	4.40%	4.45%		
	Q4 13	0.00%	0.03%	1.00%	2.85%	3.20%	3.50%	3.80%	4.00%	4.10%			
	Q1 14	0.00%	0.04%	1.00%	2.20%	2.40%	2.70%	2.90%	4.10%				
	Q2 14	0.00%	0.05%	1.20%	2.50%	2.90%	3.30%	3.50%					
	Q3 14	0.00%	0.04%	1.30%	2.60%	3.00%	3.35%						
	Q4 14	0.00%	0.08%	1.40%	2.60%	3.00%							
	Q1 15	0.00%	0.02%	0.09%	2.20%								
	Q2 15	0.00%	0.08%	1.50%									
	Q3 15	0.00%	0.05%										

注：Qtr表示季度，1Qtr表示1个季度；Q1 13表示2013年第一季度。下同。

为了从图表6-3中的数据生成逾期期限曲线，我们有几个选择。

图表6-3　　　　　　　　　　选择到期日曲线的选项

不良账=逾期90天												记录时间	
		1 Qtr	2 Qtr	3 Qtr	4 Qtr	5 Qtr	6 Qtr	7 Qtr	8 Qtr	9 Qtr	10 Qtr	11 Qtr	12 Qtr
	Q1 13	0.00%	0.05%	1.10%	2.40%	2.80%	3.20%	3.50%	3.70%	3.80%	3.85%	3.80%	**3.86%**
	Q2 13	0.00%	0.06%	1.20%	2.30%	2.70%	3.00%	3.30%	3.50%	3.60%	3.60%	**3.60%**	
	Q3 13	0.00%	0.03%	0.90%	2.80%	3.20%	3.60%	4.10%	4.30%	4.40%	**4.45%**		
	Q4 13	0.00%	0.03%	1.00%	2.85%	3.20%	3.50%	3.80%	4.00%	**4.10%**			
开立日期	Q1 14	0.00%	0.04%	1.00%	2.20%	2.40%	2.70%	2.90%	**4.10%**				
	Q2 14	0.00%	0.05%	1.20%	2.50%	2.90%	3.30%	**3.50%**					
	Q3 14	0.00%	0.04%	1.30%	2.60%	3.00%	**3.35%**						
	Q4 14	0.00%	0.08%	1.40%	2.60%	**3.00%**							
	Q1 15	0.00%	0.02%	0.09%	**2.20%**								
	Q2 15	0.00%	0.08%	**1.50%**									
	Q3 15	0.00%	**0.05%**										
	Q4 15	**0.00%**											

第一种选择是使用图表6-3中粗体数字表示的对角线。这显示了最近在不同日期开立的账户按时间分列的逾期率。账龄的投资组合在质量上可能会有所不同，这可能会产生一些不是很有用的曲线（账龄曲线不会以一种平稳的方式增长，因为可能会出现"下降"），因此，随着时间的推移，在申请人和账户质量方面相当稳定的产品，是更好的选择，如抵押贷款。在数量波动的情况下，有两个附加选项可以帮助平滑数字，并呈现一个符合现状的长期逾期增长图。例如，我们可以使用最近6个队列的平均值，如图表6-3中用椭圆形圈出的，或者我们可以选择一个单独的队列，如图表6-3中用矩形框所突出显示的2013年第一季度开立的账户。

图表6-4是按季度（期限或账面时间）划分的两组累计不良率的示例：

2013年第一季度开立的账户和2014年第一季度开立的账户。

图表6-4　　　　　　　　账龄曲线不良率的演变趋势

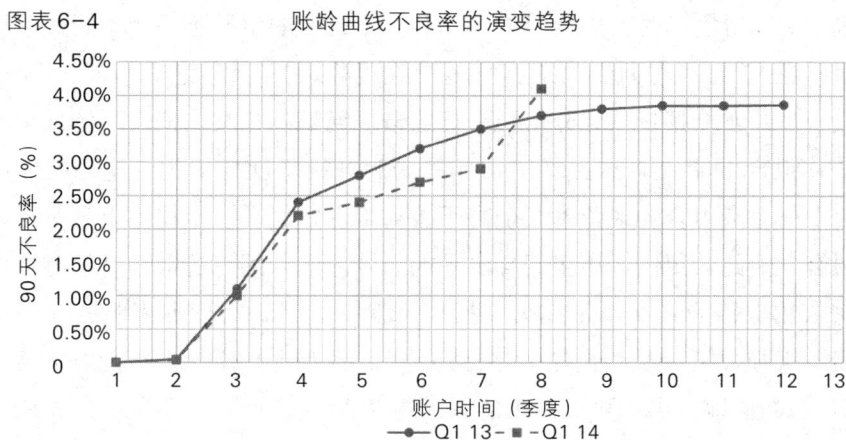

这张图表展示了一个典型的信用卡投资组合的例子，其中累计不良率随着时间的推移而增长，并在初始时就开始增长。从2013年第一季度开立账户的情况看，不良率在最初的几个月里迅速增长，然后随着账龄接近10个季度而趋于稳定。

开发样本从两个时期选择：认定不良率稳定的时期，或认为队列是已经到期的时期（累计不良率开始趋于平稳的时期）。换句话说，我们应该等到所有可能会是不良的账户都确实变为不良了，才能选择开发样本。在上面的例子中，一个很好的样本窗口应该是在过去10到12个季度期间开设的账户，该窗口的平均履约期是11个季度。

从一个到期的队列中选择开发样本，是为了尽量减少对履约状况进行错误分类的机会（即所有账户都有足够的时间变为不良账户），并确保由一个没有到期的样本得出的"不良"定义不会低估最终预期的不良率。例如，如果从2014年第一季度开设账户的样本中选择开发样本，大约4.1%的样本会被归类为不良账户。然而，正如我们在图表6-4中所看到的那样，不良率仍然在增长。这一客群的到期样本的不良率将远高于8个季度的水平。因此，如果从这个时间段提取开发样本，那么实际上是不良的账户将会被错误地贴上正常账户的标签。

账户到期所需的时间因选择的产品和"不良"的定义不同而不同。信用卡账户通常在18至24个月后到期，汽车贷款通常在2至4年之间到期，而4至5年的账户是开发抵押贷款评分卡所需要的最低期限。在某些情况下，低风险的抵押贷款组合可能到期不会超过10年，因为抵押贷款与信用卡逾期的性质不同。由于信用卡组合的风险本质上高于按揭组合，这在一定程度上是一种自我应验预言，因此会更快地产生同样水平的逾期。陷入困境的客户有可能首先停止支付信用卡账户，而不是拖欠其抵押贷款（然而，有证据表明，在一些国家，债务人拖欠抵押贷款是"战略性违约"，因为他们预计多年之内不会被赶出家门）。类似地，出于显而易见的原因，对30天逾期的"不良"定义所做的分析比采用60天或90天的"不良"定义显示出更快的到期。保险索赔、欺诈、破产和其他定义的评分卡可能具有独特的稳定文件，也可以通过采取类似的分析来确定。

在图表6-4所示的例子中，可以看到不良率稳定在大约10个季度，我们因此建议从开户时间大约为10个季度的账户中提取开发样本。事实上，任何超过10个季度的队列也应该有一个稳定的不良率，但我们建议选择那些最新的账户。这与开发样本的相关性和稳定性有关。大约10个季度前开立的账户是最新的到期样本，极有可能与未来的申请人相似。15个或20个季度前开立的账户也将到期，但由于产品、政策、经济状况和人口结构的变化，所蕴含的信息更有可能是过时的。

业务使用的行为评分卡通常用于6个月或12个月的履约窗口。清收模型通常是为1个月的履约窗口构建的，但是越来越多的公司正在构建这样的评分卡——最多为一到两周的较短窗口，以便开发更及时的清收路径处理方法。构建预测90天内还款的清收模型，并使用此可能性每月制定策略，是没有意义的。例如，为逾期一天的账户构建一个评分卡，并预测一个月后的还款情况，然后使用这个评分卡为第一个月开发一个清收路径，这样做更符合逻辑，也更相关。然后考虑那些31天仍未还款的账户，用这些数据来预测其

未来30天的付款，并为第31天至第60天制定策略。在应特定的监管要求
（例如《巴塞尔协议 II》）开发预测模型时，履约窗口将由监管规定决定。还
有其他方法可以确定履约窗口和违约定义，包括使用马尔可夫链分析（Mar-
kov chain analysis）。[①]

　　在创建逾期评分卡时，这一分析可能会重复几个相关的逾期定义。这样做
是因为不同的定义会产生不同的样本计数。在某些情况下，需要同时考虑各种
因素，如样本窗口和正常/不良的定义，以获取足够大的样本（参见下一节）。
如果是开发破产或坏账评分卡，只用一种分析就足够了，因为只有一种可能的
不良定义。

图表6-5　　　　　　　　　　　账户24个月逾期历史记录

月	1	2	3	4	5	6	7	8	9	10	11	12
逾期记录	0	0	1	1	0	0	0	1	2	3	0	0

月	13	14	15	16	17	18	19	20	21	22	23	24
逾期记录	0	0	1	2	0	0	0	1	0	1	0	0

　　在可能的情况下，这种分析应该使用以前的不良定义（如果账户在履约窗
口期间的任何时间达到定义的逾期状态，则认为该账户是不良的）。如果由于
数据方面的困难而无法做到这一点，那么一个"当前"的不良定义就足够了，
其中账户的逾期状态取自最近的月底履约情况。如图表6-5的例子所示，它显

① M. Choy and Ma Nang Laik, "A Markov Chain Approach to Determine the Optimal Perfor-
mance Period and Bad Definition for Credit Scorecard." Research Journal of Social Science and
Management 1, no. 6 (October 2011): 227–234.

示了某个特定账户的 24 个月的逾期历史。每个"逾期记录（Delq）"单元格中的数字是指逾期的月数。

使用以前的不良定义，即不良的定义为逾期 3 个月，则这个账户的逾期状态可以被分类为不良，因为它在某一点上达到了 3 个月的逾期界点。然而，若使用当前的不良的定义，这个账户将被归类为正常/不逾期（零个月逾期）。

6.3.3　季节性的影响

申请和批准率随时间的变化，以及任何季节性的影响，也应该在这一点上确认。这是为了确保开发样本（来自样本窗口）不包含来自"异常"周期的任何数据，以便用于开发的样本与正常的业务时期保持一致，代表典型的"通过申请"群体。这样做目标是符合"未来就像过去一样"的假设，因此开发样本是未来预期申请者（即"普通"客户）的代表。实际上，这也有助于生成准确的批准率/不良率预测。更重要的是，如此生成的评分卡将是稳健的，经得起时间的考验（评分卡不是用来模拟数据中的每一个异常或暂时影响，相反，关注的是长期行为）。事实上，这样的练习主要是为了捕捉极端行为，因为建立一个"正常"的标准是困难的。

当申请人不代表普通的"通过申请"群体时，有几种方法可以抵消异常时期的影响。在所有情况下，必须首先确定异常的原因。

一个好的做法是进行我所说的形式变量分布分析。对于选定的特征，应比较最近的样本（例如，过去两到三个月）的分布情况和预期的样本窗口的分布情况。

我通常选择 40 到 50 个已知的典型特征，这些特征都很突出，而且几乎总是出现在评分卡当中，我对它们的分布进行了比较。通过以往的评分卡、实证分析以及与经验丰富的贷款人交谈，可以为各种变量的选择提供很好的建议。根据图表 6-4 的例子，我将 2013 年第一季度的申请人与最近一个季度的申请人的变量进行比较。

图表6-6显示了这样分析的一个例子，其中最近的季度被假定为2015年的最后一个季度。为了简单起见，可以将变量任意分组为十分位数进行比较，因为尚未构建评分卡，并且我们不知道实际的最终分组结果。否则，可以根据使用当前或最后一个评分卡的变量对变量进行分组。根据图表6-6中的变量分布，我们可以看到任何变化。我们还可以根据这两种分布的差异计算许多度量指标，如基尼系数（Gini）、柯尔莫诺夫–斯米尔诺夫（Kolmogorov-Smirnov，KS）检验、卡方（chi-square）检验、霍斯默–莱姆斯（Hosmer-Lemeshow）检验、客群稳定指数等，并使用相关阈值来判断分布是否足够接近并因此稳定。如果一些变量出现显著变化，我们可以在模型中避免使用它们。只使用稳定的变量可以确保最终建立的模型在实施时是稳定的（实施前的稳定性分析将在后面的章节中讨论）。我们也可以通过观察特定的不稳定变量，来找出这种变化的原因。

图表6-6   形式变量分布分析

贷款价值比	2013年第一季度	2015年第四季度
1：22	10.40%	12.30%
23：37	9.80%	8.20%
37：47	10.80%	9.00%
48：56	10.00%	11.40%
57：61	9.00%	9.30%
62：70	9.80%	8.70%
71：77	10.60%	12.00%
78：82	11.00%	8.90%
83：88	9.80%	9.30%
89：95	8.80%	10.90%
	100%	100%

可以从样本窗口期间活动的市场营销活动信息或任何其他可能影响信用申请者的个人资料的因素中，了解个人资料变化的其他原因。例如，一个公司希望信用卡申请者大多是成年男女，但从其期望的一个月样本窗口中发现，申请者却大多为年轻男性。对营销活动的分析显示，该公司当月正积极在一个汽车展的展位上招揽申请者（车展通常会吸引年轻男性作为顾客）。有了这些信息，公司就可以将样本窗口扩展到3个月或更长的时间，以消除该特定月份的影响，或者使用一些其他的时间段作为样本窗口。

另一种"标准化"数据的技术是过滤掉异常来源。在前面的例子中，如果公司确定未来不会始终以年轻男性为目标，并且这些年轻男性的履约状况会扭曲他们的总体预期投资组合，那么公司可能会选择将年轻男性剔除在其开发样本之外。由此产生的开发样本（和投资组合统计）将与该公司的正常日常经营保持一致。这类似于通过消除偏差的原因来固定样本偏差。在政策规则和制度近期有所改变的情况下也可以这样做。例如，如果几个月前监管机构改变了规定，将抵押贷款的LTV上限从之前的90%改为80%，那么可以通过删除80%到90%之间的所有申请来改变过去的开发样本，使其与未来的情况相关。

季节性的影响也可以通过采用多个样本窗口来抵消。但是每个样本窗口的履约状况是相同的。这也被称为"重叠抽样"。例如，可以从2013年第一季度、第二季度和第三季度分别采集三个样本，每个样本的履约窗口为24个月。因此，2015年第一季度、第二季度和第三季度之前，每个样本的不良履约情况将被分别确定。这与所有样本的观察日期保持不变形成对比（例如，确定示例中所有三个组群的履约截止到2015年6月，这将导致相同样本中的组群具有不同的履约窗口）。

如果不可能采取交错样本或扩大样本窗口，而且已知并理解异常的原因仅限于某一特定月份，还可以通过排除外围记录来创建样本。然而，这需要关于正常业务期间现有特征分布情况的详细信息，因此建议在丢弃之前对被排除的记录样本进行趋势分析。

6.3.4 不良账户的定义

这一阶段将账户履约分为三大类：不良的、正常的和不确定的。对于破产、坏账或欺诈，不良的定义是相当直接的。然而，关于合同违约行为的定义，有许多基于违约行为级别的选择。我们已经提到，针对每个不良账户的不同定义进行的每项分析（如图表6-4所示）将产生不同的"不良"账户样本数。利用下面列出的一些因素，为这些情况选择一个合适的定义。

构成不良账户的定义取决于以下几个方面：

■ 定义必须符合项目目标，并做出决策。如果目标是提高盈利能力，那么这个定义必须设置在账户变得无利可图的逾期时间点。这可能有些复杂。比如，那些长期逾期一个月，但未延续到两个月或三个月的账户可能会有利可图。如果监测逾期行为是目标，那么定义就会更简单（例如，"曾经"60天或90天逾期）。在业务术语中，不良是指如果知道客户的履约状况，就可能会拒绝他们。这有助于决定，是选择60天逾期还是90天逾期的定义。

■ 定义必须符合建立评分卡的产品或目的，如破产、欺诈、索赔（索赔超过1 000美元）和清收（一个月内收回的不到50%）。

■ 更严谨、更严格的定义（例如，注销或逾期120天）提供了更极端（和更精确）的区分，但在某些情况下，可能产生较低的样本量。

■ 较宽松的定义（例如，30天逾期）将产生较大的样本数量，但又可能不足以区分正常和不良账户，因此将产生一个较弱的评分卡。

■ 定义必须易于解释和追踪（例如，曾经逾期90天、破产、确认欺诈、索赔超过1 000美元）。诸如"逾期30天三次"或"逾期60天两次"，或"逾期90天一次或更严重"之类的定义可能更准确，但更难以追踪，而且可能不适用于所有公司。选择一个更简单的定义也有利于管理，而且决策也更容易做出——任何报告的不良账户率数字都很容易理解（例如，4%的不良率意味着4%的账户在其账期内逾期90天）。过去我曾使用滚动率来衡量使用更复杂的不良定义是否会产生任何价值。如果用更复杂的不良定义的价值显著高于更简单的不良定义，则可能值得使用它。

■ 公司还可以根据注销会计政策选择定义。

■ 在某些情况下，在公司内部使用的各个细分、产品和以前的评分卡之间对不良的定义保持一致可能是有益的。这使得管理和决策变得更容易，尤其是在使用许多评分卡的环境中。再加上一致的分数调整标准，也降低了在重新开发评分卡时的培训和编程成本。新的分数和以前的分数一样。

■ 可能存在监管或其他外部要求来管理如何定义违约行为（有别于组织自身的经营定义）。参见《巴塞尔协议II》和《国际财务报告准则第9号》。将来的不良定义可能需要与经济损失、特定违约级别或特定预期损失级别挂钩。根据《巴塞尔协议II》，违约的定义一般是逾期90天。

在某些情况下，由于缺少数据或历史记录（例如，一个公司只保留12个月的历史记录），不良定义通常指的是违约，因此在分析期间显示到期日的唯一不良定义（参见图表6-4）是"曾经30天"。一些公司不保留每月的还款数据，并且定义不良的唯一选择是当前的逾期状态（与"曾经"相比）。

6.3.5 处理低违约投资组合（Low-Default Portfolios，LDP）

数据挖掘和预测建模最适合于更大的投资组合。众所周知的大数定律告诉我们，预测概率仅在应用于大量案例时才有效。因此，在大量案例中开发预测模型会更好。相反，模型的置信水平实际上应该低于处理的较小数据集。

在我们探索低违约率的评分卡开发方法之前，注意有两点很重要：

■ 低违约投资组合不一定是一个经济问题。撇开授予信贷过于紧缩带来的机会成本不谈，一个损失极低的组合并不是一件坏事。这也不是评级问题，因为判断性评级被广泛使用，如果违约率较低，显然也是有效的。

■ 基于大数定律和多数预测建模算法都是为大数据集设计的事实，低违约投资组合的任何选项都不会接近最优。基于少量样本开发的模型开发人员和用户需要真正地持怀疑态度，并谨慎地使用它们。在大多数情况下，这意味着根据判断和定性标准以及使用更多的政策规则来进行调整。

处理低违约投资组合有几种方法。可能最合适的方法将取决于实际不良的数量。一些方法可以使一个包含600个不良的组合产生几百个以上的组合，并能开发出一个相当合理的评分卡。然而，一个组合，比如说包含40个不良的组合显然会受到限制。这个想法的逻辑是考虑所有的选择，并选择一个可能的（而不是追逐一个不可能"最优"的）结果。

6.3.5.1 更改履约/样本窗口

当公司有几百例"不良"时，尝试各种样本窗口往往能产生良好的效果。这些技术包括：

■ 获取叠样本。不要只使用在一个季度内开立的账户，而是使用在两个季度或三个季度内开立的账户，但每个账户都具有相同的履约窗口。在一年的时间内所获取的样本也被证明具有季节性。注意，样本窗口越长，样本的同质性就越差。

■ 需要一个较长的履约窗口。在某些情况下，监管模型需要12个月的预测窗口，这段短暂的时间可能产生很少的不良。公司已经开发了更长的履约窗口模型，比如说2年或3年，然后对结果按年计算，得到12个月的预测结果。通过这种方式，模型在大样本情况下会更加稳健，并产生相同的12个月预测概率。

6.3.5.2 更改不良定义

如果一家银行需要预测90天的逾期贷款，而它发现90天逾期的不良账户很少，它可以选择构建评分卡来预测60天的逾期贷款，然后使用滚动率来计算90天的逾期。例如，如果评级等级的60天违约概率是5%，而90天逾期的滚动率是50%，那么该等级的90天违约概率大约是2.5%。使用这种方法的优点是，随着案例数量的增加，60天逾期模型可能更稳健。也可以通过使用更复杂的不良定义来扩大不良定义的数量，比如那些30天逾期的数倍。

6.3.5.3 获取近期不良

在理想情况下，整个开发样本应该来自同一样本窗口。例如，选择2013年1月开立的账户。这是为了确保同质性。然而，如果存在低违约投资组合问题，则可以从近期的大量数据中进行选择以获取更多的不良样本。根据图表6-4中的示例，我们通常从2013年第一季度的申请和开立的账户中获取开发样本（正常、不良、拒绝）。但我们也知道，有些未到期的账户，也就是那些在2013年第二季度到最近一个季度之间开立的账户，已经达到90天逾期，因此被分类为不良账户。基于以前的不良定义，不管行为如何，这些账户都不会被重新归为正常账户。因此，为了增加样本中的不良数量，我们将把它们添加到从2013年第一季度开始的原始开发样本中。请注意，只有未到期的不良账户而不是正常账户被添加到开发样本中，因为未到期的正常账户可能在以后变为不良账户。再次，这并不理想，因为目前的不良账户可能在不同的条件下已经被批准通过。还应注意，在这种情况下，实际违约率的计算应仅基于在2013年第一季度开立的账户，并且任何违约概率都需要在调整模型后拟合（这与使用过度抽样数据的情况类似）。

6.3.5.4 非评分卡模型

正如前面所讨论的，评分卡只是众多模型中的一种。对于预测建模，用户可以选择使用许多其他格式和类型，对于较小的数据集，其中一些格式和类型比评分卡更好。具体而言，在《巴塞尔协议II》（这是小型银行面临低违约投资组合问题的主要原因）的背景下，虽然学者们提出了一些方法，包括来自卡思卡特和本杰明（Cathcart and Benjamin）、[1]塔什和布鲁托（Tasche and Pluto）、[2]汉森和舒尔曼（Hanson and Schuermann）[3]以及怀尔德和杰克逊（Wilde and Jackson）[4]在实践中的方法，实际上，全球许多银行对低违约投资组合都已经使用了布鲁托和塔什的方法。

6.3.5.5 外部评级和评分

在设有征信机构等外部信用评级机构的国家，银行可以使用这些外部评级对账户进行排序，并计算它们的预期违约概率。对于零售账户，征信机构的通用分数也可以用于相同的目的。同样，如前所述，最终用户必定满意的是，这

---

① A. Cathcart and N. Benjamin, "Low Default Portfolios: A Proposal for Conservative PD Estimation." Discussion paper, UK Financial Services Authority, 2005.

② D. Tasche and K. Pluto, "Estimating Probabilities of Default for Low Default Portfolios," December 2004. Available at SSRN: http://ssrn.com/abstract =635301.

③ S. G. Hanson and T. Schuermann, "Estimating Probabilities of Default." FRB of NewYork Staff Report No. 190, July 2004. Available at SSRN: http://ssrn.com/abstract =569841 or http://dx.doi.org/10.2139/ssrn.569841.

④ T. Wilde and L. Jackson, "Low-Default Portfolios without Simulation." Risk, August 2006: 60-63.

些通用分数和概率是使用大型相关数据集计算出来的。对于小型投资组合而言，监管机构采用以《巴塞尔协议 II》内部评级和重要性检验为基础的方法，这种方法是可行的。例如，亚洲的一家大型银行，由于其在美国的投资组合非常小，就允许使用美国征信机构的通用征信评分来计算该投资组合的违约概率，但必须为其规模大得多的住宅投资组合使用内部构建的模型。另一种可能的途径是，许多规模较小的机构通过第三方共享它们的数据，并根据这些数据开发一个联合模型。所有成员都可以访问相同的，通常是匿名的数据集或最终共享的数据模型。

6.3.5.6 影子评级法

如果投资组合的某些账户或风险敞口是由外部评级的，而另一些则不是，那么影子评级方法可能会有所帮助。该方法包括：

1.在已知的评级账户上建立一个正常的/不良的模型。考虑到有可能是小数据集，它也可以是一种结合了统计分析和判断的混合模型。

2.根据每个等级的分数分布，建立截止值以确定得分范围，并相应地分配评级。例如，600到680的得分是 AAA，550到600的得分是 AA 等。

3.根据步骤2中确定的范围对未评级的敞口/账户进行评分并分配评级/违约概率。

6.3.5.7 其他方法

全球各地的银行已经尝试了其他方法来分配评级，并对低违约投资组合预测违约概率。鉴于《巴塞尔协议 II》等监管规定的重要性，特别是基于内部评级的方法，在这项工作中，最终选择的方法也取决于银行内部验证团队以及国家监管机构的允许程度。此外，根据显著性/重要性的检验要求，监管机构倾向于让银行在较小的投资组合上拥有更大的自由度。在全球范围内使用的一些方法包括：

■ 使用来自类似国家（地区）/产品的代替品。例如，一家银行使用一个基于中国香港的评分卡来评估新加坡一个小的投资组合，假设两个地区是基本相似的。同样，一家银行使用更大的抵押贷款评级模型来对其非常小的汽车贷款组合进行评级，假设这些贷款都是有担保的产品，并且在评级时使用了类似的指标。

■ 判断评级。银行已经开发了内部判断评分卡，并利用这些评分卡对自己的风险敞口进行评级。这些评分卡的风险等级由独立的第三方进行外部验证，其评级与内部判断模型的评级进行比较。违约概率是通过假设每个等级的最小违约率而生成的。在非评分卡模型部分中引用的其他方法也可以用于此。

6.3.6 确认不良定义

对于大多数已经开发评分卡一段时间的银行和其他贷款机构来说，选择不良或违约的定义是例行公事。对于仍然试图找到正确定义的其他人来说，一旦通过前面的分析确定了最初的不良定义，可以做进一步的分析来加以确认，并确保那些定义的不良确实是不良的。如果"不良"类型的分配并不确定（基于逾期天数或收回的金额），根据可用的资源和数据，可以使用专家判断、分析或两者的结合来进行确认。值得注意的是，这里描述的方法只能为先前执行的分析提供大致满意的结果——它们不是能证明不良的定义为最佳的确定性衡量标准。

6.3.6.1 共识法

判断或共识方法涉及风险管理、模型验证、营销（有时）和业务领域的各种利益相关者，他们根据经验和业务考虑以及前面章节所涵盖的分析，汇总起来，就"不良"账户的最佳定义达成共识。

6.3.6.2 分析方法

下面将介绍两种确认"不良"定义的分析方法：

1. 滚动率分析

2. 当前与最差逾期率的比较

除了这两点，也可以进行盈利能力分析，用来确认那些定义为不良的账户是无利可图的，或产生负净现值（Net Present Value，NPV）。虽然这在只有一个产品的公司（例如，零售卡供应商）中很容易完成，但是在多产品环境（如银行）中却不是一件容易的任务。

• 滚动率分析

滚动率分析涉及将指定的"前×个"月中最差的逾期与"接下来的×个"月中最差的逾期进行比较，然后计算保持最差的逾期、变好或"前滚"到下一个逾期桶中的账户所占百分比。

这项工作的目的是找出一些逾期债务的情况，超过这些状况，纠正机会就很低。

例如，图表6-7显示了一个循环账户在24个月期间的逾期状态，具体分为两个相等的"前"12个月和"后"12个月期间。

图表6-7　　　　　　　　　　　一个账户的逾期历史

前12个月												
月	1	2	3	4	5	6	7	8	9	10	11	12
逾期	0	0	1	1	0	0	0	1	2	3	0	0
后12个月												
月	13	14	15	16	17	18	19	20	21	22	23	24
逾期	0	0	1	2	0	0	0	1	0	1	0	0

根据这些数字，该账户在"前"12个月期间最严重的逾期行为是逾期3个月（第10个月），以及在"后"12个月期间逾期2个月（第16个月）。这些信息被收集到所有的账户之中，如图表6-8所示。

图表6-8　　　　　　　　　　　滚动率表

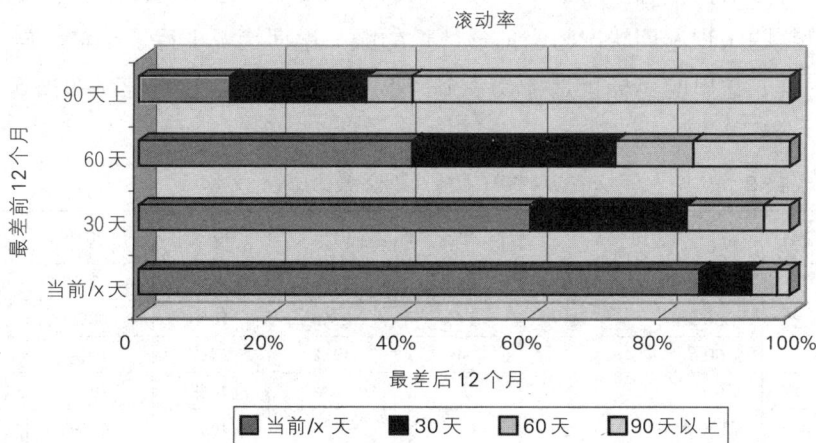

滚动率

这样做的目的在于确定"不可挽回的点"（大多数账户无法挽回的逾期程度）。

通常，大多数达到90天逾期的账户无法纠正，它们变得更糟（前滚），从而证实了不良的定义是适当的。在前面的例子中，只有18%的账户在过去的12个月里有30天的逾期，并且前滚至60天和90天以上的逾期。但是几乎70%的账户有90天的逾期，会前滚至更严重的逾期。在这种情况下，"曾经逾期90天"的不良定义更有意义，因为它真正隔离了那些仍然逾期的人。相反，30天的不良定义将是不合适的，因为大部分的账户都会后滚（纠正）至当前状态。该分析中不确定的证据可能指向潜在的"不确定"状态。同样的信息也可以通过分析每个逾期界点的纠正率并使用一些数字（例如，低于50%）来确定"不良"。

值得注意的是，《巴塞尔协议 II》将违约定义为银行认为债务人不可能全额偿还债务的任何时刻，并将逾期90天作为定义（对于某些产品，个别监管机构可以将其更改为180天）界限。在我看来，90天逾期也是全球使用最广泛的不良定义。然而，在北美，我注意到有使用60天逾期作为抵押贷款和汽车贷款等担保贷款的不良定义的趋势。这在一定程度上是由于使用90天逾期定义时，违约数量很少。

- 当前与最差逾期率的比较

这种方法在概念上与滚动率分析相似，但是执行起来更简单。它将有史以来最糟糕的账户逾期状况与当前最严重的账户逾期状况进行了比较。与滚动率分析一样，这里的目标也是寻找一个"不可挽回的点"，如图表6-9所示。

图表6-9　　　　以前与当前逾期债务的比较

最差逾期			30 天	60 天	90 天	120 天	注销
现在	现在	100%	84%	53%	16%	7%	
逾期债务	30 天		12%	28%	10%	8%	
	60 天		4%	11%	14%	10%	
	90 天			8%	44%	13%	
	120 天				16%	62%	
	注销						100%

这个例子再次表明，在所有逾期30天的账户中，绝大多数（84%）账户目前没有逾期。相比之下，所有逾期90天的账户中，有60%的账户逾期90天甚至更糟。这再次表明，只要能找到足够多的"不良"例子，90天或120天的"不良"定义就足够了。

应该注意的是，前面用来识别和确认不良定义的分析可以同时用于申请和行为评分卡。尽管行为评分卡通常是用来预测超过6个月的时间窗口，但是根据这种分析来确定不良的定义仍然是有用的。

6.3.6.3　正常与不确定

一旦定义了不良账户，就可以使用前面进行的分析来定义正常账户。同样，这必须符合公司目标和前面讨论的其他问题。定义正常的账户不那么具有分析性，而且通常是显而易见的。正常账户的一些特点是：

■ 从未逾期，最长逾期时间可达×天（通常少于一周），或至一个时间点的逾期，例如，向前滚动率小于10%。

■ 盈利或正的净现值。

■ 已付清/自愿关闭，履约窗口之外无任何逾期行为。

■ 没有索赔。

■ 从未破产。

■ 没有欺诈行为。

■ 回收率。例如，有超过50%的逾期还款，或还款金额大于清收的平均成本。

需要注意的一点是，虽然正常账户需要在整个履约窗口中保持其状态，但是不良账户可以通过在履约窗口的任何时间（根据以前的定义）达到特定的逾期期限来定义。

我们已经看到了"正常"账户是从来没有逾期的，而"不良"账户则达到了90天逾期。那些逾期在1天到89天的账户呢？我们怎么处理它们？这就是"不确定账户"的概念。

不确定的账户是指那些没有划定为正常或不良类别的账户。这些账户通常没有足够的履约历史据以分类，或者虽有一些轻微逾期，但是滚动率既没有低到足以被归类为正常账户，也没有高到足以被归类为不良账户。不确定因素可包括：

■ 在30天或60天的逾期中，账户不会出现前滚（也就是说，不能将其归类为不良）。这些可以包括习惯性的延迟支付，它们多次逾期，但纠正率高。

■ 未激活账户和未充分使用/活动的账户。例如，余额低于20美元的信用卡账户、12个月以上没有消费行为的账户（一些银行使用6个月的标准），或未使用/未动用信贷额度的账户。

■ 在履约窗口内没有逾期的账户被自动取消/关闭。请注意，在履约窗口之外关闭的未逾期账户通常被归类为正常账户。

■ "拒绝要约"账户（虽被银行批准但拒绝开户的账户）以及被批准但没有开户的类似申请。这是最常见的有担保的产品。

■ 按照特定的美元价值索赔的保险账户。

■ 净现值为零的账户。

请注意，一些评分卡开发人员将所有取消/关闭和"拒绝要约"的账户指定为拒绝或剔除它们，假设这些账户可能不是他们预期的客户。然而，自愿取消的账户仍是预期客户，并且可能是因为客户服务问题而取消的。如果这些账户重新申请，将需要对其重新打分，并可能再次批准。因此在评分卡开发过程中，这些应作为不确定的因素予以关注。

请注意，虽然我们将不确定性视为建模问题，但通常也与业务相关。在不确定因素所占比例很高的情况下（例如，存在大量未激活的账户），应进行分析，以找到未激活的根本原因——例如，其他限制较多或利率较低的信用卡、渠道影响（比如在销售点获得的信用卡，客户的动机是获得立即的折扣；或通过店面获得的信用卡，动机是获得一些免费的礼物）、存在其他具有更好忠诚度的信用卡或未激活的所有其他的信用卡。其中一些因素可以通过查看未激活客户的征信机构报告，以及确定他行信用卡的活动状况，或查看是否有其他激活的信用卡来确定。一旦发现了信用卡客户没有使用该产品的原因，可以采取适当的措施来补救，例如对优质客户提升额度或降低利率，提供忠诚度奖励积分来刺激消费，提供零售商店的折扣产品，或对同时持有其他信用卡却未激活的用户，取消其信用卡。按照这种逻辑，公司可能会选择把一些未激活的客户作为剔除对象、单独的目标或者不确定的对象来对待。

不确定性只是在不良定义和正常定义的界限模糊不清时会出现，在定义明确（例如，破产）时通常不存在这种不确定性。作为经验法则，不确定性应不超过投资组合的10%~15%。

对不确定性的处理方法并非一成不变，这取决于诸如公司模型验证部门设置的标准，以及风险经理和模型开发人员的偏好。一般来说，不确定性可以用三种不同的方法来处理：

1.在实际开发评分卡时，只使用定义为"正常"和"不良"的账户（以及申请评分卡拒绝的账户）。当预测要充分反映真正的"通过申请"客群时，不确定性会被添加进来，因为这些申请人将得到评分和裁决，因此所有的批准和不良率预期必须反映他们的存在。例如，假设有一个包含50 000个正常账户、5 000个不良账户和5 000个不确定性账户的组合。基于正常和不良账户开发的模型将显示不良比率为5 000 / 55 000 = 9.1%。为了更好地预测，我们将不确定性加到分母上，这样预期的不良率就显示为5 000 / 60 000×100%= 8.33%。

2.如果不确定性账户的数量很低，它们可以被剔除或全部被归为正常的账户。

3.如果不确定性账户的数目是显著的（并且如果仅使用正常账户和不良账户用于建模，则存在若干样本偏差问题），可以使用几种方法来分配/推断履约状况。这与后面几章讨论的拒绝推断类似。例如，可以通过征信机构数据来推断"拒绝要约"和未激活客户的履约状况。如果未激活的信用卡持有者使用他行的信用卡，我们可以在征信机构检查他们的支付履约情况，并使用90天逾期计数来划分类别。对于那些拒绝贷款人要约的人，我们假设这些人在别处收到更好的要约邀请。在这种情况下，我们也可以查看他们的征信机构报告，看看他们如果接受银行的要约，又是如何表现的。

请注意，这取决于为此目的访问征信机构的数据是否被允许。在无法获得征信机构数据的情况下，一些贷款机构认为，最高评级等级中所有"拒绝要约"的客户都是正常的。在其他情况下，贷款人会根据自己的内部行为或征信机构评分，按比例对不确定性进行分类。例如，如果有1 000个不确定性账户，分值为700，而预期违约概率为4%，那么我们可以随机分配其中40个为不确定性账户，其余的为正常。

一旦建立了不良、正常以及（如果需要的话）不确定的定义，就会记录实际的投资组合不良率，以便在进行过度抽样的情况下在模型开发中使用。

对这一点的讨论仅限于已知履约情况的账户（批准的客户）。在申请评分卡的情况下，如果要使用拒绝推断，则需要在"拒绝"申请的开发样本中包含一个额外的履约类别（那些被拒绝提供信贷或服务的人）。这样就可以创建一个反映整个申请群体的履约的样本，而不仅仅是反映已批准人员的履约的样本。拒绝推断将在第10章后面介绍。

6.4 细分

在大多数情况下，对一个投资组合使用多个评分卡比对每个人使用一个评分卡，会更好地识别风险。在大型投资组合中通常会出现这种情况：存在许多不同的子群体，并且一个评分卡不能有效地为所有子群体工作。例如，为高净值个体设置一个单独的的评分卡对他们更有效。识别这些子群体的过程称为细分。细分有两种主要的方法：

1.基于操作、经验和行业知识生成细分的想法，然后进行分析来验证这些想法。对于全球信用评分卡的开发，绝大多数银行都是这样确定细分的。

2.使用集群或决策树等统计技术生成独特的细分。

无论哪种方法，所选的任何细分范围都应该足够大，以便能够进行有意义的采样，由此进行单独的评分卡开发（参见本章开头关于数据可用性和样本数量的讨论）。显示出有明显履约风险但样本数量不足以单独开发评分卡的细分，仍然可以考虑使用不同的截止值或其他策略来区别对待。

　　还应当指出，在风险评分卡的开发中，不仅要基于其定义特征（如人口统计数据），还要基于其履约状况来确认"独特"的客群。这样做的目标是基于履约风险的状况来定义细分，而不仅仅是基于风险概况。

　　然而，检测不同的行为本身并不能作为细分的充分理由。这种差异需要转化为对业务的可衡量影响（例如，降低损失或提高该领域的批准率）。在本章的 6.4.3 节"比较改进"中给出了一个如何衡量这一点的例子。就像解释模型变量的因果关系一样，这种差异也必须能用简单的业务术语解释清楚——这是模型验证团队日益迫切的一种需要。细分必须是合理的。

　　细分，无论是凭借经验还是统计方法，都应该时刻考虑未来的计划。大多数分析和经验都是来自过去，但是评分卡需要在将来实施，在将来申请的细分领域实施。实现这一点的一种方法是根据特定信用卡的预期市场调整细分。这意味着，与其假设细分最大限度地预测客群中的独特部分，然后问这样一个问题："什么是最佳细分？"还不如这样问："我希望最大化预测哪些细分？"

　　传统上，细分是为了确定一组最优的细分，从而最充分地统计履约状况。这里提出的另一种方法是找出一组公司需要对业务履约进行更好统计的细分，例如目标市场、高逾期率细分、高净值客户以及超级抵押贷款和次级抵押贷款市场。这种方法强调了从业务角度看最需要的充分履约的重要性，并确保评分卡开发过程中业务价值的最大化。在这个领域，营销人员可以为评分卡开发项目增加价值和相关性。

　　《巴塞尔协议 II》的资本协议将细分业务定义为"同质风险池"，从而对细分业务采取了务实的观点，这使得世界各地的银行可以选择定义自己独特的细分，而不必为每个人制定规范。

6.4.1　基于经验的（启发式）细分

　　基于经验的细分包括产生于业务知识和经验、经营考虑和常见行业实践的想法。这些来源包括：

- 市场营销/风险管理部门在特定的细分中查看不同申请人的档案。
- 在相同的评分卡上以相同的截止值进行评分的投资组合，但是各细分显示其有显著不同的行为（例如，较高或较低的不良率）。

■ 新的子产品开发。

■ 需要区别对待一个预先定义的群体（例如，"黄金群体"客户或诸如次级抵押贷款等高风险群体的细分）。

■ 未来的营销方向。

用于行业的典型细分基于以下因素：

■ 人口统计数据。地域细分，如基于销售区域、城市/农村（基于大城市和小城市的人口排序）；邮政编码（这种方法优于州/省，后者的有效性水平太高），以及社区、年龄、生活方式代码、在征信机构的信用记录、在银行的贷款期内高净值。

■ 产品类型。基于金卡/白金卡，抵押贷款和汽车贷款的贷款条件，保险类型，有担保/无担保，新车与二手车，租赁与汽车贷款融资，贷款规模，忠诚度计划类型（旅行、零售、现金返还、保险费等），汽车或电话品牌，低利率信用卡，固定利率与浮动利率抵押贷款，有担保与无担保信贷额度，互联网/有线电视/座机。

■ 业务来源（渠道）。店面或销售点，"拿一个"（在这里，指人们拿起一个申请表并提交），分支机构，互联网，经销商，经纪人。

■ 可用数据。①在征信机构的薄/厚文件（薄文件表示只有在没有交易或少于两笔交易的情况下进行查询）。②在征信机构或公司内部的清洁/不洁文件：不洁文件指一些历史上的负面信息，如未按时付款。对其允许使用模型变量，如最严重的逾期情况、逾期的次数和类型、余额、还款时间、上次逾期的时间等。这些对于"清洁"的账户来说是不相关的。③循环产品的循环者/交易者。④短信/语音用户。⑤高频用户/低频用户。

■ 申请人类型。现有/新客户（这应该是产品丰富的银行最明显的一个类型，允许使用内部行为数据用于新的申请评分卡）；首次购房者/抵押贷款续期；专业行业团体（例如，工程师、医生等）；保险与未保险抵押贷款；自住房与租赁财产；自动化与人工决策。

■ 已有产品。按揭贷款持有人在同一家银行申请信用卡（这类高端客群的细分使他们中的大多数人获得了批准，并得到了更好的服务）；互联网或有线电视客户申请额外产品。

一旦产生了关于细分的想法，有两个原因需要进一步的分析。首先，这些想法至少需要用一些实证证据来证实，以提高满意度。其次，分析可以通过提示适当的突破点帮助更好地定义细分，如薄/厚文件、邮政编码组、高/低风险、LTV和年轻/年老等。这些有助于回答"薄文件是什么"，或者什么是"年轻"的申请人的问题。

一个简单确认细分的想法和建立细分的方法，是分析不同的预定义细分中相同特征的风险行为。如果相同的特征（例如，"租赁者"）在独特的细分中产生不同的预测，这表明需要开发一个细分评分卡。然而，如果特征以相同的方式产生不同细分的风险，那么额外的评分卡可能不需要，因为没有区分。

图表6-10显示按30岁以上和30岁以下年龄和居住状况分列的征信机构记录的交易数量的不良率。通过未细分的属性观察到的不良率也显示在最右边的一列中。

图表6-10 基于年龄属性细分的不良率

不良率

	年龄 > 30 岁	年龄 < 30 岁	未细分
居住状态			
租房	2.1%	4.8%	2.9%
独居	1.3%	1.8%	1.4%
与父母同住	3.8%	2.0%	3.2%
交易数量			
0次	5.0%	2.0%	4.0%
1~3次	2.0%	3.4%	2.5%
4次以上	1.4%	5.8%	2.3%

在这个例子中，租房者和那些与父母同住的人，30岁以上和30岁以下的人，其不良率存在差异。相同的属性资料（例如，"租房"和"与父母同住"的特征）对年龄大的和年龄小的求职者的预测有所不同。这表明按年龄细分是一个好主意，30岁可能是一个很好的细分点。注意，如果只使用一个评分卡，例如，所有的租户将获得相同的分数。通过细分，30岁以上和30岁以下的租户将获得不同的分数，从而获得更好的风险排名。

记住，预测模型在企业中的作用是建立因果关系，而不仅仅是关注相关性。本着同样的精神，我们应该能够解释不同细分之间的履约差异。例如，虽然房主的不良率低于租房者，但年轻房主的逾期率往往更高，因为他们的工资可能更低。

同样的情况也适用于有"0次"和"4次以上"不良交易的申请者——同样的信息对30岁以上和30岁以下客群的预测不同。这两个例子都是基于北美的数据，并且是可以解释的。年逾30岁而没有在征信机构有交易记录的人（没有信用产品）被认为风险较高。在北美，人们普遍希望在30岁之前就能够对一些信用产品有着令人满意的支付行为，尤其是信用卡，因此在这个年龄没有交易被认为是高风险的。他们可能是那些无银行存款、低收入阶层或新移民等客群。

熟悉预测建模的人会注意到上述与交互项的相似性。交互项是检测和识别细分的一种很好的方法。如果一个特定的特征与许多其他的特征有交互性，就可能是一个很好的候选者，可以作为细分的基础。

另一种确认初始细分思路和识别不同细分的方法，是观察所选的不同子群体的不良率。这种方法包括分析选定特征中不同属性的不良率，然后根据显著不同的履约状况识别适当的细分。通常，分类变量用于细分的目的。如果有一个重要的截止值分数，比如高于一定的贷款价值比（LTV），则要求对抵押贷款进行保险，就可以使用连续变量。否则，最好在模型中包含连续变量，因为它们在整个评分范围内提供了良好的风险排名。

这种分析的例子见图表6-11。该图表展示了基于年龄、业务来源和申请人类型三个细分的典型例子。在"年龄"的细分中，可以清楚地看到不良率在"32~40岁"和"28~32岁"之间有显著的变化。在这种情况下，"32岁以上"/"32岁以下"的细分可能有意义。如果需要生成两个以上的细分，还可以使用更精细的年龄分组，而不是示例中所示的广义分组。

图表6-11   预定义细分的不良率

属性	不良率（%）
年龄	
40岁以上	1.80
32~40岁	2.50
28~32岁	6.50
23~28岁	8.60
18 22岁	10.80
业务来源	
互联网	20
分支机构	3
经纪人	8
电话	14
申请人类型	
首次置业者	5
抵押贷款续期	1

在"业务来源"示例中，所有四个属性的不良率不同，并且可能属于独特的细分。虽然这项分析是用来说明细分的，但也可以按季度进行，以确定潜在的逾期行为领域。

上面描述的两种方法实现起来都相当简单，并且可以提供某种程度的安慰，即通过经验和直觉选择的细分是适当的。它们还有助于选择正确的截止值分数——例如，如图表6-12所示的年龄——用于细分的基础特征。

6.4.2 基于统计的细分

6.4.2.1 聚类

聚类是一种广泛使用的技术，被用于识别相对于输入变量而言彼此相似的组。聚类，可用于细分数据库，将数据对象放置到数据所建议的组或"簇"中。每个簇中的数据对象在某种意义上趋于相似，而不同簇中的数据对象趋于不同。形成聚类的两种方法是K均值算法（K-means）和自组织映射（self-organizing maps，SOMs）。

可以基于欧氏距离进行聚类，从一个或多个定量变量开始计算。这些变量被分成多个簇，每个变量最多只属于一个簇。

自组织映射（SOMs）的灵感来自人类大脑中各种感官印象的映射方式，如输入刺激之间的空间关系对应于神经元之间的空间关系（簇）。

图表6-12说明了基于两个变量的聚类。它显示了组成三个不同簇或组的数据点。在右下角可以看到一个异常值。

图表6-12　　　　　　　　聚类

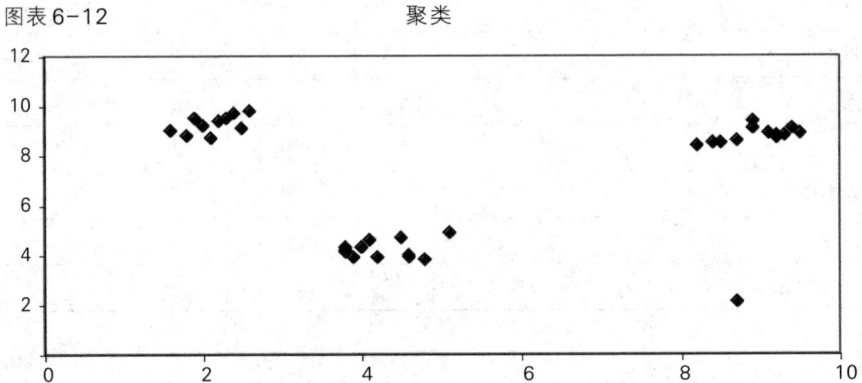

图6-13显示了使用这种技术的一个簇的输出示例，其中y轴是归一化平均值。

这个簇显示以下特征：

■ 低于平均年龄。

■ 过去6个月的咨询量高于平均水平。

■ 居住在A区的倾向。

■ B区没有居民。

■ 不太可能拥有自己的居所。

■ 在过去的6个月出现逾期的可能性更大。

图表6-13　　　　　　　　　　　　簇的详细信息

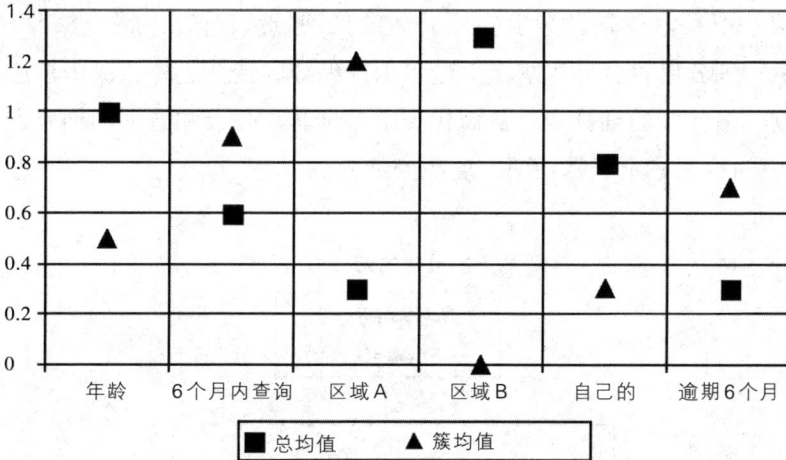

可以使用类似的图表分析其他簇的定义特征。还可以做进一步的分析，包括分析每个簇中的特征分布，以获得一组用于定义每个独特组的规则。例如在图表6-13的示例中，簇可以定义为：

■ A区年轻房主。

■ A区年轻租户。

■ A区年老房主。

■ A区年老租户。

另外，聚类可以基于提供簇之间最佳区分的任何其他特征。

应该注意的是，聚类识别类似的群组是基于它们的特征，而不是履约状况。因此，簇可能看起来不同，但具有相似的履约风险。因此，应该进一步分析簇。例如，使用不良率分析簇，以确保所产生的细分是针对具有不同履约风险概况的群组。

6.4.2.2 决策树

进行细分的另一种技术是使用决策树。决策树依据的是履约状况（正常与不良的区分）。履约状况很容易理解和解释，因此也很容易向管理层和其他人解释。在大多数数据挖掘软件中，决策树也可以根据业务需求进行调整。例如，如果一个司法管辖区要求提供75%的抵押贷款保险，那么公司可以在此时强制进行细分以符合监管规定。除了识别细分的特征之外，决策树还为每个特征识别"最佳"的细分点，从而代表了一种非常强大和方便的细分方法。图表6-14中的示例显示了基于两个层次的细分。

图表6-14　　　　　　　　基于决策树的细分方法

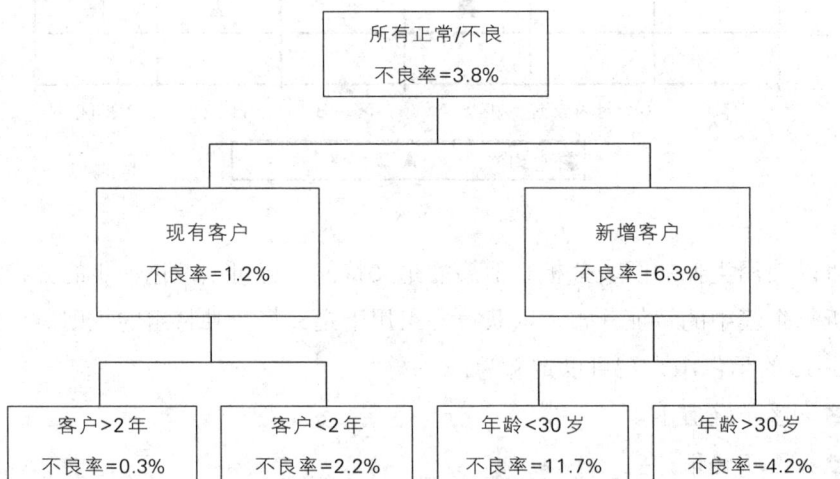

在前面的例子中，新客户和现有客户的第一次拆分是出于业务需要由分析人员强制执行的。之后的结果是基于违约的决策树算法。结果表明，基于现有/新客户、任职期限和年龄，这个投资组合可能有四个细分。这意味着公司现在将开发四个单独的评分卡。每个细分的不良率是不同的，可以向业务用户解释这些拆分。注意，根据所需要的最少样本数量，通过此分析确定的四个细分中，每个细分至少需要有2 000到5 000个不良样本。在某些情况下，决策树将以正常或不良来识别细分。然后，大多数分析师将进行人工调整拆分，以获得可行的细分。

6.4.3　比较改进

基于经验的分析和统计分析都将为潜在的细分提供思路，并可能证实有足够的理由进行细分——但它们不能量化建立多个细分模型的好处。有相当简单的方法可用于评估通过细分进行的改进是否值得追求。

下面的示例涉及为基本情况/未细分数据集以及提议的细分构建"快速和不洁"的模型，然后比较它们的功能。因此，该示例产生的数字是大概的估计，可用于比较目的，而不必花费数月来构建更精细的评分卡。

第一步是通过细分来测量可预测能力的提高程度，因为建立细分模型的原因之一是相信细分可以最大限度地提高这个细分模型的预测能力。这可以通过使用诸如KS、c-统计（c-statistic）[①]（等于接收者操作特性（receiver operating characteristic，ROC）曲线下的面积）等许多统计信息来完成。图表6-15显示了使用c-统计这种分析方法的示例（关于c-统计的细节将在后面的第10章中讨论）。

图表6-15　　　　　　　　　通过细分比较改进的程度

细分	总体的c-统计	细分的c-统计	改进
年龄＜30岁	0.65	0.69	6.15%
年龄＞30岁	0.68	0.71	4.41%
签约期＜2年	0.67	0.72	7.46%
签约期＞2年	0.66	0.75	13.64%
金卡	0.68	0.69	1.47%
白金卡	0.67	0.68	1.49%
未细分的	0.66		

[①]　T. Hastie，R. Tibshirani，and J. H. Friedman，"The Elements of Statistical Learning：Data Mining，Inference，and Prediction，" 2nd ed.（New York：Springer Science，2009）.

　　图表6-15显示了c-统计计算的未细分评分卡和6个以各种方式细分的评分卡。"总体的c-统计"指的是基于未细分评分卡的该分组的c-统计。"细分的c-统计"指的是使用专门为该细分构建的评分卡。例如,专门为30岁以下的人建立的评分卡细分的c-统计值为0.69,而30岁以下的人使用未细分评分卡的(即总体的)c-统计值为0.65。在大多数情况下,使用细分的评分卡比使用总体的评分卡产生更好的预测能力。通过白金卡/金卡进行细分没有产生显著的提高,可能是因为从风险的角度来看,授信人没有充分区分其金卡和白金卡的客户。这样做非常正确,从特征和风险的角度来看,区分金卡和白金卡客户现在已经变得毫无意义。最好的细分似乎是基于签约期,这可能是因为现有客户端可以使用更强大的行为数据。两年的时间间隔也很有趣,因为信用卡投资组合往往在这段时间内趋于到期,这意味着拥有两年以上签约期的客群的风险可能比新签约的人低得多(见图表6-14所示的不良率)。本分析基于单一的细分,对于更复杂的细分也可以进行类似的分析。然后,用户需要决定哪个层次的改进足以保证额外的开发和实施工作。

　　这个问题最好用业务而不是统计的方法来回答。公司不是为了c-统计或KS的最大化,而是基于诸如批准率、盈利、损失率等履约指标来经营的。因此,将改进的预测能力转换成预期的投资组合履约指标是有用的,如图表6-16中的示例所示。

　　对于每个细分的评分卡,图表6-16比较了两个常见的履约衡量标准,即批准率和预期不良率。数据来自"快速和不洁"的评分卡的收益图表。此图表还列出了每一个细分的近似大小,以便我们可以确定变化会产生多大的影响。使用这样的标准,可以确定细分的规模和履约率的提高是否足以证明额外的评分卡开发和实施是合理的。用于比较的批准率和不良率应该基于一些期望的投资组合目标,最好是在第4章讨论的业务计划中商定的目标。例如,如果未来期望的批准率是70%,那么应该为这个数字生成不良的比率指标,以便进行同类比较。在前面的例子中,按签约期细分的不良率从5.7%改进到4.2%,签约期不到两年和两年以上的不良率分别从2.9%改进到2.1%。通过这些改进,可以从注销数字中估算出美元损失的减少情况。如果这个数字足够重要,那么建立额外的细分评分卡就是一项有价值的活动。

图表 6-16 衡量细分的业务效益

细分	规模（%）	细分后		细分前	
		批准率（%）	预期不良率（%）	批准率（%）	预期不良率（%）
总计	100	70	3.5	70	4.1
年龄 < 30 岁	65	70	4.1	70	6.3
年龄 > 30 岁	35	70	2.7	70	3.6
签约期 < 2 年	12	70	4.2	70	5.7
签约期 > 2 年	88	70	2.1	70	2.9
金卡	23	70	3.9	70	4.3
白金卡	77	70	3.1	70	3.8

6.4.4 选择细分

但是，既然预测能力或履约状况有所改进，不管改进大小，为什么有人不实施构建所有的评分卡呢？

在选择细分数量时要考虑许多因素，包括：

■ 开发成本。这包括依靠内部和外部的努力来生成具备完整文档的评分卡。近年来，在大多数国家，尤其是美国，对评分卡的验证和审查工作已经成为一项重大任务。这种监管/审计负担可能给开发新的评分卡带来巨大的成本，在某些情况下，甚至增加了新的变量。

■ 实施成本。额外的评分卡需要耗费系统资源来实现，特别是在使用非标准特性、需要编写复杂代码或者需要向外部第三方付费来将评分卡嵌入贷款发起系统或核心银行系统中时。

■ 处理。构建额外的评分卡有与更多的评分卡相关的额外处理成本，然而，一旦投入生产，这个成本可能很小。

■ 战略发展与监测。每个评分卡都需要一组相关的策略、政策规则和监测报告。创建、管理和维护它们需要资源，如果开发和使用了许多评分卡，则可能需要租用一些资源。这对于任何用于监管目的的模型或评分卡，以及对于那些要求有积极投资组合管理（如信用卡）的模型或评分卡来说，都是巨大的成本。这种模型的年度审查在大多数情况下是一个相当漫长和需要投入密集劳动力的过程。

■ 细分规模。在某些情况下，某些投资组合的规模将需要建立几个评分卡，因为回报可能是显著的（参见前一节）。

■ 在较大的投资组合中，可用的资源及其节省可能意味着这些成本和努力与收益相比微不足道。然而，在较小的投资组合和组织中，可能需要进行这样的分析，以确定履约状况的改进是否足够显著，以弥补额外的努力、复杂性和所需的成本。

6.5 方法论

建立风险预测评分卡有多种数学方法，如逻辑回归、神经网络、决策树等。要使用的最恰当的技术可能取决于以下问题：

■ 可用数据的质量。决策树可能更适合有重大缺失数据的情况，或者特征和目标之间的关系是非线性的情况。

■ 目标的结果类型，即二进制（正常/不良）或连续（盈利/违约损失）。

■ 期望的结果类型（即预测或仅仅是风险排名）。

■ 可用样本的规模。

■ 实施平台（即申请程序处理系统是否能够实施特定类型的评分卡）。例如，一个神经网络模型可能是理想的，但不可用——如果申请程序处理系统无法实现它。

■ 结果的可解释性，例如可以维持回归开发的基于评分卡的方便性。

■ 模型开发和验证人员的技能水平。

■ 在方法论上的合规性，当地监管机构通常要求透明性和可解释性。

■ 跟踪和诊断评分卡效能的能力。

此时，还可以讨论评分卡的规模和结构（例如，潜在的得分范围，如果得分本身代表预期的不良率，则可以使不良率增加一倍的那些点等）。评分卡的技术和预期格式应该与风险和IT经理充分沟通，以确保了解关于所确定的技术的数据和理论问题，从而正确解释评分卡开发工作的结果，以及在开发后保证评分卡的实施。

6.6 实施计划的审核

在此阶段获得的额外信息可能会改变原有的计划和项目实施时间表。特别是，如果在进行细分分析后发现需要的评分卡数量超过预期，所建议的方法更耗时，或者需要更改实施平台，或者数据需求得到扩展，则项目将需要更多时间。为了确保结果符合实际的期望，此时应该审查测试和实施计划。这对于不同领域负责评分卡的数据收集、开发、测试、实施和跟踪的公司来说是至关重要的。项目经理应确保变更得到理解，并将变更对原始项目计划的影响量化，从而使项目的每个阶段都可以无缝地与下一个阶段衔接。

在这一阶段结束时，我们确定了下列事项：

■ 有足够的正常和不良样本来建立评分卡。

■ 数据清晰易懂。

■ 除外条款清单。

■ 履约和样本窗口。

■ 正常的、不良的和不确定目标变量的定义。

■ 开发样本来自正常的时间框架，不受季节性和其他因素的显著影响。

■ 所要求的细分。

如第2章所述，以上各项均由主要利益相关方同意并签字认可。至此，所有的数据收集和项目计划文档都已完成，与数据库构建相关的工作可以开始。

第7章 《巴塞尔协议》对违约的定义

亨德里克·瓦格纳（*Hendrik Wagner*）

引言

在构建信用风险评分卡时，正常/不良目标的定义是模型开发的关键先决条件之一，这在前面的章节中已进行了讨论。在本章中，我们将会从《巴塞尔协议 II》[①]监管资本计算规定的角度，进一步讨论违约的定义。

在过去的 10 年和更长的时间里，《巴塞尔协议 II》在信用风险分析和管理的所有领域，甚至在监管资本计算模型以外，都已形成了违约定义的模式。标准化的违约定义对于监管目的很重要，因为它有助于使各机构之间的分析和计算具有可比性。然而，与此同时，它也带来了解释和实施方面的问题，甚至对监管资本的计算也是如此，而且对于所有其他目的来说，它可能并不总是最适当的定义。例如，用于 10 年期抵押贷款发放决策的违约定义可能要有所不同。我们将在本章中讨论其中的一些问题和可能的解决方案。

[①] Bank for International Settlements，"Basel II: International Convergence of Capital Measurement and Capital Standards: A Revised Framework—Comprehensive Version," June 2006.

正如我们已经看到的，作为开发以违约概率模型为目标（包括评分卡）的任何以"是/否"标记的违约定义都将包括两个组成部分：违约事件的定义和预测范围的定义。此外，违约率与一组样本相关，如特征属性、池、评级层级或细分等。

在第二部分，我们将讨论违约事件。我们将提出两种完全不同的方法来解释构建违约事件的"逾期90天"标准。其他主题包括各种"不可能偿付"的标准、重要性和数据聚合。

在第三部分，我们将讨论一组例子：违约率计算的各种方法。主题包括预测期内多项违约的计算、隔离期以及观察期违约例子的影响。

这引领我们进入第四部分，即《巴塞尔协议 II》下的模型验证和重新校准。在这里，我们将通过关注违约率如何随时间推移而产生动态变化，特别是经济周期的变化，来深入探讨前面章节中的验证问题。

最后，我们将在构建申请程序评分模型的背景下回到预测范围的概念。我们在前面的章节中已经看到，违约率到期期限如何在不同产品和细分之间动态变化，以及如何根据这些动态变化选择有用的预测范围（履约窗口）。我们将讨论这种方法是否以及如何与《巴塞尔协议 II》规定的12个月预测周期相符。

7.1 违约事件

在前几章中，违约一般被称为"不良"事件。除此之外，本书还指出不良的定义可能取决于对盈利能力的考虑，可能"较松"（较早）或"较紧"（较晚）。并且基于逾期的不良定义，人们通常会试图确定"无回报点"的逾期期限。在此期限之后，绝大多数违约例子将无法纠正。

"无回报点"的概念很重要，因为它试图创建一个严格的或较晚的定义，允许对预期损失进行直截了当的分析：根据这一定义，被定义为不良的样本实际上没有造成损失，其偿还所欠款项并恢复到当前 / 已付款状态的部分可以忽略不计。否则，可能需要对细分或样本相关纠正率（纠正率模型）进行额外的分析，以纠正这一疏忽。

然而，《巴塞尔协议II》对违约事件的定义包括一个基于逾期的内容，其中逾期期限设置为逾期90天。这一期限设置一般倾向于构成一个较早的定义，而且往往大量违约案例可以纠正。因此，纠正模型与《巴塞尔协议II》违约概率模型（作为违约损失率模型的一部分）被大量地结合使用。

如前所述，《巴塞尔协议II》对违约事件的定义的最明确特征是，包括一个基于逾期的具体标准，第二个比较普遍的标准要求贷款人评估借款人是否被认为不可能还款。后者的判断依赖于过程或策略（而不是逾期跟踪）的信息，有时也称为过程违约。

构成《巴塞尔协议II》逾期违约的逾期期限是90天。对于特定的投资组合（由房地产、公共部门实体担保的零售贷款），国家监管机构可能会选择逾期180天作为违约期限，但这种选择很少被执行。一个经常引起关注的问题是如何解释和执行90天的标准，特别是如何确定逾期级别。不同国家的处理方式不同，甚至同一国家的不同机构处理方式也不同。

在一种流行的方法中，逾期是指从未付的总金额中计算出来的（可能是部分）未付金额。任何部分的支付都会小于这个数字。根据这种方法，一个人可能有连续两个月的逾期还款，或者逾期60天。只要他的未付金额没有达到相应的3个月付款的金额，这个人就不会被认为是违约的。

在另一种常用的方法中，确定逾期金额的不是相对未偿金额，而是有未偿还的金额（即实际拖欠资金，见下文）的时间长度。根据这种方法，上文所述的长期逾期借款人在连续90天逾期大量款项后将被视为违约。支付的部分款项并不重要，重要的是这个人已经逾期了90天。

在撰写本章时，国家监管人员并不一定要强制执行一种或另一种方法。然而，他们将努力确保在同一个银行集团内选择一种统一的方法。提倡一致行为的方法也适用于其他情况，包括低违约投资组合的处理。

我们之前已经提到未偿付金额的重要性。90天逾期期限将在未偿还金额变得无关紧要时重置。按国家监管部门规定的标准，未偿付金额归为重要性类型。在通常情况下，如果未清偿债务低于某一固定数额（例如200欧元），或者低于剩余敞口的部分（例如2%），则被认为无关紧要。欧洲银行管理局

（European Banking Authority）目前正在制定一个覆盖全欧洲的关于重要性的规则。[①]

构建《巴塞尔协议 II》违约事件的第二个标准是评估借款人还款的可能性有多大。前面提到的重要性问题不会在这种过程违约的情况下被考虑。根据该规定，"不可能支付"的迹象包括但不限于未计提状态、特定的信贷风险调整、亏本出售、不良重组和破产等方面。为了实施违约事件定义的这一部分，可能需要监测大量不同的系统，以便迅速抓取任何违约迹象，包括来自簿记、清收和编制（workout）的信息，甚至包括征信机构和法院记录等外部来源的信息。在某些情况下，可以利用信贷人员对中小型企业（SME）或公司贷款实行的持续审查来做出这种决定。

最后，违约事件定义的解释和运用的一个重要方面是其申请的级别，即账户级别或客户级别。这包括违约事件如何从客户级别"接续"到账户级别，或者从账户级别"聚合"到客户级别。

在零售组合中，可以根据账户级别考虑个案。然而，违约事件定义的两个方面意味着仍需要从客户级别考虑：首先，某些类型的过程违约，如破产，本质上是在客户级别上定义的。因此，即使破产事件首先被记录为一种特定类型的账户级别，一旦发生破产事件，破产客户的所有其他账户都必须立即被标记为违约。

其次，如果违约事件严格地与具体账户相关，如逾期违约，那么需要考虑该账户逾期的根本原因是否也会导致不太可能支付剩余的款项。人们通常会确认这一点，即如果整体风险敞口的很大一部分处于违约状态，就会建议将 20% 的阈值作为一般规则。

在非零售投资组合中，必须从客户角度考虑案例，账户违约即意味着客户违约。就是说，一个相对较小的账户违约，可以并将导致整个公司的违约——可能是非常大的公司。尽管如此，将极端的违约情形称为"仅仅是技术性的"，或

---

① European Banking Authority, "Draft Regulatory Technical Standards on Materiality Threshold of Credit Obligation Past Due." Consultation Paper, October 2014.

者借助某些专家意见推翻违约的界定，以降低这一规则的严格性，是不允许的。然而，在逾期违约（而不是过程违约）的情况下，重要性阈值可以缓解这种影响。由于这些贷款也是按客户水平计算的，因此若未偿还的贷款额相对整体贷款额而言足够小，即使贷款到期日已过 90 天，也不会出现违约情况。

7.2 预测期限和违约率

就监管资本计算而言，我们只关注现有投资组合内的违约风险，而不关注尚未获得批准的申请的风险。因此，与申请评分不同，预测期限不依赖于违约风险到期的动态变化。我们将在后面的部分中对此进行讨论。

通常在行为评分中，对于为了创建模型开发的目标标记，人们会选择一个足够长的（超过 12 个月以上）的观察期（如本书前面讨论的样本窗口），然后监测从观察期开始的 12 个月的账户支付履约情况，以确认是否发生了违约事件。

这个过程可以通过复制多个观察期进行，以确保违约信息不会偏向于某个特定的 12 个月时间段。这种做法在行业中极为常见，特别是针对低违约率的投资组合以及具有季节性的投资组合重复创建样本集。人们可以重复使用同一个案例，或者如果有足够数量的案例，可以为不同的观测期使用不同的随机抽样，以确保观测的独立性。

上面的过程确保每个案例都与基于 12 个月履约周期的违约标记相关联。为了开发诸如回归模型（包括评分卡）的模型，这是必要的。然而，出于遵守《巴塞尔协议 II》的目的，并不严格要求逐例标记。相反，通常需要的是对一组案例（如评级等级或整体投资组合）的违约率进行测量，以确认其 12 个月范围内的违约风险。这可能不是通过对个例的风险进行平均来实现的。

一个例子是，在 12 个月的期限内，同一个案例的多项违约数量必须予以计算。在这种情况下，针对一组在观察期没有违约的账户（包括纠正后的重新违约事件），我们将计算其 12 个月的时间范围内发生的所有违约事件的数量。

这种定义违约率的方法已在一些国家实施。但是，这是在以下条件下完成的：与该相同资产组合相关的纠正率模型以对应于相同情况的默认值的方式创建。因此，相对较高的纠正率将被相对较高的违约风险所抵消。

正如本讨论所示，违约事件的完整定义还必须包括对违约状态不再适用的情况的描述。这是为了确保假"纠正"和多重违约的影响能够得到适当的度量。在此，一个账户纠正之后又很快恢复违约的情况，可能被解释为一个信号，纠正事件不应该在第一时间声明。在某些情况下，由于各种数据库在实施违约事件检测方面存在技术困难和时间延迟，可能引发大量快速甚至波动较大的再违约。作为对这种现象的补救措施，通常采用"试用期"或"隔离期"，建议采用 3 个月的时间作为一般规则。①

最后，人们应该意识到这样一个事实，即某一特定投资组合的可衡量违约率不仅取决于观察期之后发生了什么，而且还取决于在观察期内哪些情况处于违约状态。这些情况不被考虑用于违约率测量，显然在这里不需要进行违约预测，因此在监管资本计算中使用了 100% 的违约概率。所以有时候，当一个违约事件的定义发生变化时，我们预期会出现更高的违约率，但这可能不会实际发生，或者至少不会达到我们预期的程度。这是因为现在更多的高风险案例可能在观察期就被认定为已违约。

7.3 违约率验证和重新校准

模型质量的两个核心标准是辨别能力和校准。一个强大的模型以预测违约的方式，最大限度地将总群体区分为实际违约和非违约：实际违约将集中在违约概率很高的情况下，反之亦然。一个校准良好的模型是平均预测违约率与实际违约率相匹配的模型，无论是在整体上还是在子等级（例如评级等级）方面。例如，如果每种情况下的违约概率都高过 10%，但仍然保持等级排序，则

① European Banking Authority,"Guidelines on the Application of the Defi nition of Default." Consultation Paper, September 2015.

可能无法对强大的模型进行校准。良好校准的模型可能具有较差的功效。例如，如果每种情况都被赋予相同的违约概率，则该概率等于总违约率。

根据模型预测的使用情况，功率和校准可能不是同等重要的。例如，当使用申请评分来做出批准决策时，很好地区分正常案例和不良案例是至关重要的，特别是在截止值分数附近。正如本书后面将介绍的，这种区分通常使用 Kolmogorov-Smirnov（KS）之类的度量方法来计算。在选择最佳截止值的过程中，需要注意校准问题。然而，对于监管资本计算而言，更强的校准可能被视为更重要的质量要求，因为这项工作的目的是通过计算预期和意外损失来确定资本水平。因此，在这种情况下，对总体风险水平的正确预测通常比对正常和不良案例的严格区分更为重要。

校准不好的模型也比区分功能差的模型更容易校正。我们可以通过这样一种方式来转换预测值，即平均转换预测值等于期望值，同时不改变模型的功效。一个流行的方法是所谓的"贝叶斯规则"（Bayes Rule）。这是一种让证据值的权重保持不变的转换法。这种方法也可以用逻辑回归模型中截距的移动来描述。这个转换的精确公式将在第8章中讨论。

贝叶斯规则需要适用于个别案例。如果预测是以评分等级取平均值，而评分等级的大小不得改变，则转换后的平均预测值（以评分等级大小加权）会稍偏离所期望的目标值。然而，使用优化技术可以找到一个新的虚拟目标值，以便最终使用贝叶斯规则中的虚拟目标来匹配原始目标。

如前所述，根据《巴塞尔协议II》，违约率（即违约概率）是在12个月的预测期内计算出来的。《巴塞尔协议II》还规定，计算出的违约率应为对应于"长期平均值"的违约率。产生此要求的原因在于使用违约概率值作为风险函数的输入值，该函数输出值对应于最坏的经济情景强调的违约概率，并考虑各个案例之间的违约相关性。在此框架下，由于是模拟经济衰退的风险函数，因此输入值本身不应该对应于最坏的经济情景或经济周期中的任何其他特定阶段，而应对应于整个周期的平均值。

在现实生活中，这种长期的平均值要求可以用两种不同的方式来解释：在一个方法中（通过周期模型），它被理解为只要一组非周期性的基本特征不变化，特定情况的违约概率就不会改变。因此，在这种方法中，模型将包含一组最重要的风险驱动因素（变量），但不包含那些与经济（或业务）周期密切相关的因素。前一组将包括人口统计学风险驱动因素，如年龄和居住时间、抵押（用于担保贷款）、产品类型或申请评分，而后者的周期性特征并不会被使用，例如，包括源自逾期次数的变量（例如，在过去12个月逾期30天的次数）。这些周期性变量不包括在内，因为它们很可能受到经济兴衰的影响，在经济不景气时期，逾期期限更容易变长。因此，在整个周期模型中，相同的情况会包含在整个周期相同的评级等级中。有趣的是，从时间验证的观点来看，这些模型几乎总是出现误校，因为一个周期中的实际违约率将围绕恒定的违约概率振荡。

尽管从监管资本计算的角度（通过稳定预测）来看，这种模型在理论上可能是理想的，但对于几乎所有其他经营目的而言，它都存在严重缺陷。首先，也是最重要的，因为忽略了非常明显的风险驱动因素，即周期性变量，导致了区分能力的巨大牺牲。就大多数实际目的而言，了解哪些情况下违约的可能性较高，远比在整个经济周期中将某一情况保持在相同的评级水平重要得多。因此，与严格意义上的周期模型不同，通常建立的时间点模型利用了所有相关的重要信息——无论是否循环。为了在一定程度上符合长期平均值的要求，这些模型的校准方法是这样的：在一个周期内，至少它们的平均预测值与平均违约率相匹配。

最后，必须指出，通过周期或时点模型将违约率校准为周期平均违约率的一个重要实际问题，在于往往无法获得整个经济周期的具体历史数据。作为一种折中方案，通常的做法是将违约率调整为5年移动平均数。或者，人们可以尝试使用外部参考数据获得经济周期中数据可用的时间段，然后进行推断。

7.4　申请评分和《巴塞尔协议 II》

最后，让我们回到申请评分的背景下讨论预测期限。有一个常见的误解，根据《巴塞尔协议 II》，在构建申请评分模型时，必须使用12个月的预测周期。然而，事实并非如此，因为监管机构的资本计算只涉及现有客户的模型。正如我们所知道的，申请评分用于做出在合同有效期内不能撤销的批准决定。因此，它们必须使用履约窗口构建，履约窗口违约率应基本成熟，或至少稳定，就像前面几章中使用的年度曲线所显示的那样。为了很好地区分不同的情况，必须等待足够长的时间，以便所有类型的违约都出现。在信用卡或其他消费信贷投资组合中，必要的履约窗口可以更短；而在住房贷款等其他投资组合中，可能需要更长的履约窗口来建立有意义的评分卡。

的确，对于监管资本的计算，人们通常感兴趣的是为新客户构建特定的模型，而到目前为止，只能获得新客户的申请信息。使用现有的申请分数作为这种模型的唯一输入值，可能是有效的。但是，所得到的模型将与申请评分模型有根本的不同，因为《巴塞尔协议 II》需要使用 12 个月的预测期。

结论

在本章中，我们已经看到监管需求如何影响违约概率模型的构建。特别是对于违约事件的监管定义、预测期限、违约率的计算，以及通过周期校准的要求，为寻求符合《巴塞尔协议 II》制度下的基础或高级内部评级规定的机构，设定了大部分违约概率建模的框架。

人们可能会问这样一个问题：为什么一个重要但有限目的的具体内容，如监管资本计算，会对违约概率模型的总体构建方式产生如此大的影响？答案在于一个被称为"使用测试"的监管概念。为了防止因允许专门为监管资本计算目的建立模型而可能出现的对系统的操纵，只有这些模型也用于信贷风险报告或信贷审批等其他相关信贷风险管理业务时，才被批准。更重要的是，监管机构要求，违约的监管定义必须是贯穿银行从前端到后端所有业务的唯一违约经营性定义性。

这个使用测试需求，如果按字面意思解释，会以各种方式引起冲突。特别是，有两个领域很难将监管资本计算的具体要求与模型开发的内在经营要求相协调。首先，在本章的讨论之后，应该清楚的是，针对现有客户的模型，如用于监管资本计算的模型，不能直接用于信贷审批。其次，对于许多日常的信贷风险管理任务，特别是现有客户的管理，提供一个非常及时、短期的风险评估是非常重要的。这意味着周期模型不能用于这些目的，即使它们可能是监管资本计算的首选模型。

如今，监管机构承认这一点，并更多地关注最先进的模型开发过程，其中可证明的所有重要信息都得到了使用，而不是要求在所有其他领域严格采用一对一的监管资本计算模型。

第8章 评分卡开发过程第三阶段：创建开发数据库

"今天的科学家已经用数学代替了实验，他们在一个又一个方程中徘徊，最终建立了一个与现实毫无关系的结构。"

尼古拉·特斯拉（Nikola Tesla），1934

在第二阶段定义了参数之后，现在可以开始创建评分卡开发的数据库了。这个数据库将提供一组特征（或预测变量）以及每种情况的目标变量。然后，该数据集将会用于评分卡开发/建模。

8.1 开发样本规范

一旦为项目建立了样本参数、细分和方法，就需要为创建用于建模阶段的开发样本数据库创建规范。根据前面阶段的结果，以下内容被规定和记录在案：

■ 所需评分卡的数量和对每个细分的规范，包括关于如何识别各个细分编码的说明。

■ 不良、正常和不确定的定义。

■ 每个细分中不良率和批准率的组合。

■ 履约和样本窗口。

■ 除外的定义。

此外，在这一阶段中规范并添加以下内容：

■ 每个细分所需要的样本大小和履约分类（包括申请评分卡被"拒绝"）。

■ 每个细分开发样本所需要的来自内部和外部特征的详细列表。

■ 派生特征，详细描述了精确计算方法和逻辑。

■ 目标变量，包含精确编码的详细信息。

8.1.1　特征的选择

开发样本中包含的特征选择是开发过程的关键部分。这一步，分析人员仔细和谨慎地选择特征，强调了将一些业务思想纳入评分卡开发项目每个阶段的必要性。另一种方法是将整个数据集或其他数据存储库的内容导入评分卡开发数据库中。这种方法效率低下，而且不同于特征的选择，不能增进或利用分析师对内部数据的了解。特别是，当有成千上万个变量可用时，这种做法可能很快失控。

我对客户通常的做法包括获取他们能够访问的所有变量的列表，然后讨论如何将这些变量嵌入到评分卡开发数据库中。一般来说，模型开发人员、风险/策略或制度经理、模型验证人员，以及在某些情况下，诸如评审人员或清收人员等方面的专家都参与该过程。选择有限数量的特征，使过程高效和可控，这些应该根据各种因素来选择，包括：

■ 预期的预测能力。这些信息来自集体的经验（清收人员、审核人员和风险分析师）、以前的分析/经验（包括旧的评分卡）和关于建模的文献。这就是与审核人员和清收人员等面对面交流沟通的好处，尤其是对那些刚刚接触信贷风险的分析师。大多数预测变量都是众所周知的，并且只有30~50个变量的有限集，这些变量几乎总会出现在申请评分卡全过程当中。

■ 可靠性和稳健性。一些未经证实的数据可能被操纵或易于被操纵（例如，收入、工作时间），特别是在数据输入是由积极销售产品的员工完成的情况下，如银行分支机构、汽车经销商、手机销售商或贷款经纪人。在某些情况下，确认这类数据的成本可能太高（例如，在低价值贷款产品或人力配备成本高的情况下），则应根据成本来评估潜在的回报。一些高级分析可以用来检测被操纵的数据。例如，将已确认的数据（如年龄）的变化与相关的未确认数据（如"受雇时间"或"居住时间"）进行比较，能够有所帮助。相关变量如存在前述的较大偏差，可能意味着操纵。收入声明等较早的数据也可能受到通货膨胀的影响，因此不能完全照搬使用。受市场发展影响的变量，如查询的数量，以及与贸易、购买和余额相关的变量，也会随着时间的推移而增加，可能需要根据当前的规范进行调整。对于申请人或销售代理在网上输入的数据，还应该分析某些下拉列表，例如职业。我见过这样的例子，为了节省时间，大量的申请者和销售人员会自动选择列表中的第一个选项。社交媒体数据是一个增长领域，但也可能非常不可靠。本节稍后将更详细地讨论这个问题。

■ 数据缺失。一些缺失的数据可以用于分析它们缺失的原因。我们将在第10章中讨论如何处理这种情况。在选择变量时，通常那些很大程度上缺失的变量不应该包括在内，特别是当有足够多的完整变量可供选择时。尤其是申请表格上的自我声明数据，在历史上一直是空白的，而贷款人也没有努力去获取这些缺失的信息。虽然没有一个确定的阈值来确定缺失多少信息是可以接受的，但是行业从业人员通常会丢弃缺失超过40%信息的数据。

■ 易于收集。申请表中数据元素的可选项（因此申请人空下的）也应该避免，或者只考虑评分卡选项，如果评分卡选项是必填项。

■ 可解释性。职业、行业类型等特征容易产生主观解释。不同的人可以把同一个人放入不同的职业或行业类型，随着非传统职业的增长，把人放入传统定义的职业类型变得越来越困难。此外，大多数银行的职业分类过于宽泛，如销售、技术、管理、政府等。这就是为什么在大多数机构中，"其他"类别的职业占所有案例的75%。即使这些特征被证明具有预测性，对未来解释的关注也会使其稳健性受到质疑。当对一个变量的主观解释有信用风险经验支持时，可以作为例外。这方面的一个例子是诸如"管理质量"之类的变量，可以用于商业/小型企业（也称为SMEs，即中小企业）的评分卡。虽然这是一个主观变量，但判断是（或应该是）由经验丰富的裁决员做出的，这使得该变量的使用比以前提到的置信度高。

■ 人工干预。这指的是受到人为干预显著影响的特征，如用于宽泛政策规则的那些特征（例如，在几乎所有破产者因为政策原因被拒绝的情况下，就应当避免将破产作为指标）。尽管拒绝推理在某种程度上可以弥补这种情况，但政策规则和评分卡特征最好是独立的，以保持一致性。例如，一个分布不平衡的非常具有预测性的二进制变量（例如99%的"是"）对模型不是很有用，但它是一个极好的策略规则变量。另外，连续性变量最适合模型。

■ 有关使用某些类型信息的法律问题。如果历史上收集到的特征（例如，婚姻状况、子女数量、性别、国籍）在法律上或政治上可疑，最好将它们剔除在评分卡开发之外。这就需要对有关贷款的监管和法律要求有所了解。

■ 创建基于业务推理的比率。用户需要避免"地毯式轰炸"（如果您在目标附近投掷足够的炸药，您可能会击中目标，但也会造成大量的间接伤害和资源浪费）的方法来创建比率。这包括获取数据集中几乎所有相关的数值变量，将它们除以所有其他变量，然后让统计算法告诉您它们是否有用。这会产生数以百计，有时甚至数以千计的衍生比率，这些衍生比率可能（碰巧）具有统计学预测性，但却无法解释，因此没有多大用处。回想一下，这个练习的目的是理解因果关系，而不仅仅是相关性。创建的任何比率都需要被证明和解释。例如，过去1个月的征信机构查询次数占过去12个月查询次数的比例，显示了短期信贷需求比长期信贷需求大。同样，对购买、支付、利用率、余额、支付比率等其他指标进行短期和长期的比较，已被证明是很好的风险指标——这一切都是出于正当的业务理由。创建这些近期和长期比较变量的目的是识别异常行为，如付款、购买、存款、提款和使用率的变化。在那些信用卡使用不普遍的国家，我使用自动取款机取款、窗口现金取款以及储蓄和支票账户活动的变化比率，来预测财务困境。在零售业务中，公司利用购物行为的变化（购买什么、在哪里购买）来预测信用风险。[①]

---

① www.creditcards.com/credit-card-news/how-shopping-can-affect-credit-1282.php.

■ 未来可用性。确保将来收集任何正在考虑用于评分卡开发的数据项。此外,确保这些数据项的定义基于内部变量和以征信机构为基础的变量是一致的。当定义在实施后发生变化时,评分卡的稳定性及其预测效能可能会受到影响。

■ 竞争环境的变化。由于行业发展趋势,如更高的信用额度或更多的新产品,今天不太突出的特征在未来可能是强有力的预测因素。

目前所知的是,评分卡是根据至多三年前的数据编制,预计会在今后大约两年内使用。因此,此时也应考虑到过去和预期的未来趋势。这样做的一种方法是向征信机构咨询,了解在过去两到三年里信息发生了怎样的变化。诸如余额、交易数量、使用率、信贷额度和时间等指标在过去几年中是否发生了显著变化,以及它们是否有上升或下降的趋势。虽然这不会改变开发数据,但可以用来管理预期数据并制定适当的策略。例如,竞争的加剧会增加对申请人在征信机构信息的平均查询次数。根据历史数据开发的评分卡将根据历史履约状况对那些在12个月内进行4次以上查询的人作高风险处理。然而,新的数据可能表明,现在进行4个查询与正常、中等风险的履约相关。因此,人们可以选择人为地改变查询的分数匹配,或者根据趋势的这些变化调整截止值。至少,这让人们意识到了这个问题,这个问题可以得到解决,而不是被忽视。

目前引起轰动的一个领域是使用替代数据源进行信用评分。这些数据通常包括两个主要来源:来自公用事业和手机账单等传统上不向信用机构报告的产品支付数据,以及来自 LinkedIn、Facebook 和 Twitter 等来源的社交媒体的数据。[①]为什么公司正在寻找这些数据,有几个原因,包括:

■ 通过使用新的和创新的数据源,不断努力创建更好的评分卡。

---

① www.forbes.com/sites/moneybuilder/2015/10/23/your-social-media-posts-maysoon-affect-your-credit-score-2/#1ade9f3a3207.

■ 寻求向无银行账户的客群推销信贷产品的方法，[①]包括那些不在传统信贷周期内的人，以及那些没有征信机构记录的人，如新移民。

■ 许多国家缺乏中央征信机构。

在设有征信机构的大多数国家，银行倾向于使用这些非常可靠并且与信用行为直接相关的数据。这些国家使用社交媒体数据的动力不足。在前面提到的不同类型的替代数据源之间，例如，来自公用事业账单的支付数据是比较好的选择。虽然已认识到金额很低，但定期进行固定支付的证据是确保每月债务得到履行的特征和负责任行为的良好指示。这些客户可能非常适合低风险敞口产品，如信用卡。此外，银行可能会选择保守主义，为他们设定低于正常水平的初始信贷上限。这是将更多的客户带入传统信用周期并建立未来忠诚客户的好方法。

然而，需要谨慎对待社交媒体数据。在处理这类数据时，有几个因素应该引起关注。由于认识到缺乏关于信贷机构使用这类数据的规定，下面所列各点的条件今后可能会有所改变。

■ 隐私法/舆论。在许多司法管辖区，此类数据的使用可能与隐私法相抵触。此外，银行使用个人领域如Facebook帖子等数据进行贷款，也可能会产生不好的风评。同时，在未来可能会发生变化，无论是在制定规章方面，还是让更多公众如何接受此种方式方面。这在很大程度上取决于能否说服公众，这些数据确实与信贷决策相关，并且是必要的，而不仅仅是巧合。

■ 声誉风险。虽然基于信用还款行为的征信机构数据已被广泛接受为银行用于信用决策的合法信息来源，但迄今为止，社会媒体的数据还不是这样。选择使用这些数据的银行可能会冒着声誉风险。未来将如何发展在很大程度上取决于上述问题，即处理好公众舆论问题。

■ 可疑因果关系。互联网上充斥着可疑关联的例子。例如，强卡方分布并不一定意味着因果关系。虽然像"在您的Facebook帖子中使用'荒废'的

---

① "Using Data Mining Technology to Identify and Prioritize Emerging Opportunities for Mortgage Lending to Homeownership-Deficient Communities."SAS White Paper,SAS Institute,2001.

信息可能意味着更高的信用风险"[1]这样的信息会成为有趣的互联网文化基因，但这些事情背后的因果关系却有些可疑。借钱给别人的决定需要建立在比您的微博或Facebook帖子更可靠、更有解释力的基础上。

■ 可靠性。如果非要使用社交媒体数据，最重要的考虑因素是其可靠性。征信机构的数据之所以如此宝贵，就在于其可靠性。无论怎样，社交媒体简介都是自己撰写的，并经常不能反映现实。此外，普通民众的信用评分知识正在增长，债务人调整个人网上资料以戏弄系统的机会也随之增加。例如，在LinkedIn[2]上持续工作的证据，以及大学和财经媒体的"赞"/"关注"可能表明信用风险更高，一些商业贷款机构使用企业的在线评级作为衡量企业运营状况的指标。没有什么能阻止某人任意跟踪或喜欢做这样的事情，或者仅仅为了增加他们获得贷款的机会而制造人为的评论（尽管使用诸如已经存在许久的档案信息可以减少一些此类情况）。上述资料应视为未经银行确认的任何其他自行申报的资料。在大多数情况下，教育背景、社交圈和阅读兴趣通常与就业和收入相关，两者都可以由贷款人确认。

上述做法并不是为了阻止实验，相反，鼓励对数据进行深思熟虑的创新，其结果是可以解释的。例如，"上个月平均快餐购买次数/过去12个月的平均值"，"购买有机食品、健身房会员资格以及在设计师商店购买商品"，这些变量和类似的想法受到欺诈模型背后的概念的启发，即短期行为异常。现在，这个概念已经确立，我们可以设计变量，长期平均值的变化可以表明财务困境，比如在较便宜的商店购买更多的商品，购买更多的商店品牌的商品，或者每周从自动取款机取款较少。根据不同国家的法规和隐私法，您也可能想要包括心理测量数据。[3]这种行为数据仅限于信用卡和借记卡的使用情况，以及支票和储蓄账户的活动，是一个很好的表明财务困境的前沿指标。抵押贷款等定期贷

---

① https://next.ft.com/content/d6daedee-706a-11e5-9b9e-690fdae72044.

② www.huffingtonpost.com/aryea-aranoff/could-your-linkedin-profile-be-yournew-credit-score_b_7313454.html.

③ R. Anderson, "Psychometrics: A New Tool for Small Business Lending," Paper presented at Credit Scoring and Control XII conference, Edinburgh, Scotland, August 24-26, 2011.

款的行为数据有限，这就是为什么许多分析师使用其他产品的数据来为定期贷款产品建立行为评分卡。

这项选择特征的任务涉及的问题范围再次强调了评分卡开发商与项目团队其他成员合作和协商的必要性。在这个阶段结束时，分析人员将得到一个变量列表，他们将使用这些变量开始评分卡开发过程。

8.2　抽样

在评分卡开发中有两个任务需要抽样，即对总样本分成开发和验证数据集，并确定正常、不良和拒绝在总样本中的比例。关于取样的研究有很多，很少有结论性的答案。因此，在金融机构中的抽样主要是由作为政策的模型验证单位决定的，或者是由模型开发经理的偏好来驱动的。

8.2.1　开发/验证

有多种方法可以将开发（开发评分卡的样本）和验证（"保留"）数据集分开。通常，样本的70%~80%用于开发每个评分卡；剩下的20%~30%被保留，用于独立测试或验证评分卡。在样本规模较小的情况下，可以使用100%的样本开发评分卡，并使用随机抽取的50%~80%的样本进行验证。虽然这不是理想的方案，但在处理小数据集时，却是一个合理的折中方案。

8.2.2　正常/不良/拒绝

如前所述，通常有至少2 000个正常、不良和拒绝的数据就足以开发评分卡了（并且没有上限——使用更多的数据通常可以获得更好的结果）。50%的不良率（仅考虑正常和不良）通常不代表现实情况。这种方法称为过度抽样，在实践中使用，尤其是在对诸如欺诈和破产等罕见事件进行建模时。对过度抽样的调整（将在本章后面讨论）稍后将用于获得实际的预测值。

最近的一种趋势，尤其是对大型银行而言，是使用比例抽样或完整的数据集（所有数据）。这得益于强大的可用的机器，这些机器可以对数百万条记录（在某些情况下，甚至是数十亿条记录）进行建模。只要有足够的正常和不良的案例，具有统计有效性（每个都有2 000至5 000条记录），仍然可以采用比例抽样。例如，使用比例抽样，在一个不良率为4%的投资组合中，我们需要一组不良率为4%的开发样本，例如，4 000个不良样本和96 000个正常样本；如果批准率是50%，那么将在这组样本中再添加100 000个拒绝样本。没有必要将这个数据集调整为先验概率，因为样本已经反映了实际的比例。使用较大样本的另一个好处是，它减少了多重共线性的影响，并使逻辑回归的结果具有统计学意义。[①]

还有各种其他统计技术，可用于所需要考虑的特征的数量和这些特征的可变性，来确定最佳样本规模大小。

但是，必须记住上面提到的数字是最小的样本量。由于存在许多关于抽样的竞争理论，因此只要样本规模大小足以确保令人满意的统计和业务结果，用户就应该遵循他们最熟悉的抽样方法。在开发分组特征评分卡的地方（如本书所详细介绍的），任何抽样方法的最终目标都应该是每组有足够数量的正常和不良样本，使分析具有意义。这包括计算单个组的证据权重，以及建立跨属性的证据权重。还应注意，样本大小除了有统计意义外，还影响业务信心。例如，为一个只有5 000个正常样本和5 000个不良样本、却代表100万个客户的投资组合建立评分卡，管理层会对此是否具有代表性而忐忑不安。正因为如此，据我所知，在许多银行里，评分卡是建立在客户总群体的50%~75%样本量的基础上的（如果没有使用全体样本的话）。这些数字通常来自模型验证或审查组。

8.3 开发数据的采集与构建

基于开发样本规范，所有必需的申请程序（或行为评分卡账户数据）和履约数据从不同的来源收集（例如，内部数据库、征信机构、索赔库、房地产数据库等）。如果某些所需数据以非电子格式保存，则可能需要键入。这个做法

---

① C. H. Achen, Interpreting and Using Regression (Beverly Hills, CA: Sage, 1982).

的最终结果是一个数据集包含选定的自变量（特征）和目标变量（正常/不良指标）。与准备其他建模的实验一样，下面几点值得注意。

8.3.1　随机性和代表性

申请和账户的选择必须是随机的，并能够代表要开发的评分卡所针对的细分（即代表将来要评分的客群），并必须剔除指定的账户类型。偏向于某一活动、渠道、地区或年龄组的数据集对整个申请客群可能不起作用，因为它可能惩罚其他人或使他们看起来相对风险较小。

8.3.2　非细分的数据集

对于正在开发多个评分卡的项目，应该为每个细分构造一个单独的数据集，还有一个非细分的数据集，即表示总客群的数据集。非细分数据集用于分析由细分评分卡提供的任何额外的"提升"或优势，如图表6-16所示。

8.3.3　异常数据

在收集这些数据时，用户需要知道数据库的历史变化，特别是在样本窗口期间和之后的时间段。大多数在金融机构处理数据的分析师都痛苦地意识到，格式或数据收集已经发生了变化——例如，注销代码从"W"改为"C"；住房状况以前在第32个区域收集到12月，现在在第22个区域；自2016年3月以来，不再收集"其他卡片"；职业编码在4个月前改变了分组，等等。了解这些更改可以确保为构建样本而编写的代码或查询能切实获得指定的数据，并且确保"没有意外"。

在大多数公司中，这样的异常数据是没有记录的。除非通过自动ETL程序来解决这些问题，否则数据挖掘者只能凭自己的记忆，或者那些在公司工作了一段时间的人的集体记忆。显然，这种情况既不可持续也没有效率。在理想情况下，公司中的每个数据库都应该有一个关联的数据更改日志，用于记录数据库自启动以来的所有更改。这样，诸如前段所列出的那些变化就不再令人惊讶了，因为每个数据库工作人员都可以访问已知的异常数据。这种对内部数据的了解，包括由判断和政策规则造成的异常和偏差，是银行内部开发的评分卡优于外部开发的评分卡的主要原因。数据本身，以及对数据的智能解读，才是一个伟大的评分卡。不过，近期大部分银行已进行数据仓库和风险数据集项目，以自动化方式处理数据清理工作。这样的数据问题已经有所减少，但仍然是大多数银行在分析方面面临的最大挑战。

8.4 调整先验概率

多年来，过度抽样一直是预测建模的一种普遍做法（尤其是在对罕见事件建模时），它指的是开发样本中正常和不良情况所占的比例与实际客群所占比例不同的情况。过度抽样也被称为独立的、有偏见的、基于选择的、分层的或结果依赖的抽样。

在这种情况下，开发样本需要根据先验概率进行调整。这种方法也称为因素分解，用于统计调整开发样本案例计数，使样本不良率（和批准率）反映实际的客群不良率。这对于开发过程和为评分卡生成管理报告（如收益图表）都很有用。对过度抽样进行调整可以产生切合实际的预测，并使人们对属性分组期间的履约有更深入的了解，从而可以看出业务优势以及统计优势。为了生成真实的模型验证和强度统计，如 Kolmogorov-Smirnov、c-统计、基尼系数等，对过度抽样的调整也是必要的。

因此，当需要进行预测时，调整是有用的。如果建模工作的目的是调查变量和目标之间的关系，或者仅需要分数的排序（需要用较高的分数来表示较低的风险，但不一定是具体的不良率），则没有必要。可以肯定的是，对于大多数信用评分卡的开发，这种调整是必要的。信用评分用于做出现实的决定，进行非常具体的计算，并设置截止值，因此需要知道评分和不良率之间的关系。再次强调，如果使用比例抽样，这些调整是不必要的。

例如，如果开发样本分别由 2 000 个正常样本、不良样本和拒绝样本组成，则样本不良率和批准率分别为 50% 和 67%。假设实际批准率为 70.5%，实际客群不良率为 12.4%，样本因素为 10 000 个"通过申请"的客群，如图表 8-1 所示。

图表 8-1　　调整均等样本以模拟 10 000 个 "通过申请" 的客群

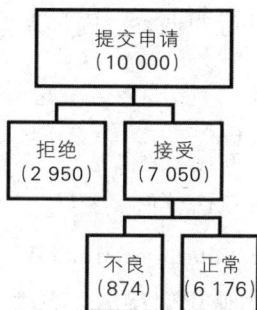

在模型拟合前或拟合后可以进行过度抽样调整，但在编制分组变量评分卡时，最好在分组练习前进行过度抽样调整。这样就能够更好地评估变量和目标之间的关系——按属性对不良率和批准率进行实际分配，可以提供关于政策规则或其他人工干预是否人为地影响履约的信息（例如，如果已知否定属性的批准率低，不良率低，或者已知的肯定属性的不良率高）。它还为完成的任何分组提供了完整性检查，以确保每个组都具有足够的履约样本。

调整过度抽样主要有两种方法：偏移法和加权抽样。

8.4.1　偏移法

用于联合抽样回归的标准逻辑（logit）函数是：

$$\text{Logit}\,(\,p_i\,) = \beta_0 + \beta_1 x_1 + \cdots + \beta_k x_k$$

其中，$p_i \cdot \beta_k$, 和 x_k 分别为后验概率、回归系数和变量。

当过度抽样时，Logit 移位一个偏移量，$\ln\,(\,p_1\pi_0/p_0\pi_1\,)$，并且新的逻辑函数（伪模型）变成：

$$\text{Logit}\,(\,p_i^*\,) = \ln\,(\,p_1\pi_0/p_0\pi_1\,) + \beta_0 + \beta_1 x_1 + \cdots + \beta_k x_k$$

其中，p_i 和 p_0 是开发样品中目标样本的比例，π_1 与 π_0 是在实际总体中目标样本的比例。[①]

以上是在模型拟合之前进行的调整。同样调整后验概率可以通过以下公式进行拟合计算：

$$\hat{P_i} = \frac{(p_i^* p_0 \pi_1)}{[(1 - p_i^*) p_1 \pi_0 + p_i^* p_0 \pi_1)]}$$

其中，p_i^* 是未经调整的后验概率估计值。

这两种调整都可以在SAS Enterprise Miner中使用先验概率向量完成，或者在SAS PROC LOGISTIC步骤中使用偏移选项完成，[②]如图表8-2所示。请注意，在这两种情况下，"offset calc"（偏移量计算）公式都是$\ln(\rho_1 \pi_0 / \rho_0 \pi_1)$。

图表8-2   使用偏移法调整过度抽样的SAS代码

Premodel Adjustment	Postmodel Adjustment
Data develop; Set develop; **Off=(offset calc);** Run; Proc logistic data=develop ...; Model ins=....../ **offset=off;** Run; Proc score ....; p=1 / (1+exp(-ins)); Proc print; Var p ....; Run;	Proc logistic data=develop ...; Run; Proc score ... out=scored...; Run; Data scored; set scored; **Off = (offset calc);** **p=1 / (1+exp(-(ins-off)));** Run; Proc print data=scored ...; Var p ......; Run;

8.4.2 加权抽样

在使用抽样权重调整过度抽样时，将每个样本乘以一个设定的权重，使样本反映真实的总体。这种情况下目标分类1和0的权重分别为$p_1 \pi_1$和$p_0 \pi_0$。

---

① A. J. Scott and C. J. Wild, "Fitting Regression Models to Case-Control Data by Maximum Likelihood," Biometrika 84(1997): 57-71.

② W. J. E. Potts and M. J. Patetta, Predictive Modeling Using Logistic Regression: Course Notes(Cary, NC: SAS Institute, 2001).

或者，可以将每个不良的权重设置为1，然后将每个正常的权重设置为 p（正常）$/p$（不良），其中 p（正常）和 p（不良）是实际总体中正常和不良的概率。例如，如果一个投资组合的不良比率——p（不良）——是4%，并且开发样本包含2 000个正常和2 000个不良，则调整后的样本将显示2 000个不良和48 000个正常（即0.96÷0.04×2 000）。

该方法可在SAS编程中使用"SAMPWT"选项，也可在SAS Enterprise Miner中使用频率变量。在图表8-3中，显示了一个使用SAS编程的例子。[①]

图8-3　　　　　　　　　　用加权法调整过度抽样的SAS码

```
Data develop;
Set develop;
sampwt=(π₀/ρ₀)* (ins=0) + (π₁/ρ₁)* (ins=1);
Run;

Proc logistic data=develop …;
Weight=sampwt;
Model ins=……;
Run;
```

应该注意的是，使用上述两种调整方法得到的回归参数估计值是不同的。

一般来说，当准确确定线性逻辑模型时，偏移法比较优越。当逻辑模型近似于某些非线性模型时，加权法更好。[②]统计学专家在开发未分组变量预测模型时喜欢使用偏移法。在分组变量的情况下，基于分数的评分卡，加权方法更好，因为它纠正了参数估计得到的分数，而不是仅仅纠正预测概率。当使用加权抽样时，规范化也会减少 p 值和标准误差的失真。

---

① Ibid.

② A. J. Scott and C. J. Wild, "Fitting Logistic Regression Models under Case-Control or Choice Based Sampling," Journal of the Royal Statistical Society. Series B (Methodological), 48, no. 2 (1986): 170–182.

第9章　大数据：现今信用分析师所面对的新技术

比利·安德森（Billie Anderson）

9.1　大数据的四个V与信用评分

据估计，世界每天产生2.5万兆字节的数据。[1]将这么多数据变得可见的一个有趣的方法是，想象一下：这么多的数据将填满1 000万张蓝光光盘，这些光盘叠起来，相当于四个埃菲尔铁塔叠在一起的高度。[2]这些数量惊人的数据通常被称为大数据。在本章中，大数据意味着数据集太大，传统的数据处理硬件和软件无法处理，需要新技术。通常，在描述大数据时，定义包括结构化、半结构化和非结构化数据。

最早使用的大型数据集与今天使用的大数据没有很大的不同。所谓的不同是，计算机变得更强大，计算资源价格大幅下降。现在有许多不同的数据源，

---

[1]　B. Baesens, Analytics in a Big Data World: The Essential Guide to Data Science and Its Applications (Hoboken, NJ: Wiley, 2014).

[2]　B. Walker, "Every Day Big Data Statistics—2.5 Quintillion Bytes of Data Created Daily," April 5, 2015. http://www.vcloudnews.com/every-day-big-data-statistics-2-5-quintillion-bytes-of-data-created-daily/.

还有一些大数据技术可以有效地管理并从大数据集中提取信息。

金融和信用评分行业对大数据并不陌生。自征信机构几十年前首次开始收集消费者信贷信息以来，这些行业已经习惯使用大数据。金融机构使用所有数据的能力，无论是结构化的还是半结构化的，在大数据分析时代至关重要。使用数据做出跨越整个金融机构的决策，可以使得该机构更有效率，并通过更好地选择接受或拒绝信贷申请人来增加收入。

大数据的特征有四个 V。下面将在信用评分的背景下讨论这四个 V。

9.1.1　数量（volume）

大量的数据会使传统的数据存储系统不堪重负。除非采取措施解决这个问题，否则它将造成业绩瓶颈，因为进行信用评分的金融机构收集的数据越来越庞大。现在有多种方法来分析消费者的行为和偏好，通过数据来源，如消费者的电子支付系统、网上银行以及使用的贷记卡和借记卡。银行如何处理这些数据？密歇根州爱奥尼亚独立银行（the Independent Bank in Ionia）的首席信息官彼得·格雷夫斯说，产生的大量金融数据能够使银行更好地了解客户，从而增加利润。他说：

要了解（客户的）消费习惯。对银行业来说，可能是他们有什么产品，他们多久换一次银行，他们多久对他们的抵押贷款进行再融资。它把这段关系的每个方面都数字化了。这可能不仅仅是他们与银行的关系，也可能是他们的整个财务状况。然后银行就可以试着理解这一点，并以一种有效的方式将产品和服务匹配起来，以满足他们的需求。[①]

9.1.2　速度（velocity）

大数据的速度方面是指收集数据的速度以及收集、存储和分析数据的速度。越来越强大的计算机（如在线处理引擎）生成的数据比传统的数据收集技术生成的速度更快。例如，在过去，银行的直销团队需要数周时间才能从大型数据仓库中提取适当的信息，并确定哪些人应成为信用卡优惠的目标客户。随

---

① 　J. Ginovsky,"Big Data at the Bank,"ABA Banking Journal 104(2012):28-32.

着每天、有时是每分钟更新的动态数据库的兴起，营销人员现在可以在毫秒内选择他们想要向哪些信用卡申请人发送个性化要约。①

例如，美国银行正在利用大数据资源的速度来帮助发现潜在客户。如果美国银行发现一个客户正在它们的网站上搜索，银行就可以确定参与程度有多深，以及访问者在它们的网站上停留多长时间。使用云计算方案，美国银行可以确定访问者在网站浏览了多少页面，是否使用了什么工具，以及下载点在哪里。

一旦使用唯一 ID 的客户被捕获了潜在客户线索，他们首先被标记为已经存在的客户（或者不存在的客户）。根据银行的隐私策略会进行数据清洗，然后使用预测模型进行优先排序。这些模型是使用预测因素建立的，如访问者的参与程度、客户线索的质量和持久性以及产品和客户对银行的价值等。

然后，银行利用这些信息率先与客户联系。例如，如果一个网络访问者想在晚上 8 点购买支票账户，而呼叫中心要第二天早上开门，那么这条客户线索就已经消失了。然而，如果网络会话发生在上午 8 点，它的排名要高得多，并被优先考虑跟进，进一步与客户接触。②

体现大数据资源速度的另一个方面是能够以更快的速度建立预测模型的能力，并使用比大数据资源可用之前更强的数据能力。银行长期以来一直使用模型来预测潜在贷款申请人的违约概率。预测建模传统上使用对采样的历史数据的统计技术来预测接下来会发生什么（违约/非违约）。随着大数据存储和强大的分析软件的出现，建立预测模型的传统方法与前几年相比可能不那么重要了，在前几年，计算机无法快速分析数十亿条记录。与前几年"抽样是常态"相比，银行现在利用大数据资源可以访问和模拟整个客群的申请者或账户。利用所有可用数据建立模型，可以更好地了解所预测的违约率，并缩短获得预测模型结果的周期（本章后面将更详细地讨论缩短周期的问题）。

---

① T. Davenport, P. Barth, and R. Bean, "How 'Big Data' Is Different." MIT Sloan Management Review 54(2012):22-24.

② Adobe Systems Incorporated, "Know It All," 2014.

9.1.3　多样性（variety）

传统数据库的格式很好，内容变化缓慢。越来越多的现代数据存储库需要兼顾数据收集速度和数据的多样性。在过去的几年里，银行业的数据源发生了巨大的变化。[①]目前，银行数据以结构化和非结构化格式获取。非结构化形式的银行数据可以包括来自移动银行申请、电信、社交媒体数据（如信用申请人在 Linkedin 的信息）、点击流数据（允许银行查看潜在申请人在网站上查询路径的数据）、通过云计算应用程序编程接口（APIs）、语音响应日志等。大数据为信用分析师提供了更广泛的数据来源，以便检索潜在信用申请人的信息。与征信机构等传统的数据源相比，数据源种类的增加使得银行能够获得更详细的个人信息。

例如，社交媒体数据等非结构化数据源，不仅可以验证申请人是否真的存在，还可以验证申请人有哪些类型的社会关系、申请人的个性，以及申请人是否值得获得贷款。[②]

金融借贷机构正在利用现有的不同种类的数据资源，比如总部设在美国亚特兰大的卡比奇（Kabbage）。寻求贷款的小企业允许 Kabbage 访问它们在 Amazon、E-Bayle、PayPal、Square 或 QuickBooks 上的账户，以实现对业务客户交易数据的实时访问。具体来说，它们允许 Kabbage 访问这些 APIs 中的一个，用于信贷决策。

此外，Kabbage 还审查了来自小企业申请者的 Facebook 数据和 Twitter 数据。例如，Kabbage 关注小企业申请者的客户在社交媒体上如何评价它们。在做出授信决定时，Kabbage 会考虑一些信息，比如该企业是否在 Facebook 上获得了很多点赞，在 Facebook 和 Twitter 等网站上发布的在线客户评论的情绪，以及该企业在社交媒体网站上如何回应和对待客户。Kabbage 坦承，仅仅因为

---

① S. Lohr,"Banking Start-Ups Adopt New Tools for Lending,"New York Times,January 18, 2015, p. 1. http://www.nytimes.com/2015/01/19/technology/banking-start-ups-adopt-new-tools-for-lending.html? _r=0.

② Y. Wei, P. Yildirim, C. Van den Bulte, and C. Dellarocas, "Credit Scoring with Social Network Data,"Marketing Science 35,no. 2(2015):234-258.

一个企业有很多点赞，并不能保证对其发放贷款没有信用风险，但是瞥一眼企业的社交媒体活动确实提供了企业信誉信息并更完整地展现了小企业贷款申请人的资信状况。[①]正如本书已指出的，当涉及社交媒体数据时，数据可靠性的问题并不是小企业申请人所独有的。

9.1.4　价值（value）

对于贷款企业来说，价值意味着赚钱。贷款机构可以通过多种方式从大数据资源中创造价值。首先，金融机构需要确保自己能够制定衡量标准，来评估大数据资源所产生的价值。[②]使用大数据资源的另一种价值是降低运营成本。例如，数据处理的速度可以降低这种成本。Bean举了一个银行投资大型数据软件和硬件的例子，这使得银行处理7年客户交易数据的时间与之前处理一年数据的时间相同。[③]更快地处理和分析数据便于做出更快速、更频繁的决策，从而带来可观的投资回报率。

此外，可以通过使用更为多样化的数据源来获得价值。2014年，英格兰银行举办了一场名为"大数据与央行"的活动。Bholat[④]报道了这一事件，并举了一个抵押贷款公司利用各种不同的大数据资源获取价值的例子。贷款公司使用专有的、公开的和购买的数据源。这个综合数据集包含房地产价格和信用评级机构关于申请人的信用评分的最新信息。报告指出，这个综合数据集的价值大于其各个部分的总和。与此同时，由于每一部分都是由一个在其成本方面具有相对优势的组织收集的，因此，发言者声称成本效益比已经得到了优化。

银行和其他贷款机构可以从大数据中获取价值，并利用大数据资源保持竞争力。可以提供帮助的一些建议包括：

■ 消除数据筒仓（data silo）。为了使整个公司受益，必须汇集来自所有

---

① D. Dahl, "The Six-Minute Loan: How Kabbage Is Upending Small Business Lending and Building a Very Big Business," Forbes, May 25, 2015: 56-60.

② R. Bean, "Just Using Big Data Sources Isn't Enough Anymore," Harvard Business Review, February 9, 2016. https://hbr.org/2016/02/just-using-big-data-isnt-enough-anymore.

③ Ibid.

④ D. Bholat, "Big Data and Banks," Big Data & Society, January-June, 2015: 1-6.

部门的数据。个人存款账户通常与借款账户位于不同的筒仓中，借款账户与抵押贷款和信用卡资料都是分开的。交易信息需要与呼叫中心的通话记录和电子邮件请求联系起来，以帮助提高客户参与度、交叉销售产品或保留计划。此外，正如本书所指出的，利用其他现有产品的信息可以帮助生成更好的信用风险模型。

■ 从简单开始。创建一个由业务经理管理的定义清晰的小型试点项目。管理者需要从跨职能团队那里获得"支持（buy-in）"，这些团队包括信息技术（IT）部门、信用分析师（可能是数据科学家）和任何其他利益相关者。以下是关于如何实施大数据试点项目的一些建议。

- 定义将要使用的大数据源，并确保数据是可访问的。
- 整合公司的数据隐私和安全策略。
- 确定行动的目标和可衡量的结果。
- 将试点项目的期限限制在一个非常短的时间窗口内。
- 试点项目不需要投入过多的时间和资金。
- 确定大数据分析是否可重复，并分析是否可以用于公司的其他部门。
- 从数量上衡量试点的成功与否。例如，许多银行通常使用结构化数据源中的预测变量，通过回归模型对贷款违约问题进行建模。很多时候，这些模型是用诸如受试者操作特征曲线（receiver operating characteristic curve，ROC）[①]下的面积度量等来评估的。ZestFinance等信用评级较高的初创企业完全依赖非结构化数据源发放贷款，银行可以尝试在其投资组合中复制这一模式，并衡量这种做法的改善程度。一个有趣的事实是，ZestFinance发现，使用大写字母填写贷款申请的申请人比不使用大写字母的申请人风险更大。[②]请注

---

① 　N. Siddiqi, Credit Risk Scorecards: Developing and Implementing Intelligent Credit Scoring (Hoboken, NJ: Wiley, 2006).

② 　J. Lippert, "ZestFinance Issues Small, High-Rate Loans, Uses Big Data to Weed Out Deadbeats. Washington Post, October 11, 2014: 1. https://www.washingtonpost.com/business/zestfinance-issues-small-high-rate-loans-uses-big-data-to-weed-out-deadbeats / 2014 / 10 / 10 / e34986b6-4d71-11e4-aa5e-7153e466a02d_story.html.

意，这本身并不是证明使用大写字母的人风险更大的决定性证据——需要进一步的证据来确定因果关系。可以创建二进制指示变量，以指示申请人是否使用所有大写字母填写信用申请，并将二进制指示变量输入预测模型。确定加入二进制变量是否会增加模型的自动完成时间。

如果试点项目确实失败了，那就尽早承认失败，放弃任何对项目增值不重要的大数据源。一个大数据试点项目需要一个明确的数据策略和一个数据治理模型的支持。试点项目需要超越 IT 部门的传统用途，证明使用大数据源可以影响整个公司的底线。

■ 要认识到，正确分析大数据源需要时间。大数据源不是过去的简单 Excel 和 Access 类型的电子表格。大数据源极其混乱和肮脏，在进行分析之前，需要花费许多小时来清洗、合并和组织。分析大数据源并不像计算描述性统计学或构建更简单的预测模型（如回归模型或决策树）那么简单。分析大数据源涉及的"数据发现"远远超过传统方法和数据量。使用数据作为发现工具的想法是一种非传统的数据分析方法，特别是对于像银行这样的传统企业。[①]分析大数据需要时间来发现模式、事件和客户机会。

■ 招募训练有素的数据科学家。数据科学家与接受传统训练的数学家、统计学家或程序员不同。数据科学家确实拥有必要的学术知识，但他们也能够有效地将大数据的结果传达给终端用户，而终端用户通常是决策者。大数据源很难收集、存储和解释。它需要拥有专门技能的个人来分析和解释大数据源。目前数据科学家短缺，因此为了获得顶尖人才，必须提供具有吸引力的薪水和福利。

■ 投资于收集、存储和分析大数据源所需要的软件和硬件。激增的数据量需要对传统数据库和分析软件进行重大升级和改进。Hadoop 是一种新兴的大数据技术，允许存储和查询大数据源。Hadoop 在金融行业中已经得到了一定程度的认可，许多主流的分析软件产品，如 SAS 都可以接入。建立分析基础

---

① T. Davenport, Big Data at Work: Dispelling the Myths, Uncovering the Opportunities (Boston, MA: Harvard Business School Publishing, 2014).

设施的主题已经在第3章中详细讨论过了。

Spark是一个刚刚进入市场的开源大数据处理框架。相比Hadoop，它有几个优点，因为申请可以用Java或Python编写（而不是Hadoop所要求的复杂的MapReduce代码），所以可以用较不复杂的方式完成数据查询。

一家金融公司使用Spark作为Hadoop之上的技术层。该公司利用Spark的文本挖掘能力来分析监管文件的内容，寻找监管要求变化的模式，从而更好地了解周围发生的事情。[①]

Davenport[②]已经报道，银行使用各种硬件和软件来管理和分析大数据源。作者举了一个银行使用四个应用程序的例子：Hadoop集群、Tera-data Aster大型数据设备、传统数据仓库和重型Tera data企业数据仓库。当一家银行试图将大型数据硬件和软件整合到现有的数据管理系统中时，挑战就来了。数据存储在多个数据仓库中的情况并不少见，这导致数据的重复。当一个公司试图将Hadoop或Spark等大数据硬件源合并到传统和现有的大型机和数据库中时，就会出现数据整合问题。因此，在着手实施任何大数据举措之前，需要充分考虑各种硬件和软件平台的整合问题。

高级管理层面临的一个问题是，如何处理现有的传统数据存储系统。如果银行接受了利用大数据源的理念，那么就需要访问传统数据库中存储的数据，并将之精简为新的大数据硬件源。这个数据集带来新的挑战，而且成本高昂。

总而言之，大数据规划属于时间和资源密集型的。为了从大数据源中产生价值，银行需要用这样一种模式：从大数据源获得的分析是整个组织的首要任务；从分支机构经理到首席执行官（CEO），每个人都需要在日常决策中使用数据。

---

① T. Groenfeldt, "Lenddo Creates Credit Scores Using Social Media," Forbes, January 29, 2015. http://www.forbes.com/sites/tomgroenfeldt/2015/01/29/lenddo-creates-credit-scores-using-social-media/2/#196fe40260a1.

② T. Davenport, Big Data at Work: Dispelling the Myths, Uncovering the Opportunities (Boston, MA: Harvard Business School Publishing, 2014).

9.2 信用评分与数据收集过程

传统上，金融机构用来确定信用评分的数据包括诸如申请人的收入、当前职位在岗时长、居住时间、房屋权属状况、其他类型的信用的支付历史以及申请人所持有的信用类型（例如零售账户、分期付款贷款、按揭贷款和融资公司账户）等。这些类型的数据项可以存储在数据库中，并称为结构化数据。其他经常使用的传统数据来源是征信机构评分（例如，在美国的 FICO 评分）和征信机构信息。与其他数据来源（如银行本身的客户数据）相比，征信机构提供的信息可以让金融机构更全面地了解申请人的背景。例如，征信机构的数据可以提供申请人是否曾被逮捕或提出过离婚的信息。

在那些对可用于发放信贷的信息类型有法律限制的司法管辖区，结构化数据可以方便地过滤掉有法律疑点的变量，如信用申请人的性别、种族和国籍。然而，在大数据和非结构化数据源可以获取的时代，梳理这些大数据源的算法，相对容易检测出种族、性别或地理位置等数据项，即使这些结果并非有意为之。例如，对于机器学习算法（machine learning algorithm）来说，使用申请人姓名中的元音与辅音的比例来预测种族并不困难。电信数据可能无法直接访问申请人的地址，但每当申请人驾车经过手机发射塔时，位置就会被跟踪，因此确定申请人在哪里生活和工作并不费劲。在美国，在地理变量（如申请人的邮政编码）等方面有法律疑点的信用评分需要加以注意，因为它们可能导致银行违反公平银行法。

9.3 大数据时代的信用评分

一个可能显著改变传统信用评分的重要转变是许多金融机构访问非结构化大数据源的能力。此外，鉴于全球银行对这些数据源的兴趣日增，问题不在于何时，而在于银行将如何利用非结构化数据来助推现有的信用评分过程。然而，目前我们认识到，这种数据源在全球范围内的使用还远远不够广泛。

　　有几家新兴公司正试图利用非结构化数据来确定信用申请者的评分。在这个领域的许多新兴公司中，Lenddo 成立于 2011 年，是比较成熟的公司之一。Lenddo 的共同创始人认识到，发展中国家有超过 10 亿人正开始步入中产阶级，他们需要获得贷款。[①]Lenddo 的计划是向发展中国家没有信用记录的个人提供小额定向贷款。原因很简单，即发展中国家没有金融基础设施，比如征信机构，供其建立信用记录。这些贷款的目的是通过教育、医疗保健或者家庭装修，为日益壮大的中产阶级提供贷款，丰富他们的生活。这些贷款可以很好地发挥作用。例如，对于一个想要参加职业发展课程，但缺乏现金，并且由于信用记录空白而无法获得传统贷款的个人来说，可能很有效。申请者可以利用自己拥有的——一个由在线朋友和同事组成的——网络。

　　Lenddo 只使用社交媒体数据来计算信用评分，并确定申请人的信誉度。为了申请贷款，个人连接到社交网络，并邀请朋友和家人加入 Lenddo 所称的"可信赖的网络"。然后 Lenddo 使用社交网络算法来评估"可信赖的网络"，并开发一个类似于按传统排序的 Lenddo 信用评分。如果申请人获得贷款，他的整个社交网络都会被告知他的付款历史。[②]这种公开披露传统上属于私人信息的做法确实带来了隐私和道德问题，这些问题在本书的其他章节中已有论述。

　　这种获取社会媒体大数据的方式不仅对发展中国家的个人有帮助，而且可能帮助现在可以获得信贷并成为潜在信贷申请人的大部分美国人。目前，有 3 000 万至 5 000 万名美国消费者由于他们单薄或根本不存在的信用记录而无法获得信用贷款；当非传统形式的信用数据被用来确定他们的分数时，这些消费者中有 1 000 万人的信用分数超过了 600 分（作为参考，FICO 评分低于 600 分被认为是不可接受的，600 到 649 分是较差的分数，而高于 680 分被认为

---

　　① J. Groenfeldt,"Banks Turn to 'Spark' Technology to Crunch Big Data, American Banker, 2015. http://www.americanbanker.com/news/bank-technology/banks-turn-to-spark-technology-to-crunch-big-data-1076953-1.html? zkPrintable=1&nop agination=1.

　　② B. Anderson and M. Hardin,"Credit Scoring in the Age of Big Data Analytics and Social Media." Encyclopedia for Business Analytics and Optimization, edited by J. Wang (Hershey, PA: IGI Global,549-557).

是好的分数）。[1]FICO、Experian、TransUnion 和万事达（Mastercard）等 19 家老牌公司已开始与 Yodlee 和 VisualDNA 等公司合作，以获取公用事业账单和租金支付等替代数据，并研究把它们加入到传统的信用评分中。

目前，虽然传统的银行已经开始使用大数据技术，但其仍然对用于信用评分的社交媒体数据保持警惕。即使如此，它们还是对这种数据有很浓厚的兴趣。有证据表明，传统的信用评分机构正在缓慢地适应这些数据，特别是在没有征信机构和隐私法相对薄弱的国家。

例如，在美国一家地区性中型银行第一田纳西银行（First Tennessee Bank）最近的一份简介中，首席财务官讨论了在其信用评分过程中引入更多大数据的必要性。Keenan[2]还报告了 2014 年对 165 家零售银行的调查，在调查中，银行被问及以下各项技术在实现零售银行业务优先事项方面的重要性。图表 9-1 总结了调查结果。

图表 9-1　　　　　　零售银行的优先事项及其重要性

优先	比例（%）
数字银行渠道开发	84
全渠道覆盖	78
客户分析	72
支行渠道转换	56
预测分析	52
业务流程管理	21
社交媒体整合	27
核心系统置换	15

---

[1]　E. Wolkowitz and S. Parker, Big Data, Big Potential: Harnessing Data Technology for the Underserved Market(Chicago, IL: Center for Financial Services Innovation, 2015).

[2]　C. Keenan, "Big Data and Predictive Analytics: A Big Deal, Indeed," ABA Banking Journal 107, no. 4(2015): 32-34.

调查结果显示，近30%的零售银行认为，通过社交媒体资源整合大数据是当务之急。本次调查的结果表明，大数据在当前银行业实践中的影响日益扩大。

软件和硬件公司正在努力为市场提供解决方案，使金融机构能够在一个大数据世界中做出更好的决策，并增加利润。[①]最近一项调查显示，36%的银行家表示，他们正在寻求与分析供应商签订新合同。[②]鉴于目前有许多资源，包括分析软件和硬件可用于存储和检索银行可以访问的大量数据，大数据对银行业来说，潜力无限，前景可期。

9.3.1 银行的大数据承诺

在一个信息不匮乏的时代，拥有最具可操作性视野的银行才是赢家。大数据时代已经开始慢慢渗透到银行业环境中。

银行可以通过多种方式从大数据中获取价值。除了传统的结构化数据源之外，金融机构还可以访问多个数据源，从而以前从未有过的粒度级别（a level of granularity）获得对信用申请人的个人看法和理解。虽然传统的数据源很有帮助，但大数据提供了更深入了解信用申请人资信的能力，从而使信贷决策更加个性化。全面掌握信贷申请者的信息，意味着更高的批准率，简化的基础设施成本，改善的客户满意度，以及更强的银行盈利能力。

许多银行还没有把重点放在利用大数据源和客户分析来提高客户体验方面。长期以来，客户分析一直是银行分析的一个传统领域，并有可能在大数据源的世界中得到强化。随着银行与千禧一代和其他精通技术的新客户完全融入数字时代，与这些客户建立一对一的关系比以往任何时候都更为重要。与客户进行大规模整体沟通的时代已经结束。客户希望对他们的具体问题立即做出反应（例如，对Twitter和社交媒体帖子的反应），这些应用程序可以让他们在几秒钟内查看自己的账户余额，申请信用卡增值服务，通过智能手机上的自拍识

① A. Adams, "Credit Scoring Models Becoming More Agile," American Banker 177 (2012): 10-13.

② K. Broughton, "Teaching Bankers to Be Data Scientists," American Banker 179 (2014): 21.

别功能存款。银行需要随时了解客户在互联网和移动设备上的所作所为。大数据源和相关的分析使银行能够在很深的层次上"了解"他们的客户。

提高客户满意度会给银行带来收益。Groenfeldt[1]报道，一家欧洲银行在使用大数据源之前，通过呼叫中心日志、电子邮件和短信，仅分析了 5% 的客户投诉。通过使用大数据源，银行能够分析所有的投诉，而不仅仅是一个小样本。通过获取所有客户的投诉，银行可以确定客户在银行网站的哪个位置遇到了麻烦，然后重新设计网站，使客户更容易使用。银行减少了 25% 的投诉。利用大数据源，该银行还可以确定出哪些产品不够理想，并设计交叉销售程序，推荐另一种功能更相关、价格更便宜的产品，及时对客户的需求和愿望做出反应，使银行不会失去客户。从长远来看，这将为银行带来收益。

然而，仅仅访问大数据集是不够的。银行需要一个更全面的分析方法来利用这些数据。正如本书前面所述，银行中的这些数据不能放在各个部门的筒仓中，它需要整合整个金融机构。从信贷经理到数据专家，这些人中的每一个都必须了解业务机会和从数据中收集到的信息的力量——并能够接触到这些信息。银行将需要超越传统的结构化数据，纳入非结构化来源，如社交媒体情绪、实时定位服务、关键词、对联系中心通信的语义分析，并整合"物联网"——市场上有数以百万计的互联网连接设备。[2]这些概念还处于萌芽阶段，但它们有可能改变贷款发放的方式。同样，应该指出的是，信用评分是一项受高度监管的业务，这些概念的成功与否，除了取决于现有的技术外，亦取决于监管环境。

大数据对银行业承诺，来自银行现有的各种大数据资源，可以从法律和监管的角度使用。获取和使用不同类型的大数据资源，完全改变了银行使用数据

---

① T. Groenfeldt, "Lenddo Creates Credit Scores Using Social Media," *Forbes*, January 29, 2015. http://www.forbes.com/sites/tomgroenfeldt/2015/01/29/lenddo-creates-credit-scores-using-social-media/2/#196fe40260a1.

② Federal Trade Commission, Big Data: A Tool for Inclusion or Exclusion (Washington, DC: U. S. Government Printing Office, 2016).

建立预测模型的方式。在过去，信用分析师或数据专家会花时间研究和准备数据，创建模型，然后将模型交给其他部门（如IT部门）进行部署。这个过程耗时较长，让业务经理不得不等待分析结果。

随着大型数据资源的产生，以及许多可视化分析工具和用户界面友好的大数据软件的兴起，一个没有什么数据分析背景的人也可以获取一些数据，并生成可以使用的基本报告，使个人几乎可以立即使用这些数据做出决定。弗吉尼亚州的一家中型银行佛奎尔（Fauquier）银行就是一个例子，该银行使用大型数据软件产品从不同的来源提取数据，并使会计、金融和零售部门的客户经理轻松地创建他们自己的数据报告。这有助于银行在简单的业务上做出更好、更快的决定。例如，某些日子是否有足够的分行出纳员可用。①这种对非分析人员的授权使得数据专家和信用分析师可以从事更复杂的分析工作。

9.3.2　大数据世界中的总体与样本

大数据的一个优点是能够将所有可用信息用于任何任务。使用抽样检测模式通常会丢失曲线两端的异常值中有价值的信息。许多从事大数据资源工作的分析师不进行抽样调查的主要原因之一是，他们专门去寻找一些奇怪或极端的东西。例如，数百万的信用卡交易中，只有少数可能是欺诈的。因此，试图检测信用卡欺诈交易的分析师有一个很好的理由，实际上也是一个要求，即搜索所有客户的交易。当然，这就引出了一个问题：在大数据时代，抽样还有意义吗？

答案是，具体情况具体分析。您能做某件事，并不意味着它就是正当的事。需要提出的问题是，对信用分析师试图解决的业务问题进行抽样是否有意义。

如果大数据总体是针对当前问题进行分析的合适总体，那么可以只在少数情况下使用抽样方法。例如，需要针对不同的信用卡提供商运行单独的实验

---

① B. Yurcan, "Why Small Banks Should Be Thinking About Big Data," American Banker, November 23, 2015. http://www.americanbanker.com/news/bank-technology/ why-small-banks-should-be-thinking-about-big-data-1077955-1.html.

组，或者数据量太大而无法捕获和处理（这不应该成为适当的大数据硬件投资的问题）。

从统计学上讲，如果样本足够大并且是随机的，那么样本的结果将会给您相同的答案，就像使用了整个总体一样。在大多数模型建立和度量计算中，抽样的结果与总体没有区别。如果信用分析师不是在寻找异常值，那么从实用的角度来看，抽样调查可能更有意义。

支持抽样的一个实际原因是抽样比整个总体更容易操作。使用大数据资源进行任何类型的数据分析都是冗长乏味的。与其使用100万个（或更多）观察数据，您是否更愿意使用5万个观测数据来完成所有的数据分析步骤呢？

9.4 大数据时代信用评分的伦理考量

大数据很性感，很时髦，很受欢迎。银行和金融机构才刚刚开始探索和了解利用大数据进行信用评分的好处和用途。大数据已经存在，而且正在改变金融业的运作方式。

正如本章前面所讨论的，社交媒体数据越来越多地被用作征信机构数据的标准替代品，并且正在创建新的评分方法来为那些信用历史记录较少或较差的人构建信用评级。信用记录可以用任何其他数据替代，从一个人给其移动电话绑定的信用卡充值的频率（为了继续使用而充值），到在线查看贷款产品所花费的时间。为了确定资信状况，信用分析师开始关注数据中更明显的趋势，将个人与平均值进行比较，并寻找与资信可靠相关的因素。例如，平均而言，花较长时间阅读和理解网上贷款条款的人更有可能按时还款。

虽然认识到大数据是信用评分行业的游戏规则改变者，但一些关键问题仍需要解决。大数据在改变普惠金融方面具有巨大的力量，但它的下游效应是什么？消费者保护和法律含义是什么？大数据是否允许新形式的隐性歧视？最终，随着大数据的使用，它是否让消费者的生活变得更好？

"下游"效应是理解大数据能够很好地找到相关性，但非结构化的大数据源则检测哪些相关性是有意义的——因果关系方面做得不好。谷歌流感算法就是一个很好的例子。谷歌开发了一种算法，根据输入到谷歌搜索中的搜索词，来识别流感最流行的地区。起初，该算法对流感发生的地点显示出很高的准确性，但随着时间的推移，该算法未能检测到流感的爆发。该算法失败的一个主要原因是，它没有考虑除了所用的搜索词以外的无关变量。例如，如果一个地方新闻报道了一个爆发了流感的县或城市，这个事件将促使个人搜索流感症状，即使这些人没有患流感。[1]谷歌流感算法的例子是一个完美的例子，强调非结构化数据资源需要与传统数据资源进行平衡，以确保算法和预测模型的准确性。

那么，金融机构如何平衡这些在大数据世界中随时可用的非结构化数据呢？一家贷款机构如何结合社交媒体使用、过期账单支付、手机信息、购物习惯和偏好来建立更好的信用评分卡，从而保护消费者和信用申请人的合法权益呢？为了帮助金融机构解决这个问题，美国联邦贸易委员会（Federal Trade Commission）发布了一份报告，为金融机构在信用评分算法和预测模型中使用大数据的伦理问题提供指导。[2]以下是报告的部分调查结果摘要：

■ 确保用于预测申请人资信的数据具有代表性，即采取步骤确保数据不丢失关于某些客群的信息。

■ 采取预防措施，不要在数据中包含偏差。考虑如何生成数据和算法。用于创建数据的方法可能会在数据中产生偏差。例如，如果某个客群对某一类社交媒体广告的反应超过其他客群，则可能会影响该算法，使其学会优先考虑向某个客群（而不是其他客群）中的更多个人提供信用卡。

■ 结合传统统计分析和大数据算法。例如，如果一个大数据算法根据一个信用申请人的社交媒体资料发现他是"有风险的"，那么可使用结构化数据资源的传统预测建模和传统信用评分数据（如果有的话），来复核使用社交媒体发现的结果。

---

① E. Ramilez, J. Brill, M. K. Ohlhausen, T. McSweeny, and Federal Trade Commission, Big Data: a Tool for Inclusion or Exclusion? (Washington, DC: U.S. Government Printing Office, 2016).

② Ibid.

■ 对融入大数据的信用评分模型而言，伦理和公平问题是面临的主要挑战。金融机构需要广泛思考如何使用大数据资源，以避免助长不公平。金融机构需要了解消费者保护法，以及这些法律如何适用于大数据。

将大数据纳入信用评分算法时，需要考虑和避免可能引入授信决策的潜在歧视因素。美国联邦法规不允许金融机构在决定申请人的资信时，因种族、性别或其他个人特征而出现歧视行为。[①]然而，在这个充斥着大量非结构化数据的世界里，利用大数据源的先进信用评分算法，使得金融机构相对容易地向那些被认为具有良好信用风险的信用申请人进行营销和招揽。例如，通过使用社交媒体数据，大数据算法可以相当简单地检测出申请人是否大学毕业，或者他们是否拥有律师或医生等高薪工作。此外，金融机构可能会认为，拥有金融或工程学位、目前就职于声誉良好的知名公司的申请人，其信用风险要低于那些主修就业形势较差的专业并从事过许多短期工作的申请人。仅仅根据社交媒体分析的结果，金融机构就可能歧视一群人。

此外，正如本章开头所指出的，不仅可以检查申请人的社交媒体个人资料的资信状况，而且申请人的社交关系类型也会影响其是否获得贷款。大数据算法可以评估潜在申请者社交媒体关系的程度和强度。这些数据提供了关于消费者生活方式、习惯和行为的有用信息，所有这些都可以预测贷款的偿还情况。

为了避免在使用社交媒体等非结构化数据源来检测资信状况时可能出现的歧视性陷阱，公司必须公开地说明它们如何使用大数据资源，并将信息传达给潜在的信用申请人。

那么，大数据会让消费信贷申请人的生活变得更好吗？当贷款机构将大数据资源纳入其决策时，两类消费者似乎最有可能受益：一类是有传统信用评分历史但因过去的一些错误而被拒贷的申请人，另一类是没有信用历史记录的消费者。利用非传统数据源，如社交媒体上的联系类型、消费者向社交媒体发布的可能表明生活方式选择的评论类型或账单支付记录，有可能解锁数百万申请

---

① N. Kshetri, "Big Data's Impact on Privacy, Security and Consumer Welfare," Telecom-munications Policy 38, no. 11 (2014) : 1134-1145.

者的信贷渠道。在过去，这些申请者可能会被拒绝申请信贷。

随着金融机构将大数据纳入信用评分过程，重要的是，不能用这些数据来违反任何保护消费者免受歧视的法律或法规。金融贷款机构在使用大数据资源时要谨慎行事，采取一切必要手段，确保利用大数据服务于消费者的公共利益，而不是孤立一些客群使他们无法获得贷款。例如，如果信用卡公司发现在某个商店购物的消费者有延迟付款的记录，那么该公司不应该降低所有在该商店购物的消费者的信用额度。

9.4.1　大数据时代"大哥大"问题的兴起

多年来，征信机构和金融机构收集和存储了数百万潜在的信贷申请人和借款人的大量个人信息。随着在线社交互动和任务的增加，个人共享个人数据的方式也发生了文化上的转变。作为一个社会，人们（包括信用申请人）比以往任何时候都更自由地处理他们的个人数据。互联网让追踪潜在的信用申请人比以往任何时候都容易得多。亚马逊（Amazon）知道个人历史上购买过什么，谷歌（Google）知道人们的搜索习惯，Facebook 和 Twitter 通过社交网络和帖子知道人们在想什么，智能手机供应商知道人们在和谁聊天，可以跟踪每个人的一举一动。

随着大数据给银行和其他贷款人带来有价值的信息，所有迹象似乎都表明他们将继续收集、存储和分析大数据资源。随着存储成本的持续下降和分析工具的日益强大，数据收集的规模将会突飞猛进地增长。在信用评分世界里，大数据变成了"大哥大"吗？

"大哥大"和大数据的问题与隐私有关。对于银行来说，隐私是数据治理问题的一个重要组成部分。银行高管需要了解并制定数据所有权、权利和责任的政策。高管人员和定期处理数据的人员必须了解数据存储在哪里，特别是数据用来干什么、谁可以访问它、谁管理它，以及谁可以使用它。他们还应该对个人数据使用的隐私和监管问题有所了解。

不知道数据的位置可能导致重复，从而导致效率低下和成本高昂。如果分析人员无法找到数据文件，则必须再次执行数据查询。重复时间是分析师本可以用来做其他事情的时间。当无法找到数据时，存储和人力成本就会增加。如果找不到要查找的数据，就必须花时间查找数据并复制数据资源。重复的数据也会导致数据文件不同步；也就是说，当数据存储在多个位置，不同的人访问和修改数据资源时，数据间很容易不同步。这种情况会导致数据文件完全分离。

大数据资源，尤其是非结构化数据资源，由于数据体量大、种类多，比传统数据资源更难跟踪。许多银行拥有过时的数据管理工具，无法跟踪、管理和提供适合大数据资源的用户授权。

使用传统的 IT 方法很难回答和监视关于数据访问和授权的问题，特别是考虑到正在创建的非结构化数据的数量。例如，考虑以下场景：

一兆字节的数据包含 50 000 个文件夹。其中大约 5%（2 500）的文件夹具有所谓的访问控制列表（access control lists，ACL）的唯一权限。平均每个 ACL 有四个组。[①]

使用不同的数据平台、不同的用户权限结构和多个域来管理这个场景变得更加困难。如果没有自动化，IT 专家将花费数小时以试图确定谁可以访问哪些特定的数据源。

在收集、存储和分析大数据源时，银行的数据治理责任会增加。银行必须确保提供给它们的信息不会以任何方式被滥用。滥用个人信息使银行很难保持业务和信誉，这也使它们违反了隐私法。与传统数据源一样，必须承担起保护大数据资源信息的责任，并制定适当的政策和程序。

银行需要在成为"大哥大"与适当的隐私和安全问题之间取得平衡，以正确使用大数据资源。以下是一些关于金融机构如何达到这种平衡的建议：

■ 不管数据量有多大，都要添加数据质量检查功能。即使在使用大数据资源时，"无用输入，无用输出"（garbage in garbage out，GIGO）这句老话仍然适用。创建数据质量流程，确保正在使用的大数据资源反映的业务决策真实。

---

① Varonis,"10 Insights on Enterprise Data,"2013.

■ 了解在授信决策中使用大数据资源合适不合适，即检查大数据资源的质量，花时间确定正在使用的大数据资源是否可靠。例如，如果监管规则不允许使用某种类型的大数据资源，请注意这个问题。最好在这个阶段花更多的时间，研究任何类型的错误信息以及由此导致的错误信贷批准/拒绝决定，否则到时候后悔就来不及了。

结论

使用大数据资源评估申请人信用可靠性的可行性需要进行长期评估。金融贷款行业正处在可供分析的数据的悬崖边缘。毫无疑问，使用大数据资源和算法可以帮助信贷经理更有效、更准确地做出艰难的决策。信用评分领域的大数据通过为更多的消费申请者提供信贷渠道，改善他们的生活。但由于缺乏人情味，只专注于大数据资源评估可能会进一步孤立已经处于社会边缘的客群。信用分析师应检查大数据信用评分算法的结果和决策，并提出以下问题：

■ "信贷决策有意义吗？"

■ "信贷决策是否公平和道德，符合政府规定？"

在以网络和数据库为特征的新经济时代，信用评分和大数据的融合似乎是合乎逻辑并自然而然发生的。借助大数据，金融借贷行业可以迅速从庞大的资源中获取有用信息，支持业务决策，并提供更有效的精准营销和风险管理，以提高业务绩效和运营效率。然而，尽管大数据带来了巨大的机遇，但同时也带来了新的挑战和竞争，比如 Lenddo 等公司正在让许多以前无法获得信贷的消费者获得信贷。已经准备好迎接大数据的颠覆性变革的金融机构不仅有更好的生存机会，而且还将处于这个新金融市场的前沿。

第10章 评分卡开发过程第四阶段：评分卡开发

> "多项式是一个近似算法，它并不一定会减损其有用性，因为所有的模型都是近似算法。从本质上讲，所有的模型都是错误的，但有些是有用的。我们必须始终牢记模型的近似性质。"

乔治·伯克斯（Gorge Box）

> "所有的模型都是正确的，但大多数都是无用的。"

撒迪厄斯·塔皮（Thaddeus Tarpey）

开发数据库一旦构建，评分卡开发人员应该拥有一个包含一组特征和目标变量的数据库。可以使用各种方法从数据中开发评分卡。它们都涉及构建和量化特征与正常/不良履约（目标）之间的关系。评分卡或模型也可以生成不同的格式，例如SAS代码。

本章将专门讨论使用分组属性和逻辑回归的模型开发。我们还将进行拒绝推断，并且评分卡将具有缩放点。结果将是一个看起来如图表1-1所示的评分卡。这种方法平衡了成功开发评分卡的两个关键要求：健全的统计基础和现实的业务重点。

图表10-1显示了使用此方法应遵循的流程。值得注意的是，这是一个申请程序评分卡；行为评分卡是使用相同的流程开发但没有进行拒绝推断。因

此，对于行为评分卡，首先进行初始特征分析，然后直接进入最后的评分卡阶段。

图表10-1 评分卡开发流程

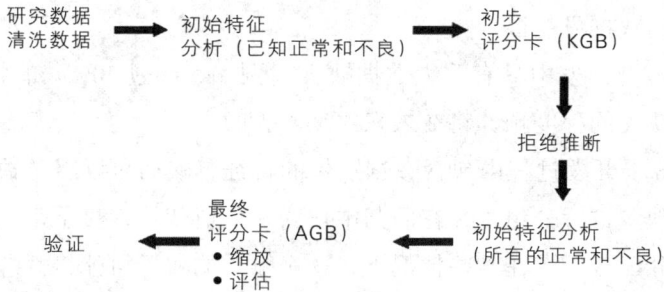

研究数据 清洗数据 → 初始特征 分析（已知正常和不良） → 初步 评分卡（KGB）

↓

拒绝推断

↓

验证 ← 最终 评分卡（AGB） • 缩放 • 评估 ← 初始特征分析（所有的正常和不良）

10.1 探索数据

在实际建模工作开始之前，一个好的实践做法是探索样本数据。简单的统计数据，例如数值的分布、平均值/中位数、缺失比例以及每个特征的数值范围，可以提供对业务的深入了解，并且审查这些数据是检查数据完整性的好方法。可视化分析技术通常对这项工作很有帮助。如果使用样本，还应将样本数据分布与总体投资组合分布进行比较，以确认样本是否具有代表性。还应检查数据（例如，确保"0"表示零和非缺失值）以便解释并确认已记录任何特殊值。例如缺失征信机构数据的各种特殊情况。此步骤再次确认数据已按指定方式收集，并且了解数据的所有方面，包括异常数据。

10.2 缺失值和异常值

大多数金融行业数据包含缺失值或对某一特定特征没有意义的值。这些可能是未被捕获、已中断、不可用或申请人没有填写的字段；错误的值；或者只是表示极端情况的异常值。

虽然一些统计技术如决策树对数据缺失的观点是中性的，但是逻辑回归要求有完整的数据集，没有缺失数据（即完整的例子分析）。主要有四种方法来处理缺失值：

1.剔除数据缺失的记录——这是完整的例子分析，在大多数金融行业的例子中，可用的数据可能很少。

2.剔除模型开发中具有重大数据缺失（例如，超过50%）的特征或记录，特别是如果缺失的程度预计将在未来继续下去时。

3.在评分卡开发过程中包含数据缺失的特征，然后可以将"缺失"视为单独的属性处理，进行分组，并在回归中作为输入值使用，接下来可以允许评分卡为该属性分配权重。在某些情况下，这个赋予的权重可能接近"中性"或平均值，但是在权重更接近另一个属性的情况下，这种赋予的权重可能会揭示缺失值的确切属性。

4.使用统计技术估算缺失值。

虽然第二种选择可能更方便，但第三种选择具有许多好处，并且是我通常推荐的一个。值得注意的是，我们正在讨论自己声明缺失的数据，其中缺失的原因尚不清楚（而不是已知缺失原因的数据，例如，来自征信机构的数据）。方法1、2和4假设缺失的数据没有价值，无法通过分析缺失的数据收集进一步的信息。这未必正确，在信贷风险领域，数据缺失通常与负面信息有关。它们可能是一种趋势的一部分，与其他特征有关，或者表明以前有不良履约行为。缺失值通常不是随机的。例如，那些刚开始工作的人可能更倾向于在申请表格上"工作年限"一栏空白。如果剔除了特征或缺失值的记录，这些统计都无法产生结果。应该指出的是，我们在这里讨论的是自己填写的数据，这些数据并非完全丢失。如果一个字段缺失了99%，那么它就会在前一步被删除。对于大多数缺失数据数量合理的变量（在我的经验中高达25%），分析缺失数据的不良率或证据权重（WOE），并与其他属性进行比较，有助于明确哪些类型的申请人留下空白。因此，建议在分析中包括缺失的数据，并在最终的评分卡中分配分数。这种方法认识到缺失的数据具有一些信息价值，并且在分析中包含这些数据会带来业务利益。此外，为评分卡中缺失的数值分配/计算分数，将有助于申请人在申请表中所空白的字段得到适当的分数。在剔除缺失数据的大多数情况下，评分卡开发人员会为未来缺失的例子分配"中性"分数。如果缺失数据的实际履约为负，这将鼓励申请人漏填信息。至少应该首先分析缺失的数据，如果发现它是随机的、效能中性的，则可以将其剔除或进行估算。

在选项1、2或4被选定的情况下，应将这些观察结果添加到最终开发数据库中，并且应使用所有数据（为了完整性）重新校准评分卡。这意味着，虽然可能会缺失某些特征，但是仍然可以使用填充的其他特征为评分卡开发过程增加价值。

一些数据挖掘软件，如SAS Enterprise Miner，包含了计算缺失数据的算法。这类算法包括基于决策树的均值或中值填补和替换。如果采用填补方法，建议考虑其他特征值和缺失值记录的填补方法，以便开发评分卡。将"最频繁的"或"平均"值赋予缺失值会导致数据峰值，而区分具有指定平均值的数据和实际具有该值的数据将是不可能的——业务信息可能会丢失。为缺失的数据（例如99或999，或其他超出正常范围的数据）分配特殊值，并将它们包含在分析中，可能同样实用。

异常值是指某个特征超出正常值范围的值。例如，年龄分布可能显示18到55岁之间的所有客群，少数人显示为99、112和134。虽然这些可能是真的，但它们更有可能是密钥错误的结果。这些数字可能会对回归结果产生负面影响，所以通常会被剔除在外。在某些情况下，这些值可以被指定为平均值，因为它们的数量通常很小，并且不会对结果产生不利影响。然而，在任何情况下，都应该首先调查异常值，因为它们可能指向欺诈等问题。请注意，在构建分组属性评分卡时，可将这些异常值与最近的组绑定在一起，以抵消其影响。

10.3 相关性

下一节会涉及初始特征分析，只考虑个体特征——在这一点上先不考虑相关性、多重共线性或部分关联。然而，相关性确实存在，并且需要处理。同样，有几种方法可以识别相关性。这些方法包括在SAS中使用的PROC VARC-

LUS[1]，或在 SAS Enterprise Miner 中使用可变的聚类节点。这些SAS程序使用一种类型的主成分分析来识别互相关联的特征组。然后可以从每个组中选择一个或多个特征，理论上代表每个组中其他特征所包含的所有信息。这种选择可以基于PROC的输出值来完成，PROC表示由每个变量解释的每个簇的信息量，以及该变量与下一个簇的距离，或者两者的组合。此外，在从该练习中选择变量时还应该考虑业务因素，以便最终选择的变量与业务偏好一致。

与简单的相关图形相比，PROC VARCLUS考虑了共线性和相关性，因此是选择评分卡开发变量的一种更好的方法。我还发现这个练习的图形结果对于可视化彼此接近的变量非常有用。

在使用大数据集开发用于预测目的的模型时，多重共线性（MC）不是一个重要的问题。通过使用足够大的样本，可以可靠地估计每个输入变量的独立效应，从而克服MC在降低模型的统计能力方面的影响。在这种情况下，普通最小二乘法（OLS）回归获得的参数估计将是可靠的。[2]

识别相关性可以在初始特征分析之前或之后进行，但需要在回归步骤之前。相关性和分组步骤都提供有关手头数据的宝贵信息，而不仅仅是统计练习。虽然减少分组（首先检查相关性）特征的数量可以节省时间，但是同时也剥夺了观察许多特征和履约之间本质关系的机会。因此，最好的方法可能是结合消除一些冗余特征，并根据业务和操作直觉从每个相关的"簇"中选择多个特征。这有助于平衡对效率的需求和获得洞察数据的机会。

10.4 初始特征分析

初始特征分析涉及两个主要任务。第一步是评估作为履约预测的每个特征

① SAS Institute Inc., SAS Procedures Guide, Version 6, 1st ed. (Cary, NC: SAS Institute, 1990).

② Kent Leahy, "Multicollinearity: When the Solution Is the Problem." In Data Mining Cookbook, edited by O. P. Rud (Hoboken, NJ: Wiley, 2001).

的强度，以及它与目标之间的关系。这也称为单变量筛选，用于筛选弱或不合逻辑的特征。

一旦确定这个特征是强有力的且合乎逻辑的，它就被加入分组。这适用于连续和离散特征中的属性，这么做是出于一些原因，包括一个显而易见的原因。之所以进行分组，是因为需要生成图表1-1中所示的评分卡格式。

模型利用连续（未分组）的特征来创建，这种分组过程有以下优点：

■ 它提供了一种更简单的方法来处理具有区间变量和稀有类的异常值。通过分组减少异常值的影响。

■ 分组过程使得理解关系变得容易，从而获得更多的投资组合知识。显示特征属性和履约之间关系的图表比简单的变量强度统计更有效。它可以让用户解释这种关系的性质，以及这种关系的强度。这有助于分析人员理解数据中的行为变化点（对策略有用），并识别新的策略规则变量（例如，强二进制变量）。

■ 非线性依赖关系可以使用线性模型建模。

■ 它能够对开发过程进行前所未有的控制——通过分组，最终确定评分卡的构成。这允许使用业务判断能力，尤其是在处理有偏差数据集或小数据集时。

■ 特征分组的过程使用户能够洞察风险预测因子的行为，增加对投资组合的了解，这有助于制定更好的投资组合管理策略。

一旦对最强特征进行分组和排序，变量选择就完成了。在初始特征分析结束时，评分卡开发人员将拥有一组大部分强大的特征，最好代表独立的信息类型，以便在回归步骤中使用。

有四个主要标准用来衡量一个特征的强度：

■ 每个属性的预测能力。WOE度量用于此目的。

■ 一个特征内不同属性之间WOE的范围和趋势。

■ 特征的预测能力。这里使用信息值（IV）度量。然而，还有很多其他方法来衡量这一点。

■ 经营和业务的考虑因素（例如，使用一些逻辑对邮政编码进行分组，或对偿债比率进行分组，以符合公司的政策规定）。

一些分析人员在分组特征之前运行其他变量选择算法（例如，使用卡方、基尼系数或 R^2 对预测能力进行排名的算法）。这使得他们能够利用独立的方法显示特征强度，而在 IV 较其他测量值偏高/偏低的情况下向分析人员发出警告。

变量选择/排名不应该仅仅作为识别最佳预测因子的步骤来处理。在处理有偏差的数据或低样本量时，我们还要注意那些在统计学上显得很弱的变量。我们要找的是那些基于判断和经验被认为是可预测的变量，但它们与目标之间的统计相关性较低。这可能是由于严重的选择偏差或数据少导致的。在这种情况下，可能需要调整这些变量，我们将在本章后面讨论。这些变量有时候在统计学上很弱，但往往用于人工裁决以及作为政策规则的变量，并且由于这种偏差而显得很弱。

初始特征分析过程应该是交互式的，应鼓励业务用户和操作人员的参与。特别是，它们可以为任何意外或不合逻辑的行为模式提供进一步的见解，并增强所有变量的分组。通常，模型开发人员对变量进行分组，然后从风险管理人员处获取输入值以进行调整。

执行此分析的第一步是对变量进行初始分组，并通过 IV 或其他强度度量对它们进行排序。这可以使用许多分组技术来完成。在 SAS 信贷评分中，可以使用交互式分组节点。

如果使用其他应用程序或编码，一个好的方法是将区间变量和有序变量分成 20 个相等的组（每个分组的变量占总账户的 5%），并计算分组属性和特征的 WOE、IV。接着使用任何电子试算表生成 WOE 图。然后分析师可以根据下一节将要概述的原则对分组进行微调，以获得更强大的逻辑特征。类似地，对于分类特征，可以计算出每个独特属性的 WOE 和每个特征的 IV。然后，人们可以花时间对超过最小可接受强度的特征进行微调。决策树通常也用于对变量进行分组——分组类似于在决策树中的分叉。然而，大多数评分卡开发人员使用更加友好的交互式分组软件应用程序来进行微调分组，原因在于它可能是重复性和乏味的。值得注意的是，有几种"最佳"分组算法可用作备用起点。[①]无论是使用最佳分组方法还是基于分位数的分组方法，都必须按照后面将要讨论的方法对分组进行检查和调整。

　　这里的主要步骤是查看未分组或精确分组后的 WOE 曲线，以确定它是否合理。一旦决定了，我们就会花时间更好地进行分组。图表 10-2 显示了贷款价值比（LTV）。

图表 10-2　　　　　　　　精确的分组后贷款价值比

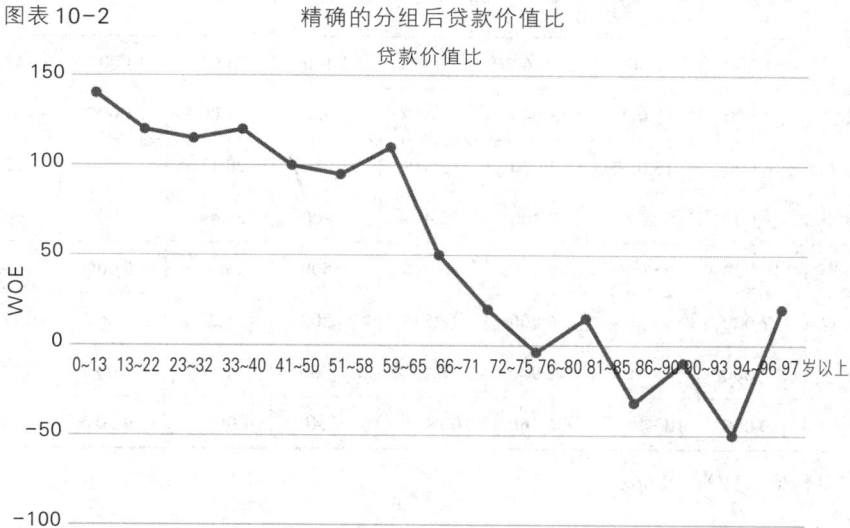

我们注意到，一般来说，LTV 越高，WOE 越低（WOE 的计算将在下一节中讨论）。从业务角度来看，这似乎是合乎逻辑的。我们还注意到，从较低到较高的 WOE 存在显著差异。这告诉我们它是一个普通的逻辑变量，具有足够的统计强度。图表中有一些反转，但我们稍后会通过微调分组来处理。

10.4.1　统计测量

　　图表 10-3 显示了用于分析分组特征的典型示例。该示例显示了分组后的

---

①　I. Oliveira, M. Chari, S. Haller, and SAS/OR®, "Rigorous Constrained Optimized Binning for Credit Scoring." SAS Global Forum 2008, SAS Institute.

特征"年龄"。在图表中，"整体分布"、"正常分布"和"不良分布"分别指整体、正常和不良样本按列（column-wise）百分比分布。例如，17.5%的所有例子、18.81%的正常样本和5.21%的不良样本都发生在35~44岁这一年龄段。

图表10-3　　　　　　　　　　　　分组变量的分析

年龄	缺失	整体分布	正常	正常分布	不良	不良分布	不良率	证据权重 WOE
	1 000	2.50%	860	2.38%	140	3.65%	14.00%	−42.719
18~22岁	4 000	10.00%	3 040	8.41%	960	25.00%	24.00%	−108.980
23~26岁	6 000	15.00%	4 920	13.61%	1 080	28.13%	18.00%	−72.613
27~29岁	9 000	22.50%	8 100	22.40%	900	23.44%	10.00%	−4.526
30~35岁	10 000	25.00%	9 500	26.27%	500	13.02%	5.00%	70.196
35~44岁	7 000	17.50%	6 800	18.81%	200	5.21%	2.86%	128.388
44岁以上	3 000	7.50%	2 940	8.13%	60	1.56%	2.00%	164.934
合计	40 000	100%	36 160	100%	3 840	100%	9.60%	

信息价值（IV）= 0.668

图表10-3中有几点需要注意：

■ 将"缺失值"单独分组。该组的WOE暗示大多数缺失数据来自23~29岁之间的年龄组。

■ 应用了一个通用的"每组最少5%"规则，以便进行有意义的分析。每组中也有足够多的正常和不良样本。至少，行业从业人员会在每组中查找至少80到100个样本，但是在处理更大的数据集时，这个数字可能会更高。

■ 没有正常还是不良为0的分组。当在低违约组合上使用自动分组算法时，如果一组有0个正常或不良，分析师通常会假设一个小数目的正常或不良（1或0.5）以计算WOE。

■ 不良率和WOE在不同的组别之间有足够的差异（这种分组方式是为了

从一个组别到另一个组别中，最大化地区分正常和不良的差异）。这是这项工作的目标之一，识别并分离具有良好区分性的属性。虽然 WOE 的绝对值很重要，但是不同群体之间的不同是建立差异性的关键。后续组之间的差异越大，该特征的排序能力越高。

■ 没有缺失值的 WOE 也遵循逻辑分布，从负到正没有任何反转。这证实了业务逻辑。

正如前面所提到的，WOE 度量了每个属性（或分组属性）在区分正常账户和不良账户时的强度。它是衡量每个属性中正常的和不良的比例差异的一种方法（即一个具有这个属性的人是正常还是不良的概率）。WOE 基于下列比率的计算公式：[1]

正常分布÷不良分布

上面的公式测量正常的比率（例如，对于上面的 23~26 岁属性，将是 13.61 ÷ 28.13 = 0.48）。23~26 岁的正常：不良比率为 0.48：1。

一种更简便的计算 WOE 的方法，就是在图表 10-3 中使用了这种方法：

[ln（正常分布÷不良分布）] ×100

例如，属性为 23~26 岁的 WOE 是：

ln（0.1361÷0.2813）×100=-72.613

乘以 100 是基于个人偏好，这样做是为了让数字更容易处理。负数意味着特殊属性隔离出比正常更高的不良比率。

信息价值（IV），或特征的总强度，来源于信息论，[2]用公式进行测量就是：

$$\sum_{i=1}^{n}(正常分布_i - 不良分布_i)\ln(正常分布_i \div 不良分布_i)$$

注意，这个公式中正常分布和不良分布使用的是小数形式，例如 0.136 和 0.28。

---

[1]　I. J. Good, Probability and the Weighing of Evidence (London: Grin, 1950).

[2]　S. Kulback, Information Theory and Statistics (Hoboken, NJ: Wiley, 1959).

基于这个方法，关于 IV 的经验法则是：

■ 小于 0.02：通常不可预测

■ 0.02 至 0.1：弱

■ 0.1 至 0.3：中

■ 大于 0.3：强

应检查 IV 大于 0.5 的特征以确定是否过度预测——这些特征可以不用于建模过程，或以可控的方式使用。例如，稍后将在"初步评分卡"部分中描述。

IV 值是行业中广泛使用的度量标准，不同的从业者对于什么构成弱或强的特征有不同的经验法则。业内普遍采用的其他衡量标准包括基尼系数和卡方系数。在许多情况下，如果一个变量很弱，但是具有逻辑关系，并且从业务的角度来看是有用的，风险管理人员通常会将其包含在模型中。

在使用非分组特征开发评分卡的地方，用于评估预测能力的统计数据的方法包括 R^2 和卡方。这两种方法都使用拟合优度标准来评估特征。R^2 技术使用逐步选择的方法，该方法会拒绝不满足增量 R^2 增加截止值的特征。对于什么构成可接受的 R^2 值/截止值（从 0.1 到高于 0.67）有很多意见。卡方以类似的方式运作，最小典型截止值为 0.5。如果模型中保留了太多特征，则可以增加截止值。与使用分组变量的技术一样，此处的目标是为回归（或其他建模步骤）选择特征。

同样，重要的是要注意单变量筛选，无论是否使用分组，都不能解释输入特征值之间的部分关联和相互作用。当一个特征的影响在另一个特征的存在下发生变化时，就会发生部分关联。在这种情况下，考虑联合子集的多变量方法可能更可取。在任何情况下，做这个练习的目的都是一样的——选择一组强变量作为回归的输入值（或者其他适当的技术）。

一些建模软件提供选项，使用 R^2 和卡方对特征进行分组，并测试分类输入的交互作用。可以测试的双向互动的示例是"收入×居民身份""年龄×收入"等等。该方法超越了个体特征分析，并通过考虑特征之间的相互作用，可以产生更强大的结果。正如在细分中所讨论的，交互术语也是一种产生细分思路的方式。请注意，评分卡通常不使用交互术语，因为分组过程依赖于所建立的逻辑关系，而这在交互中并不总是可能的。但是，如果逻辑关系不是问题，那么信用评分中使用的交互术语就会增加价值。[①]

图表 10-4 是典型的 R^2 分析的例子，其中，从年龄到收入，R^2 值的增量作为特征添加到模型中。

图表 10-4　　　　　　　　　　模型特征

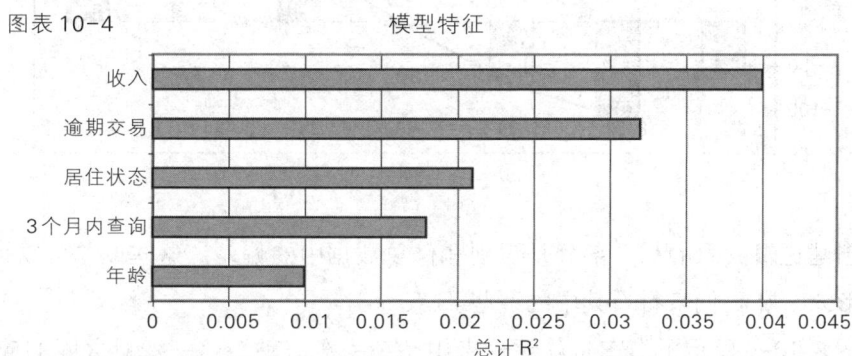

10.4.2　逻辑趋势

然而，以 WOE 和 IV 为单位的统计强度，并不是选择特征进行进一步分析的唯一因素，也不是指定它为强有力的预测因子。在分组评分卡中，属性强度也必须符合逻辑顺序，并具有可操作性。例如，图表 10-3 中的年龄属性权重的分布情况如图表 10-5 所示。

可以清楚地看到，除了"缺失值"之外，该特征中的其他分组与 WOE 具有线性关系；也就是说，它们表示年龄属性和不良比率之间的线性和逻辑关系。这证实了信贷和保险领域的业务经验，一般来说，年轻人往往比老年人的风险更高。通过分组建立这种逻辑（不一定是线性）关系是初始特征分析练习的目的。得出一个逻辑趋势的过程是一个反复实验的过程。在这个过程中，要在逻辑趋势的创建和保证有足够的 IV 值之间进行平衡。

---

① M. Rezac and J. Kovar, "Influence of Variable Interactions Versus Segmentation in Credit Scoring: A Case Study." Analytics 2012 Conference, 2012.

图表 10-5 年龄的逻辑WOE趋势

预测强度

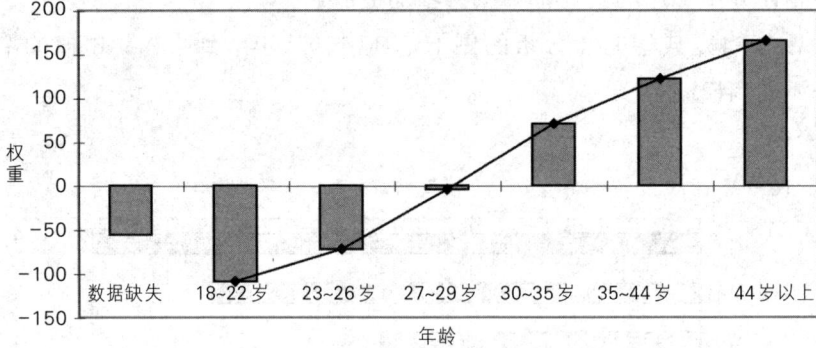

创建逻辑关系的另一部分是识别和修复数据中的偏差。这些偏差可以采取多种形式。让我们来看看其中的一些。

图表10-6显示了汽车贷款评分卡中"二手车车龄"这一变量之间的WOE关系。

图表 10-6 二手车车龄

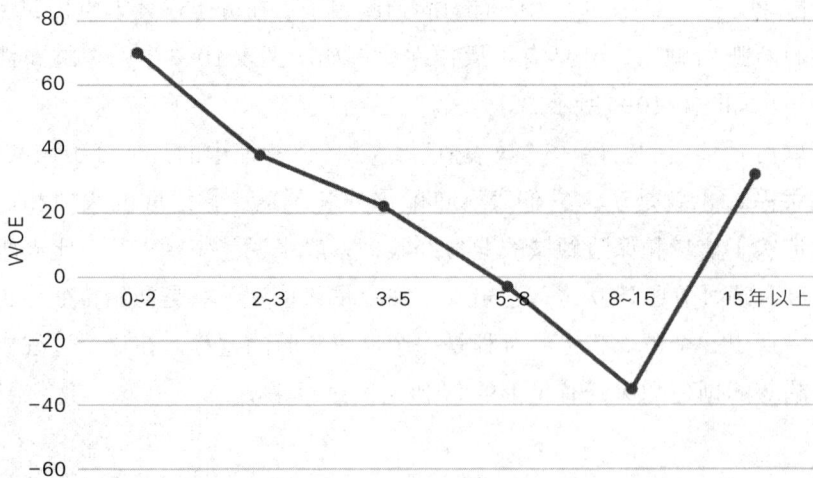

该图表显示了一种趋势，即借款人购买二手车的车龄越大，履约能力越差。这似乎是有道理的，除了最后一个数据桶，车龄已超过 15 年，购车的人履约状况好于预期。修复这种不合逻辑的关系，将取决于是什么导致了反转。有两种可能的解释：

■ "15 年以上"（15 年以上）中的数据存在偏差，因为该类别的申请人很少能获批。也许它们只是被涵盖在内，因为购买这种旧车的申请人的资信通常不会很高，银行选择性地批准了很少的人，所以履约状况良好。

■ "15 年以上"中的数据是正确的，代表购买昂贵老爷车的人。这些人往往更富有，他们可能更愿意偿还贷款。

根据不同的原因，我们可以选择为 "15 年以上" 人工修复 WOE，并在一个代表真正老爷车的数字（可能是 40 年或 40 年以上）上单独划分以重新分组，或保持原样。

银行数据在申请评分方面存在偏差的主要原因之一是贷款政策和基于覆盖率的审批。这就是为什么我们在前几章中建议，研究贷款政策并与审批人沟通交流。如果不知道此类政策，检测偏差的一个可行方法是计算每组的批准率。批准率越高，偏差越小；也就是说，100% 的批准率将代表完整的 "通过申请"的客群，而 1% 的批准率将代表高度偏差的样本。这可能有助于确定图表 10-6 中 WOE 反转的原因。如果 "15 年以上" 中的数据来自覆盖率，则批准率应该非常低。

另一种检测变量有偏差的方式是通过政策规则。我们看看另一个例子，债务偿还比率（图表 10-7）。

该图表显示了债务偿还比率（DSR）的 WOE 关系，DSR 通常定义为偿还债务占收入的百分比。例如，如果借款人每月收入 10 000 美元，而他们每月偿还 2 300 美元债务（抵押贷款 1 200 美元，汽车贷款 800 美元，信用卡 300 美元），那么他们的 DSR 将是 23%。请注意，在某些国家/地区，银行将增加其他重大支出的比例，并将之作为衡量主要固定支出占收入百分比的指标。这些支出包括电费/取暖费、汽车/家庭保险费、教育经费、医疗保险费等。

图表10-7显示了三个部分内容。我们可以看到，DSR从0~28%存在相当明显的线性趋势。在28%~40%之间，这种趋势仍然合乎逻辑，但梯度似乎已发生了变化。超过40%，就会发生逻辑逆转，因为经验和业务习惯表明，DSR越高，履约率就越低。图表中看到的这种趋势，是在了解信贷政策的基础上，经过深思熟虑的分组而形成的：

图表10-7 债务偿还比率的WOE

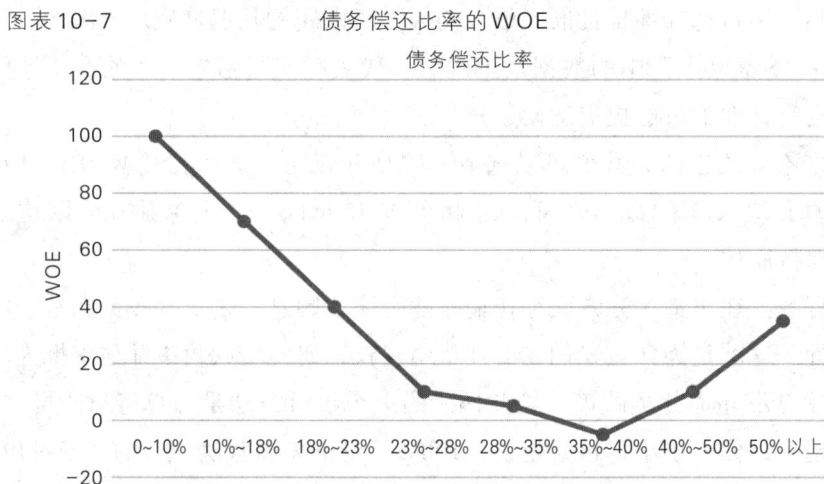

债务偿还比率

■ 银行遵循正常的贷款政策，DSR高达28%。该区域的履约基本上没有偏差。

■ DSR从28%~40%，由于风险较高，基于更高的征信机构评分、更严格的历史违约率和更高的收入水平，银行已经制定了额外的政策规则，此区域的履约受策略规则的影响。

■ DSR超过40%，信贷政策仅允许经验丰富的审批人进行人工审批。这是偏差最大的区域。

这个例子表明，了解信贷政策可以帮助隔离分组过程中的偏差。DSR和贷款价值比、历史违约率、就业经历和收入是政策规则中最常用的变量。如果评分卡开发者不知道前面提到的政策规则，这些偏差也可以通过DSR的批准率检测出来。

现在已经确定并隔离了有偏差的部分，那么如何修正这个趋势？我们无法保持现有的趋势，因为这将为高风险申请人分配不适当的更高分数（记住，这是申请评分卡，将对所有申请人进行评分，但所使用的数据仅限于批准的用途）。

有几种方法可以纠正这些偏差。其中一些可以通过明智地使用拒绝推断来修正，这将在稍后介绍。还有一种选择是人工更改WOE曲线，以反映"通过申请"的客群最可能的趋势。

图表10-8显示了两个例子，如何调整原来的WOE。

图表10-8　　　　　　　　债务偿还调整比率

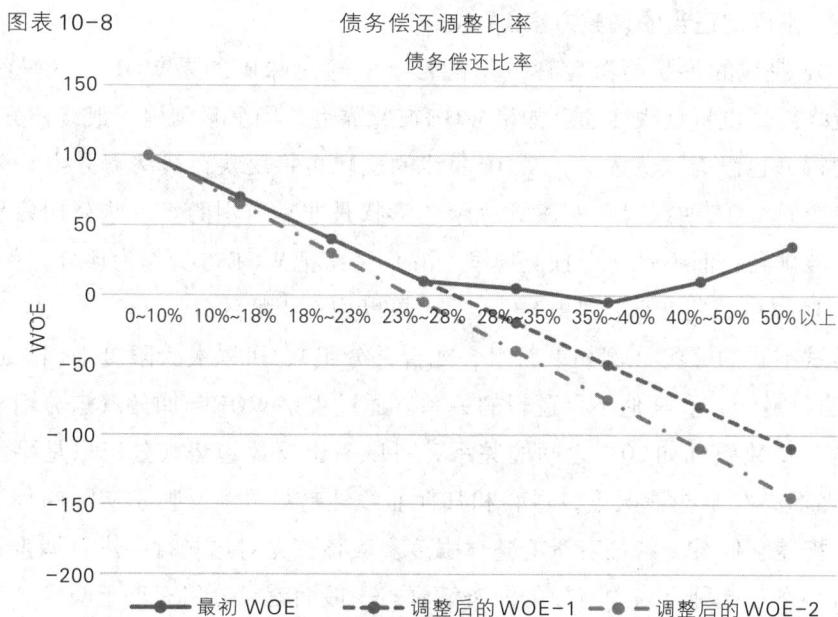

债务偿还比率

第一行，"调整后的WOE-1"，是基于图表中与正常贷款政策有关的部分推断。第二行，"调整后的WOE-2"，假设履约率较低。在这种情况下，我使用了正常贷款范围内的批准率来调整WOE。"调整后的WOE-1"是基于这样的假设，即 DSR 低于28%的绝大多数申请人都获得批准，因此他们的履约率代表了"通过申请"的客群。如果不是这种情况，可以使用"调整后的 WOE-2"，假设10%~28%的 DSR 的批准率处于中等范围，因此也存在偏差。这是基于判断，并获得总客群中最可能的履约率。

在这种情况下，寻找"最佳"或100%正确的答案是不可能的，除非我们向所有申请人提供贷款，并以更高的准确性找出最差客户的真实不良率。在没有这些数据的情况下，我们依赖于判断和推断。前面示例中的正确答案可能与建议调整的 WOE 线中的任何一条都不同。模型开发人员和风险管理人员需要一起工作，以建立切实可行的最佳答案。有时，风险经理会使用几个调整方案来开发评分卡，以查看最终的分数，然后根据满足业务需求和保守性的分数分布情况，来确定适当的调整方案。

WOE 曲线的形状将决定评分卡的形状。这意味着如果 WOE 曲线是线性的，最终得分也将是线性的。如果 WOE 彼此靠近，则一旦创建了最终评分卡，属性的得分也没有太大差异。WOE 曲线的反转也将反映在最终得分中。分组时，在查看 WOE 曲线时，观察评分卡的形状是非常有用的。一些公司只是在寻找风险排名，而不是一个预测模型，它们经常把 WOE 本身作为评分。例如，在图表10-3中，将 WOE 栏四舍五入后，可以用作年龄评分。

尝试不同的分组（例如重新组合或合并分组），可以最大限度地消除逆转（趋势自行逆转）和其他不合逻辑的关系。通过观察 WOE 与原始（未分组）属性和宽分位数组（如20）之间的关系，可以看出总体趋势（分组只是平滑曲线）。然而，在某些情况下，逆转和其他非线性趋势可能反映了实际的行为或数据，掩盖它们减少特征变量的整体强度。应该首先对这些行为进行调查，看看是否存在对这种行为的有效的业务解释。一般而言，分组有助于减少"过度拟合"，即对数据中的比数而不是预测的总体趋势进行建模。当出现有效的非线性关系时，如果可以使用经验或行业趋势进行解释，则应使用它们。同样，需要确认的是，正在为一个总体可解释的趋势或轮廓而不是异常数据进行建模，业务经验是最好的测试（方法）。例如，在北美，"使用率"（循环交易的余额/限额）相对于 WOE 具有独特的形状曲线，类似于二阶抛物线或二次贝塞尔曲线，如图表 10-9 所示的例子。

图表 10-9　　　　　　　WOE 使用率曲线图

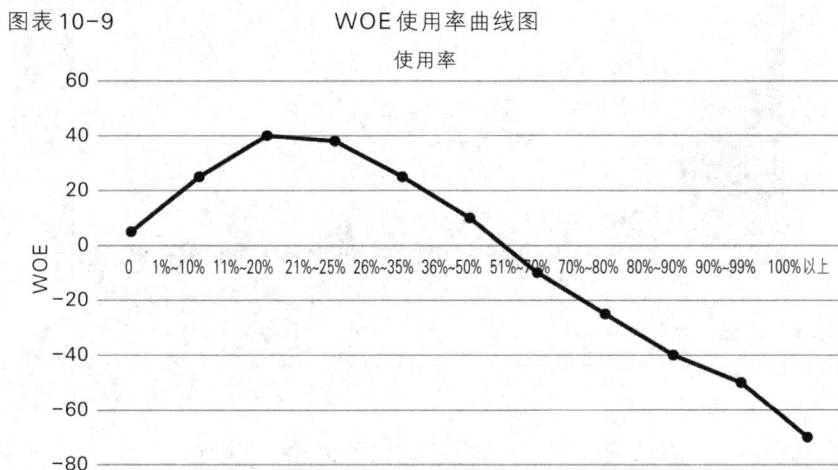

该图表显示，使用率很低的账户风险较高，当风险降低到一定程度时，风险又会随着使用率的增加而开始增加。这背后的原理是，那些零使用率的不活跃客户不使用信用卡。在履约窗口的某个时刻，如果他们开始使用它，可能意味着他们需要资金，因此风险增加。根据这一数据集，持卡人可控债务的理想使用率为 20%~25%。这些数字在其他国家可能不同，实际上，整个曲线可能都是这样。其他有效关系可以是"U"形/正态分布，只要这种关系可以解释，就应该继续使用这个曲线。

名义变量被分组以便将具有相似 WOE 的属性放在一起，并且与连续变量一样，最大化不同组之间的差异。

图表 10-10 显示了 WOE 关系的一个示例，这是 SAS Enterprise Miner 中交互式分组节点的截屏图。

我们将首先通过确定高原（plateaus）来对这个变量进行分组，也就是说，通常情况下，几个组的 WOE 是平缓的。这可以在第 7 至 10 组、第 13 至 20 组和第 26 至 30 组中看到，这表明这些组的履约/风险水平是相同的。由于它们内部

图表 10-10 　　　　　　　　　　　WOE 示例

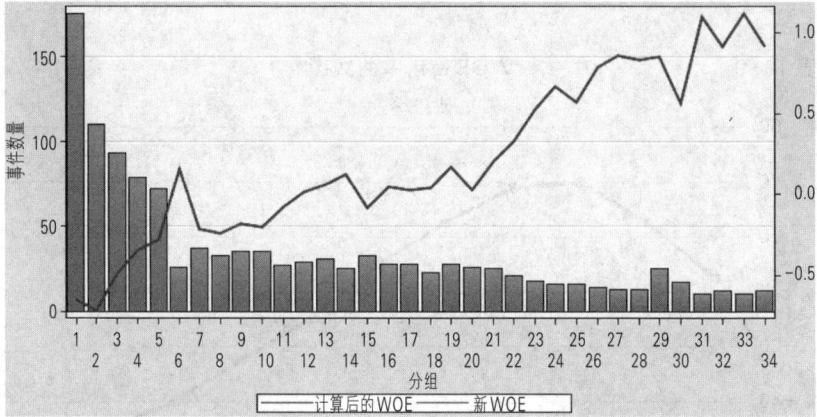

计算后的WOE ——— 新WOE

的履约是同质的，因此可以将它们合并以减少组数。例如，一旦建立了评分卡，第 7 至 10 组中，所有申请人将获得相同的分数。然后，我们分析主要的反转，并将这些非逻辑的分组分配到它们之前或之后的组中，从而使此变量具有连续线性。注意，这并不排除对偏差的调整，正如前面讨论的那样。

很显然，当这个过程由不熟悉业务的人完成时，就可能会被滥用，这再次强调了与其他项目团队成员协作的必要性。与业务人员沟通交流以了解信贷管理、相关业务的价值，也应该更清楚地告诉读者。例如，不熟悉策略规则的人可能只是创建线性趋势，从而掩盖实际存在的偏差行为。通常，这会给高风险客户分配比他们应得的更高的分数。

每个特征的组数可以不同。只要 WOE 不是太接近，而且趋势是合乎逻辑的，通常情况下，更多的分组会产生更细分的评分卡。例如，有三个 LTV 的分组可能不足以充分区分变量中的不同风险水平。少量的（大）分组也可能隐藏着影响风险的客群数量变化。在这种情况下，虽然得分会保持稳定，但客群的实际风险会发生变化。对于像 LTV 这样的连续变量，根据数据集的大小，我通常使用 6~10 个组。希望分布更接近未分组的分析师，有时会为每个 LTV 值创建单独的组。然而，由于数据异常值，趋势可能会出现反转，需要根据逻辑分数进行单独平滑。组数也高度依赖于所使用的数据集的大小——拥有的数据越多，可以创建的组越多，每组的规模就越小。要注意的是，一般情况下，分组只使用整数，不使用小数点。使用小数点会导致数量庞大的数据。

图表10-11说明了一个不合逻辑的趋势。在这个特定的数据集中，这个特征很弱，并且在年龄和正常/不良履约之间没有逻辑关系。

图表10-11

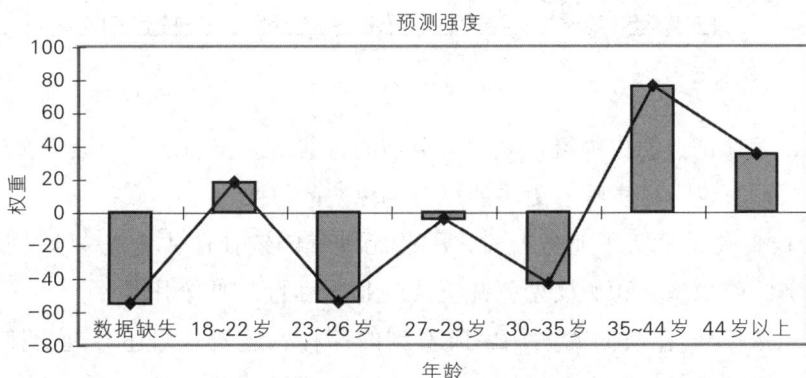

预测强度

图表10-12显示了两种WOE关系，两者都是合乎逻辑的。然而，陡峭的直线（方形标记）代表了年龄和履约之间更强的预测关系。这将反映在其IV中。

初始特征分析涉及通过对超过最小IV标准的属性进行分组来创建业务逻辑关系。逻辑不是相关性或统计强度的函数，而是因果关系的函数，并且取决于用户能否解释这些关系。另一种纯粹的统计方法涉及建立仅仅最大化IV或其他度量值的关系，无论这些度量值是否分组。

基于业务的方法要好些，原因包括以下几个：

■ 逻辑关系确保回归后的最终权重和分数有意义。这还可以确保在分配属性以生成评分卡时，这些分数是合乎逻辑的（例如，年长的人总是比年轻的人得分高）。

■ 逻辑关系确保从内部终端用户（例如，风险经理、模型验证者和审批人）那里获得支持。当用评分卡确认总体经验时，逻辑关系对评分卡以及随后

图表 10-12　　　　　　　　　　逻辑趋势和强度

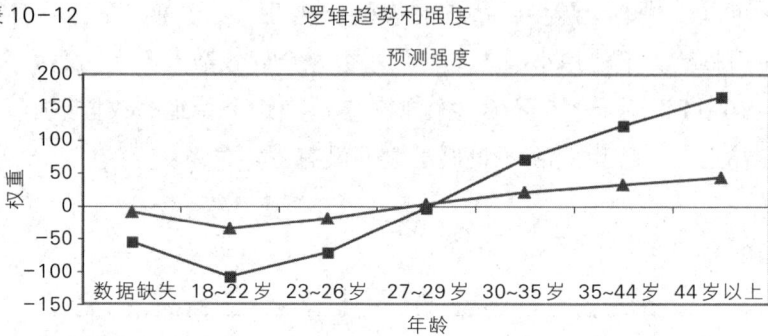

的决策，尤其是自动化决策，赋予了更高的置信度。特别是对于第一次建立评分卡的公司来说，这意味着更少的反对和更快的接受。

■ 逻辑关系证实了业务经验，因此比纯粹的统计评估更进一步。这允许使用业务经验来增强预测模型，并使其对业务目的更加有用。

■ 正如我们在前面的案例中所看到的那样，逻辑分组还会过滤掉偏差，使评分卡更具相关性和准确性。

■ 最重要的是，通过按照逻辑方式对关系进行分组来归纳关系，可以减少过度拟合。不需要再通过为未分组的属性赋予无限的权重来为数据中的每个异常值建模。现在正在对风险进行排序并对趋势进行建模，因此评分卡现在可以应用于具有一定弹性的新客群（能够承受客群中的一些变化），并且保持较长时间的稳定。这里有一个合理的担忧是过度归纳，即使客群的变化决定了其他因素变化，该模型似乎也会起作用。解决这个问题的办法是确保有足够的独立的分组来捕捉每个变量中所有不同程度的风险，构建一个基础广泛的风险概况模型，而不是一个特征数量有限的模型。这也是为什么用小数据集构建的评分卡往往不太稳健的原因。长期申请将信用风险评分卡的开发与营销模型区分开来，后者通常是为特定的活动而构建的，然后被丢弃。因此，我们不能承担模型异常的代价。

■ 创建逻辑分组的结果意味着创建了一个全面的风险排序机制，不仅要区分风险的最高和最低水平，还要区分中等水平的风险。

虽然最好的变量是那些强大且合乎逻辑的变量，但在许多情况下，风险管理者也会选择相对较弱但合乎逻辑的变量。在这种情况下，虽然分数分布不会像较强变量分数那样相差那么大，但仍然要进行风险排序。

10.4.3　业务/经营考虑

我们已经从统计和业务逻辑角度对属性分组度量进行了讨论。第三个考虑因素是业务或经营上的相关性。

对于分类——也是名义——变量，例如邮政编码或生活方式代码，自动分组通常根据相似的权重进行，并且总是根据计算的 WOE 产生一个逻辑趋势（把具有相似权重的属性组合在一起）。这些自动分组必须进行逻辑分析。

分组应基于业务逻辑，例如地区、城市/乡村、同类职位、奢侈品与便宜品牌、语音/短信与数据用户、购买的类似产品、国家品牌与商店品牌，以及其他此类考虑因素。例如，如果要构建一个评分卡来预测抵押贷款的违约情况，则应通过类似的房地产市场对邮政编码进行分组。我成功地根据人口规模和平均房价，对城市进行排序，然后分组。与借款人相关的风险取决于房地产市场，而房地产市场在大城市地区和农村地区往往不同。例如，在加拿大，将安大略省或不列颠哥伦比亚省划分为省或地区可能没有意义，因为整个省的住房市场并不统一。将多伦多、蒙特利尔和温哥华以及两个省份的农村地区聚集在一起，更有意义。

在分类变量中建立逻辑比我们之前看到的连续变量要困难一些。一般而言，分类结果中的偏差和不合逻辑是由两个主要问题造成的。

首先，基于地区、产品、住房状况的政策规定，以及在某些情况下，出于非常重要的、筛选的原因，某些人的就业情况将导致其履约率比应有的表现更好。这些与前面讨论的 DSR 示例相似，是"负"偏差，在数据中被认为风险更高的人往往看起来更好。

其次，在分类分组（将相似的 WOE 放在一起的算法）中，正偏差（申请人被认为是正常的但在数据中看起来像不良的）最常见的原因是数据少。例如，一个特定的豪华汽车品牌可能因为负的 WOE 而被归为几个低端品牌，或者一个高收入职业被归为低收入职业。当面对这样的情况时，首先要做的是检查每个类别，以确保它有足够的数据。如果该类别中的数据足够大，那么这个看似不合逻辑的结果的原因就需要调查了。也许那些购买奢侈品牌的人收入低，或者他们的长期资产比一般人多。同样，该公司的产品或定价可能吸引了陷入财务困境的高收入者。通常，不管怎样，这种情况是由于数据少引起的。这应该通过分析正常、不良的数据来确认。可能只有5个人购买了一辆特别豪华的轿车，其中3个人碰巧拖欠了贷款。这并不意味着在一般客群中，购买该品牌的人中有60%是不良申请人。解决这种问题的办法通常是把这一类别转移到拥有类似奢侈品牌的另一个类别。由于该属性的数量较低，WOE、IV、Gini（基尼系数）等不会受到影响。但是，从逻辑和业务角度来看，这会有很大的不同。

与政策规则相冲突也是有意义的，因为它们几乎总是偏差的来源。例如，如果公司政策要求LTV为90%及以上的贷款申请需要人工审批，那么应该在90%处有中断。以这种方式分组的好处是，将评分卡上的政策规则造成的扭曲最小化，因为受政策规则影响的人现在多少有些孤立。我们在上一节中介绍了这样一个例子。这样的分组还可以检验传统智慧和以前的政策——例如，看看42%的规则在当时是否有意义，或者它是否更适合于更高的偿债比率，以最大化歧视风险。

分组流程是交互式和人工密集型的，因为需要输入大量用户数据才能获得有用的结果。这就是为什么我们在前一章中列出了一些特征，而不是从成千上万个特征开始。要解释和创建WOE关系之外的逻辑，就要求模型构建者理解每个变量，它的意思是什么，它是如何派生的，以及为什么对风险管理是有用的。例如，DSR用于确定承担更多债务或用户的能力。它再次强调了我们为什么在前面的章节中选择特征进行分析的一些原因。

在这个阶段的最后，我们可以得到：

■ 识别并分组所有强变量和首选变量。

■ 筛选出很弱且不合逻辑的变量（保留一些比较弱但合乎逻辑的变量）。

■ 通过与风险/政策管理者的互动而建立的WOE关系是合乎逻辑的。最好的方法是与风险管理人员以及模型验证人员一起检查变量。在某些情况下，风险经理会请求改变分组，选择使用比较弱但合乎逻辑的变量，或者出于其他原因选择删除变量。这些都应记录在案。请注意，在此阶段可以咨询营销/业务人员，由他们解释现象，但他们不应对任何变量拥有最终发言权，也无权否决这些变量。

■ 更好地理解数据——除了识别与目标具有强烈统计相关性的变量之外，我们现在也了解了它们之间的关系。我们识别出高风险/低风险客户的类型、行为改变的地方，以及数据偏差的程度。

■ 为所有已分组的变量获取每个属性的 WOE。这些 WOE 将用于下一节要构建的回归模型。

10.5　初始评分卡

■ 初始特征分析确定了最终模型应考虑的一组强特征，并将其转换为分组变量格式。在初始评分卡阶段，可以使用各种预测建模技术来选择能够联合提供最具预测能力的一系列特征。该行业中使用的一些技术包括逻辑推论、判别分析、偏最小二乘、决策树、Cox 比例风险和神经网络等。还有一些即将出现的方法，比如机器学习——更具吸引力的方法。然而，对于信用风险模型和评分卡，大多数银行使用的是逻辑回归和决策树。出于开发评分卡的目的，我们将使用逻辑回归。

■ 总的来说，这一阶段产生的最终评分卡包含 8~15 个特征。虽然在拥有大量数据的大银行中，我见过包含 18~30 个特征的评分卡。这样做是为了确保包括所有合理变量的全面风险状况，以及更稳定的评分卡，即使一两个特征的概况发生变化，其预测能力也会很强。评分卡的特征太少，通常无法经受住时间的考验，因为它们很容易受到申请人资料细微变化的影响。

■ 无论使用何种建模技术，这一过程都应该产生一个由特征的最佳组合产成的评分卡，同时考虑其他问题。例如：

- 特征之间的相关性。
- 评分卡的最终统计强度。

- 业务意识。

- 遵守当地法律法规。

- 从业务角度解释特征的因果关系——能够用简单的业务语言解释为什么变量很强，并且应该放在模型中。

- 从技术角度看可实现性。

- 监管和内部验证要求方法具有透明度。

10.5.1　风险概况概念

在开发评分卡时，可以通过各种"优化"目标——实现统计措施、效率（使用最少的变量）等的最大化。在业务术语中，评分卡应该被开发来模仿一个经验丰富、有效的审批人或风险分析师的思维过程。一个优秀的审批人绝不会只从申请表或账户历史中看四五件事情就草率做出决定。他或她更有可能做的是查看几个关键指标，以形成项目的风险概况。那么，为什么决策制定评分卡应该只包括四个或五个特征呢？

本节描述的评分卡开发过程的目标是全面了解客户的风险概况。这种基础广泛的方法不仅使评分卡更具预测性和稳定性，而且最大限度地被企业用户接受和支持。对于首次使用评分卡的银行和其他公司来说，这一点尤为重要。经验丰富的贷款人，以及这些地方的管理层，对模型往往持有怀疑的态度。为了赢得他们的信任，重要的是要让他们知道，评分卡不仅仅是一些神秘的统计工具，它们完全基于银行过去用来放贷的信息。不同之处在于，我们将使用更强大的分析方法以获得信息。前面部分描述的分组过程也有助于获得支持。此外，包含更多的变量还可以使评分卡更稳定，更不易受某个特定领域变化的影响。这样的风险概况应该包括那些代表尽可能多的独立和可解释的数据类型的特征。

风险概况应与练习的目的/目标相关。用于对整个风险状况进行评级和定价的预测60天逾期的申请评分卡，与用于欺诈检测的评分卡有一套完全不同的变量，后者只对极少数账户采取行动。一个是用于隔离最差的2%~3%的情况，而另一个用于区分整个得分范围。两种情况下所需的洛伦兹（Lorenz）曲线将完全不同。正如经验丰富的风险建模师所知，模型的行为，通过 Lorenz 曲线或Kolmogorov-Smirnov（KS）图表观察，可以通过有选择地使用某些变量来控制。例如，诸如长期资产价值比率（LTV）和其他比率等连续数据并不能隔离最低的几个百分点；相反，它们有助于识别所有风险阴影区域的连续值（这也是它们在一般违约模型中非常有用的原因）。然而，像"曾经违约90天"或"过去12个月曾经破产"这样的变量只会隔离极少数具有如此极端违约的例子——比如最低0.5%，而对其他99.5%没有任何帮助。仅有一个这样的变量的模型将具有较大的分离度，并产生较高的KS，但对于申请人评分不会非常有用。正确的评分卡将包含几种类型的变量——这取决于我们希望它做什么。这就是为什么单独查看统计数据不足以建立正确的评分卡。我们需要建立正确的评分卡，将适当的变量组合起来，实现我们的业务目标。

例如，评分卡针对申请信用卡的申请人应该包括一些人口统计数据，如年龄、居住状况、常住区域、居住时间和工作时间；征信机构的一些特征表示交易期间。例如，最早交易的年龄、查询（包括近期和长期查询的比率）、交易（交易类型、利用率、最高限额、无抵押交易占总交易的比率）、履约还款（30天、60天或90天内未付款的次数；逾期付款时间；还款时间；未付款余额）、财务信息和公共记录；偿债能力的一些衡量指标，如毛偿债能力或总偿债能力；现有客户相关的内部履约数据。抵押贷款或汽车贷款等有担保产品的评分卡还应包括按揭成数（LTV）、住房类型、房产是否用于投资或业主自住、汽车类型、品牌、二手车行驶里程和车龄，以及汽车是新车还是旧车。信用卡的行为评分卡通常包含客户使用期限；支付历史，包括长期和当前平均值的比率；购买历史；使用信用卡的地点类别；逾期历史，包括发生时间；使用历史；零售公司购买产品的类型等信息。在信用卡使用不普遍的国家，以及在抵押贷款和汽车贷款行为评分卡上，我使用了来自客户储蓄和支票账户上的信息。这些变量包括存取款之间的平均差额、平均余额及其历史记录、自动取款机的平均取款额、借记卡的使用情况、当前和历史上的借记卡平均交易额以及持有的银行其他产品。这些变量都有助于识别陷入财务困境的客户，比如余额下降、借记卡和信用卡交易金额下降以及ATM平均提款金额下降。传统上，只使用贷款使用情况或征信机构数据的银行往往会错过识别高净值客户的机会，这些客户可能没有贷款，但有大量存款。这部分人可能用现金买车或买房，但为了方便起见需要使用信用卡，由于信用卡支付信息少，这部分人往往得分较低。因此，将储蓄、支票和投资账户信息合并到评分卡中，可以更好地了解这些客户和其他低风险客户。同样的概念也适用于中小企业和企业风险模型，其中应该使用代表所有主要信息类别的变量。关键是，我们希望创建一个评分卡，它具有尽可能多的客户特征，以便能够更好地做出决策。附录 A 提供了用于评分卡的常用变量列表，以供参考。

风险概况概念还有助于使评分卡后续的监测更具相关性。大多数风险分析师会每月生成诸如"系统稳定性"或"客户稳定性"之类的报告，以评估评分卡对当前申请人或账户客群的有效性。这些报告能有效地衡量客群的变化，这种变化是由评分卡上的特征所决定的。基础广泛的风险概况评分卡，将更切合实际地捕捉客群的实际变化，而不是像有限变量评分卡那样，人为地表明其变化或稳定性。

从理论上讲，根据风险概况创建评分卡与其他预测建模工作没有什么不同——只是找出最终特征集的方法不同。前面几章中提到的大多数技术都可以而且需要加以操作，以涵盖前面几段中讨论的问题，因为在没有干预的情况下运行建模算法不太可能产生风险概况。本节的其余部分将讨论逻辑回归技术中用于构建此类风险概况评分卡的方法。

10.5.2　逻辑回归

逻辑回归是大多数金融行业用于开发申请评分卡的常用技术，其中预测变量是二元的。如果预测的变量是连续的，例如建模的违约损失率（LGD），则使用线性回归。本节的其余部分将讨论使用多元逻辑回归来预测二元变量结果（正常/不良）。

与大多数其他预测建模方法一样，逻辑回归模型使用一组预测特征值来预测特定结果（目标）的可能性（或概率）。事件发生概率的 Logit 转换公式如下：

$$\text{Logit}(p_i) = \beta_0 + \beta_1 x_1 + \cdots + \beta_k x_k$$

其中，$p=$ "事件"的后验概率，给定输入值；

x=输入变量；

β_0=回归线的截距；

β_k=参数。

Logit 转换公式是比例的对数，即 log（p［事件］$/p$［非事件］），用于后验概率线性化，并将模型中估计概率的结果限制在 0 和 1 之间。最大似然法用于估计参数 β_1 到 β_k。这些参数估计量，度量了输入变量的一个单位变化的 logit 变化率（根据其他输入值进行调整）；也就是说，它们实际上是目标变量与它们各自的输入变量 x_1 到 x_k 之间的回归线的斜率。这些参数取决于输入值的单位（例如，与收入相比的百分比数字），并且需要标准化以便于分析。这可以使用几种方法完成，包括使用标准化估计。另一种方法是完全绕过输入值，不对输入值执行回归，而是针对前一步中创建的每个分组的 WOE 执行回归。

回归需要有一个目标和一系列输入值。这些输入值可以有各种形式。最常见的方法是将原始输入数据用于数值变量，并为分类数据创建虚拟变量。然后在分析中使用标准化估计来抵消输入变量单位的影响。然而，当需要开发分组的变量评分卡时，这种方法是无关紧要的。

在开发分组变量评分卡的情况下，输入值可以是数值变量的组平均值的形式，例如每个组的平均年龄，或一些加权平均值，或同类别组的虚拟变量。将虚拟变量用于分类变量有一个缺点——它假设从一个分类变量组到下一个分类变量组的差异是相同的。处理分组变量的更好方法是使用每个分组的 WOE 作为输入值。这不仅解决了不同输入单位的问题，而且还考虑了从一个组到下一个组之间关系的确切趋势和规模。也有助于开发的评分卡每个特征保持完整。此外，如果分组正确，这也将确保在评分卡分组期间为每个组分配的分数是合乎逻辑的。

换句话说，WOE 变量允许模型考虑预测关系中的非线性。例如，10% 和 20% 的 LTV 之间的差异将不等于 70% 和 80% 的 LTV 之间的差异，二者不同。如前所述，在回归中按 WOE 对变量进行分组及使用，使业务用户能够有效地将变量与目标的逻辑关系插入评分卡系数中，而连续变量的单一系数可能会失去一些预测能力。

与使用虚拟变量相比，WOE评分卡的自由度更小。虚拟变量有时也会导致分数反转和其他不合逻辑的关系，特别是存在共线性的情况下。WOE分组评分卡将始终产生完全由WOE曲线的形状决定的分数。在保持关系的同时，基于WOE的评分卡随后应用一个缩放参数来处理与其他评分卡存在交叉特征的内容。

然而，当我们回归到特征层次时，WOE变量在处理这一层次的交叉问题时效率低下。这可能会导致"重复计算"，给予更优秀客户的积分可能超过他们应得的积分。这个问题可以通过对受影响的属性使用负的虚拟变量来解决。然而，必须谨慎对待这种方法，因为它可能会引起监管机构和内部审计的问题。

可以使用所有可用的选项运行回归问题，以找出可能的最佳模型。这通常被称为"所有可能的"回归技术，是计算密集型的，特别是如果有许多独立的输入特征时。更常用的是三种类型的逐步回归模型技术：

■ 正向选择。首先根据每个特征的个体预测能力选择最佳的一个特征模型，然后对该模型进一步添加特征，逐步创建最好的两个、三个、四个等特征模型，直到没有其他特征的p值小于某一显著水平（如0.5），或单变量卡方/最小歧视信息统计量超过一个确定水平。这种方法是有效的，但如果特征太多或相关性太高，效果则可能减弱。但是，可以根据业务用途修改此方法，我们将在下一节中进行介绍。

■ 逆向淘汰。与正向选择相反，该方法从模型中的所有特征开始，然后根据模型中的其他特征，有序地消除被认为是最不重要的特征，直到所有其他特征的p值都低于一个重要水平（如0.1）或基于其他一些多变量重要性进行度量。这种方法允许重要性较低的变量有较多的机会进入模型，远远超过正向选择或逐步方法这两种类型。在这两种类型当中，一个或两个强大的变量就可以控制模型。

■ 逐步方法。这是前两种技术的组合，包括在每个步骤中的评分卡中，动态地添加和删除特征，直到达到最佳组合。用户可以设置需要添加到模型或保留在模型中的最小p值（或卡方）。

10.5.3　设计评分卡

虽然可以通过将所有特征放入回归模型并生成统计上最优的结果来构建评分卡，但是该方法可能不会产生操作上理想的结果。评分卡开发人员通常会依赖一些统计指标，如 p 值、基尼系数、卡方、R^2 等，以及其他指标来确定结果的质量。然而，在开发评分卡时需要考虑一些业务目标。

第一个目标是选择最佳特征集并构建最全面的风险概况。本章前面讨论了创建风险概况的概念。在理想情况下，应使用尽可能多的独立数据项构建风险概况。例如，人口统计、时间相关数据、财务数据、征信机构查询、交易、付款模式等。开发过程应解决标准建模问题，如相关性和线性，以及其他影响模型本身可靠性的因素。

开发的评分卡必须与公司的决策支持架构保持一致。如果模型是唯一的审核者，则创建全面风险概况的需求更为紧迫。如果模型被用作决策支持工具，那么要包含在评分卡中的特征必须与使用的其他措施一致，而不是抵制它们。例如，应尽量减少政策规则中通常包含的破产、总 DSR、以前的违约行为等特征。

图表 10-13 显示了申请评分卡有关综合风险概况的特征。请注意，它包含表示来自内部和外部的各种信息类型的特征。将过去 12 个月和 3 个月的查询比例纳入其中，以衡量短期和长期的信贷需求情况。这两种特征也可以被单独列入。"破产"和"公共记录"不包括在评分卡中，因为它们被用于政策规则，自动拒绝申请人。使用"居住时间"而不是"近期居住时间"，因为居住时间或持续居住时间比近期居住时间更能说明风险，特别是在劳动力流动性强的城市地区。过去 12 个月的查询次数与同期进行的交易次数之比是衡量申请人能否获得贷款审批的一个指标。我曾经采访过一位风险评审人员，称这是申请人的"平均击球率"。同样的概念也适用于任何建立评分卡以促进业务决策的情况。例如，评估小型企业信誉的评分卡应包括以下要素：

■ 财务实力。

■ 流动性（账户余额、现金/资产、速动比率、流动比率）。

■ 负债（债务收入比）。

图表 10-13　　　　　　　　　　风险概况评分卡示例

- 年龄
- 居民身份
- 邮政编码
- 居住时间
- 行业/职业就业时间
- 3/12个月的查询
- 过去12个月查询/开户
- 周转交易/总交易
- 过去3/12个月开始交易
- 利用时间
- 上次未付款的时间
- 过去12个月逾期30天的次数
- 总偿债比率
- 贷款价值比

■ 盈利能力（平均利润率、行业代码、平均利润）。

■ 信用记录（以前的银行贷款还款记录、与零售申请人类似的个人征信机构特征、业务机构数据、还本付息）。

■ 稳定性（作为所有者的时间、在同类企业的多年经验、拥有的同类企业数量、管理质量、增加市场份额的能力、收入趋势、员工的平均任期、地址变更、离职率）。

■ 地理/市场影响（网上平均评级（前面已注明需要注意的事项）、宏观经济指标、行业破产率）。

这种评分卡通常不是自动回归算法的结果。那么我们如何获得这样的评分卡？

我们来设计一个。

评分卡开发人员有几种方法来影响模型的最终形状。其中包括强制性特征，即从一开始就将被认为具有操作必要性或"必须具有"的特征强制纳入评分卡，并运用回归方法，以最大限度地增加某些特征进入最终模型的机会。

实现这一点的一种方法是在步骤中考虑进入模型的特征，在每个步骤中要考虑的特征由分析人员单独指定。这与逐步回归没有什么不同，只是变量是基于用户输入而不是算法本身进入模型的。这样做是为了确保更多的变量有机会进入评分卡。正如我们所知，对违约的逐步回归算法，首先选择最强的变量，然后根据强度排序。该算法旨在提高效率并生成简约模型。虽然这在某些环境中是合适的，但对于拥有大量数据集和强大计算机的银行而言，它可能无关紧要。如前所述，我们正在寻求开发一个业务优化模型，并且我们有能力分析非常大的数据集。

图表10-14显示了在每个级别使用多变量执行此类交互式回归的例子。

图表 10-14	定义回归的每个步骤的特征

步骤1：年龄，居住时间，从事本行业时间，银行信用记录，在征信机构的最早交易

步骤2：地区，邮政编码，住房状况，职业类型，行业代码

步骤3：银行所有信贷产品的总余额，产品数量，过去12个月的支票账户平均余额，上个月的ATM平均提款额/过去12个月的平均提款额

步骤4：最近3个月的查询记录，最近9个月的查询记录，3个月查询/12个月的查询记录，最近3个月开户/最近24个月的开户记录

步骤5：最近30天在征信机构的违约时间，3个月的逾期交易占交易总额的比率，当前交易，周转交易/总交易，最近24个月在银行的最长逾期，最近一次银行逾期付款的时间

步骤6：利用率，贷款价值比，偿债率，汽车/收入价格，最大信用额度，最近6个月/最近24个月平均最大利用率

使用这种技术，回归程序首先使用逐步、正向或逆向逻辑回归从同一步骤中选择特征（尽管大多数银行界人士倾向于使用逐步回归）。通过最低标准的特征（例如，基于某些显著性水平的参数估计的 p 值）首先被添加到评分卡中（或者在逆向回归的情况下首先被移除）。通常，相关变量（基于相关练习或可能使用 PROC VARCLUS 的结果）被置于同一步骤中。这种想法是在一个级别上用变量表示每种信息类型，并开始作计划回归，以便在评分卡的末尾至少有一个来自每种信息类型的变量。在示例中，年龄、居住时间、从事本行业时

间、银行信用记录和在征信机构的最早交易（代表时间相关信息）将在第一次迭代中用于逻辑回归，并考虑到相关性。假设"在征信机构的最早交易"具有最强的预测能力——这将成为进入该模型的第一个变量。

在同一级别的第二次迭代中，该算法将考虑已经通过"在征信机构的最早交易"建模的预测性，来考虑剩下的四个特征。如果其中一个或所有其他的特征为评分卡增加了足够的预测能力，则添加这些特征。当不能向模型中添加或删除更多的特征时，回归就会停止。

在步骤1中输入的模型所有特征都将进入步骤2的模型中。在这一步的回归中，除了模型中已有的步骤1的特征，还要考虑地区、邮政编码、住房状况、职业类型、行业代码等因素。同样，在此步骤中，将使用诸如 p 值和显著性水平等度量方法来确定模型。

然后在每个后续步骤执行类似的分析，直到产生最终评分卡。在之前的步骤中输入模型的特征将在后续步骤中自动嵌入模型。实际上，步骤6将使用更多变量，图表10-14中的变量仅仅是一个案例。

有经验的用户可以控制这一过程，以最大限度地提高最终获得风险概况评分卡的机会。相对较弱和"首选"的特征可以放在前面的步骤中，以最大限度地增加它们加入模型的机会，并最大限度地扩大某些变量的影响，方法是先放入这些变量，然后让其他变量增加各自的预测能力。

更强的特征放置在最后，并且可能不会进入评分卡，因为它们的预测内容可能已经由一个或几个其他标准建模。使用几个较弱的标准来模拟一个高标准的行为是为了稳定，而不失去任何预测力（例如，五个特征每个增加200点的评分卡优于两个特征每个增加500点的评分卡）。该模型将同样有效，但基础更为广泛——与创建风险概况的想法相对应。

在相同的步骤（例如，年龄、工作时间、居住时间或过去3/6/12个月的查询）中设置相似的标准，以便进一步考虑特征之间的相关性，并将相关特征中的最佳特征列入评分卡。相关比率也应与分子和分母的同类信息放在同一步骤中。另外，在每个步骤中单独考虑不同的独立信息类型，最大限度地提高了每个信息类型中至少有一个变量进入最终评分卡的机会。同样，关键是最大化各种特征的机会，代表不同类型的信息进入最终模型。

在迭代过程中，使用不同步骤和不同显著性级别的各种特征组合，重复进行回归，以获得最高评分卡强度。可以将特征移动到更靠后或靠前的步骤，以为评分卡产生不同的组合。通过这种方式，可以生成许多评分卡，每个评分卡都有不同的变量组合。然后使用业务标准、混合特征和强度统计措施来评估这些评分卡。

一种实用的方法是在逐步回归中使用模型排序选项。有两种方法可以使用，即一元回归和多元回归。

10.5.3.1 一元回归

根据信息类型和强度，执行一元回归运行，按特征顺序排列。

图表10-15提供了示例。

图表10-15　　　　　　　　　　一元回归的输入

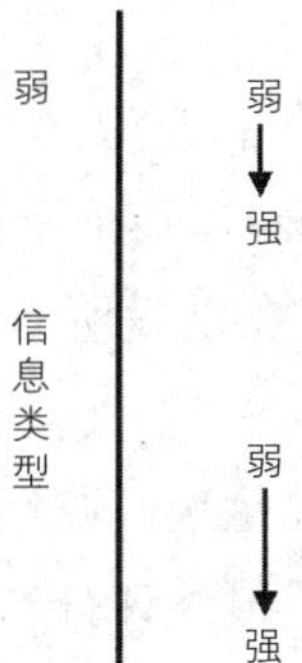

特征	IV
时间 1	0.02
时间 2	0.04
时间 3	0.06
人口统计 1	0.09
人口统计 2	0.12
人口统计 3	0.2
查询 1	0.15
查询 2	0.18
查询 3	0.19
查询 4	0.26
财务 1	0.25
财务 2	0.34

（弱→强的信息类型排序：弱、弱、强）

将总体较弱的信息类型放在最前面（例如，基于平均IV或基尼系数），将较强的信息类型放在最后面。在每种信息类型中，特征可以从最弱到最强排序。如果强度可变，也可以使用IV或其他措施来完成每个特征的这种排序。图表10-15中的示例显示了基于整体IV从最弱到最强的特征类型排序。在每种特征类型中，例如基于"时间"或"查询"，基于每种信息类型内的IV进行进一步的排序。也就是说，回归将考虑每个特征的顺序。这是起点，应在随后的回归运行中调整序列，直到获得期望的结果。例如，如果没有查询变量输入评分卡，我们可能希望在较高位置再次运行该变量的回归，因为一个良好的平衡信用评分卡应该具有解决信用饥荒的措施。

另一种对一元回归的特征进行排序的方法是，不管信息类型如何，将它们从最低到最高的强度按照递增顺序排列。使用不同的变量顺序，用不同的变量来表示相同的信息类型，例如，用年龄变量构建一个评分卡和用居住时间变量构建另一个评分卡，将会产生不同的模型，然后进行比较。通过这种方式，我们可以使用不同的变量组合，为同一目的构建多个不同的评分卡。

10.5.3.2 多元回归

使用这种方法，将重复回归步骤本身，在每个步骤只考虑每种不同的信息类型。这种方法的一个例子，使用信息类型作为不同级别的基础，参见图表 10-14。执行多元回归的其他方法是设置与变量和信息类型的强度相对应的级别：

■ 在初始回归步骤中首先考虑总体较弱的信息类型。

■ 在每个回归中，特征按照从最弱到最强排序（如一元回归）。

■ 在以前的步骤中输入评分卡的特征，将在以后所有步骤中直接嵌入评分卡，并按照上一节中的说明重复该过程。

前面提到只有两种方法来启动交互回归。在每次回归运行结束时，模型开发人员和风险管理人员等关键利益相关者将讨论最终评分卡的组成。根据每次运行的结果，有经验的建模师和风险经理，有时会改变下次运行的顺序或为了业务目的替换变量。毋庸置疑，除了本节中讨论的业务因素外，也应该考虑构建模型过程中所有常见的统计问题。包括查看 Wald 卡方、估计值的符号和 p 值（如果有人倾向于这样做）等。

在 SAS 中，例如图表 10-15 中所示的有序回归，可以使用 "SEQUENTIAL=" 选项在 PROC LOGISTIC 中执行，根据这一选项，输入到模型中的顺序将遵循 "MODEL y=" 语句中指定的任何顺序。"INCLUDE" 选项可用于保留在评分卡中的强制特征。例如，首选的是逻辑性较强但能力可能较弱的特征，而

"START ="选项使用指定的前 n 个变量（不按任何特定顺序）启动逐步回归，但这些变量可在以后的步骤中删除。[1]

可以在 SAS Enterprise Miner 中使用评分卡或回归节点中的"模型排序"选项，对指定的序列执行这样的回归。[2]

同样，与分组过程一样，这种评分卡开发方法非常适合风险管理者和模型开发人员，他们希望引入业务意识，形成一个强有力的统计过程，从而产生更好的结果。但由于其灵活性，也容易被滥用。了解统计组成部分、评分卡的目的以及正在使用的数据，将减少滥用的可能性。注意，这些问题在前一章中就进行了强调——我们现在开始看到，与审批人等沟通交流和人工选择特征的实际影响。在最终评分卡生成之前，应该尝试使用几种不同的组合来理解数据动态。

这个过程将统计建模（即回归）与从业务角度考虑相结合，"设计"一个强大而稳定的评分卡，其中包含来自不同来源的特征，并代表不同的独立信息类型，共同形成一个风险概况（例如，人口统计、查询、以往履约情况、交易）。这正是有经验的贷方做出决策的方式。请注意，回归是使用从初始特征分析中选择的最强特征集进行的，并且已经消除了所有非常弱的标准。在选择评分卡的最终组成时，遵循所有的显著性测试，但这并不是包含的唯一标准。所生成的评分卡具有可测量的强度（例如，拟合统计数据）和影响。

最重要的是，它是一个有用的业务工具，可以放心地使用，风险经理和其他决策者使用它来制定风险调整策略。

一旦获得列入在评分卡中的特征列表，就可以将这些特征作为一个群体进行再次回归，以获得最终的回归参数。对于需要构建的每一个细分的评分卡，都要遵循类似的过程。通常，为每个细分构建多个使用不同特征组合的评分卡，并根据战略目标进行评估，以确定最终的选择。"权力"较低的评分卡可能比"权力"较高的评分卡在战略目标方面（例如，更高的利润）有更好的表

现，因此，以这种方式比较几个评分卡，而不是仅仅依靠统计措施，是一种有价值的做法。评分卡的选择标准和验证将在随后的部分中介绍。此阶段的成果是几个不同的评分卡，包括一系列特征和各自的回归参数。

10.6 拒绝推断

到目前为止所有的模型开发分析都是基于已知的履约状况。这些通常被称为"已知正常/不良"或"仅接受"样本。申请评分卡是为了预测所有申请人的行为而开发的，如果使用仅基于之前批准的账户的模型可能是不准确的，因为开发样本不能代表我所使用的评分卡的客群（"样本偏差"）。如果以前的接受/拒绝决策是系统做出的（即基于使用模型或判断的标准是深思熟虑的结果），而不是随机的，则接受总体是一个有偏差的样本。这就需要一种方法来解释未知的情况。请注意，如果正在开发行为评分卡，则不需要此阶段；如果用于建模的数据是无偏差的，或者如果在开始建模过程之前所有偏差都已得到修复，也不需要此阶段。

拒绝推断是一个过程，通过分析先前被拒绝申请的履约以预测他们的行为（分配履约等级）。就像客群中有一些不良申请被批准的一样，有一些正常申请也会被拒绝。这个过程通过为100%的批准率重新创建客群履约模型（即获得"客群概率"），从而使评分卡的开发过程具有相关性。

图表10-16显示了正在做的工作。左侧显示具有已知履约情况的数据集。为了开发一个适用于所有申请者的评分卡，我们需要回答这个问题，从而生成一个代表所有申请者的样本，分为正常或不良。

10.6.1 拒绝推断的原因

执行拒绝推断的第一个原因是相关性——忽视拒绝推断将产生不适用于总申请客群的评分卡。样本偏差的问题已经被提到了。

拒绝推断还可以将过去决策的影响纳入评分卡开发过程中并进行修复。这在人工或政策性强的承保环境中尤其如此，因为承保方/审核员存在明显的偏见。我们在有关分组的部分中介绍了其中的一些偏差，以及如何人工修复它们。

图表10-16　　　　　　　　　　　　拒绝推断

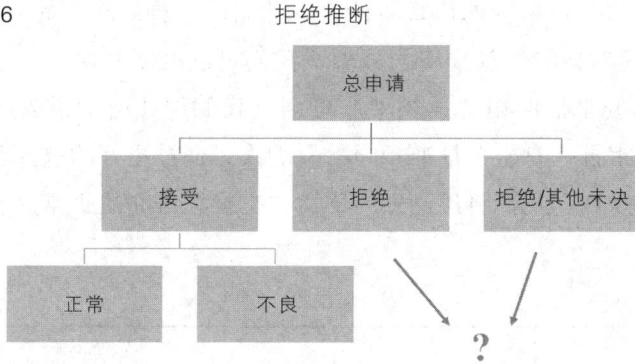

例如，考虑这样一种情况，即10 000个信用申请人中有1 000个有严重的逾期行为。审批人员拒绝940名申请人，接受其中的60人。随后的履约情况显示，60名被接受的申请人中的大多数都表现良好，并被归类为"正常"，这并不奇怪，因为他们是经过"精心挑选的"申请人。如果现在只使用已知的正常和不良开发评分卡，它将会告诉我们，那些有严重违约的人有非常好的信用风险。拒绝推断可以通过将挑选的例子被接受的可能性纳入其正常/不良的履约中，从而中和这种挑选的扭曲效应，甚至是政策规则。再次注意，这可以在数据分组阶段进行人工处理。我们会在这一章介绍其他方法。

　　从决策角度来看，拒绝推断可以为所有申请人（即评分卡是为这些人开发的）提供准确和实际的预期履约预测。例如，假设一家银行传统上批准了所有使用其现有评分卡得分200分及以上的申请人。银行觉得自己过于保守，希望现在也批准那些得分在170至200分之间的人。如果银行过去从未批准过这类申请人，它如何知道降低截止值所带来的增量风险水平？拒绝推断，通过允许根据之前被拒绝申请人的得分来估计不良的比率，来帮助银行做出这个决定。

　　通过识别"交换集"，它还为更好的未来履约表现创造了机会。交换集是已知不良与推断正常的交换，如图表10-17所示。推断正常是指那些先前被拒绝，但使用拒绝推断已经被确定为潜在正常的。在拒绝推断过程中，我们将检查并重新评估那些被拒绝的信贷申请人，然后问这样一个问题："如果他们被批准了呢？"根据新的信息或新的分析，我们可以推断其中一些是正常的。这些是我们将来要批准的申请人类型。再加上我们现在所知道的已知不良的减少，将使信贷审批人有机会批准相同数量的人，通过更好的选择获得更好的履约表现；也就是说，我们将用已知的不良"交换"推断的正常。

图表 10-17　　　　　　　　　　　　　　交换集

		旧评分卡	
		批准	拒绝
新评分卡	批准	已知正常	推断正常
	拒绝	已知不良	推断不良

　　图表 10-18 显示了交换集的一个例子。我们可以看到现有的批准率是70%，并且根据图表的左侧，批准的客群不良率是10%。一旦拒绝推断完成，我们就会发现拒绝推断的不良率为50%，我们将3 000个拒绝分为1 500个正常的和1 500个不良的。根据拒绝推断方法，我们将执行分组和回归练习，或重复它，使用10 000个申请人的完整数据集。在建立了新的模型之后，我们将设定新的截止值，以使预期的批准率达到70%。然而，由于更好地分离正常和不良，导致高于截止值的正常集中度更高，低于截止值的不良更多，我们将带来大约300个先前拒绝的正常，高于截止值。相反，之前批准的300个不良现在将低于截止值。结果是，尽管我们仍将批准7 000名申请人，但我们将批准更好的7 000名申请人。对于同样70%的批准率，新的不良率将是5.7%（400/7000）。

　　更好、更明智的决策强调了这样一个事实，即拒绝推断不仅仅是一种遵守统计原则的行为——而且具有重要的业务相关性的行为。

图表 10-18 交换集如何实现更好的履约表现

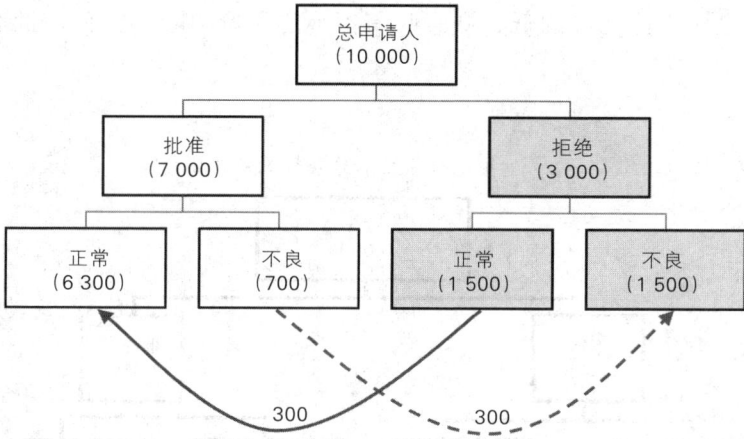

10.6.1.1 理解拒绝推断

前面的例子提到拒绝推断不良率为50%。我们怎么知道这是准确的答案呢？答案是——我们不知道。我们将在后面的部分，介绍一个简单的方法，来估计这个数字可能是多少。我们意识到，除了批准所有申请人并了解他们的履约状况之外，没有绝对准确的方法知道被拒绝的人会如何履约。重要的是接受拒绝推断涉及预测未知事物的事实，并且总是会带来一定程度的不确定性。通过使用更好的技术和明智的选择，可以降低不确定性的程度。用户必须理解拒绝推断有助于更好地做出决策，但它不是，也可能永远不会是100%准确（除了批准所有拒绝）。因此，对这个过程持怀疑态度是正常的，并理解它是什么，更重要的是，它不是什么。

在本章中，我们将讨论几种不同的方法来执行拒绝推断。我们将在了解所有注意事项后讨论如何合理使用它。

具有已知和推断的正常和不良的总体，称为"所有正常和不良"的数据集，用于最终评分卡生成。样本拒绝推断后被重构，如图表10-19所示。根据我们之前假设的70.5%的实际批准率和12.4%的实际客群不良率，推断样本显示100%批准率的总体不良率为17.9%。请注意，推断客群的不良率约为31%

（914/2 950）。这是一个相关性检查，以确保正确完成拒绝推断。如果推断出的总体不良比率比已知的低，则意味着拒绝的质量实际上比公司批准的质量更好。

图表10-19　　　　　　　　　拒绝推断后的分解样本

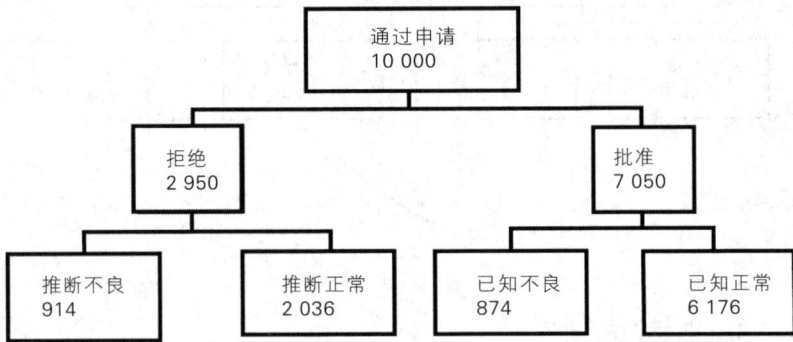

10.6.1.2　何时应该使用拒绝推断

拒绝推断在评分卡开发过程中的影响和重要性取决于申请接受率和先前信用授予标准的置信水平。非常高的置信度，加上高批准率（允许假设"所有拒绝=不良"）或非常低的置信水平（假定接近随机审批）减少了拒绝推断的必要性。在次级贷款中，即使是中等批准率，如果审批中的置信度很高，也可以允许假设"所有拒绝=不良"。

在批准率高和相应的不良率也高的环境中，拒绝推断也不那么重要，因为批准的客群与申请人客群相当接近，可以安全地代表"通过申请"的客群。同样的情况也适用于随机做出决定或使用不准确的审批工具的环境。在高批准率和很低不良率的情况下——也就是说，意味着一个相当严格的审批过程——也可以放心地假设所有被拒绝的都是不良。拒绝推断在这里也不会产生重大影响。

在具有低或中等批准率和低不良率的环境中，拒绝推断有助于通过风险调整策略识别增加市场份额的机会。在这种情况下，如果贷款人认为有足够多的资信良好的申请人被拒绝（"应该拿到却没有拿到这些人的钱"），拒绝推断将帮助他们识别这些申请人。在审批过程存在置信度的情况下，拒绝推断也会产生重大影响，但人们也相信通过更好的选择可以降低不良率。最后，如前所述，拒绝推断技术有助于在人工审批环境中修复固有的样本偏差。

10.6.2　拒绝推断技术

行业中使用各种技术来执行拒绝推断。能否使用适当的技术取决于若干因素，包括完全拒绝数据的可用性、拒绝征信机构数据的可用性、偏差类型、监管限制、公司模型验证部门的指令或偏好以及其他此类问题。在理想情况下，对未知履约情况的推断应该用新数据（例如，来自征信机构的数据）——但是，在有些情况下这是不可能的。我们将在下面讨论几种方法。

10.6.2.1　将所有拒绝分配给不良

唯一可以接受的情况是批准率非常高，例如97%，并且对审批过程有很高的置信度。在这种情况下，应该有信心假设所有被拒绝的都是不良的。在其他情况下，这种方法可能并不令人满意，因为我们知道，根据通过征信机构档案收集到的竞争性信息，以及发行人多年来进行的随机重定义研究，被拒绝的大部分都是正常的。这个基准批准比率，取决于申请人的风险高低程度。例如，在次级抵押贷款投资组合中，大多数申请人一开始就有严重的逾期违约率，这个比率可能就是70%。

10.6.2.2　按照正常占不良的相同比率给批准的申请人分配拒绝选项

要使此方法有效，必须假设当前选择系统中没有绝对的一致性，这意味着这些决策到目前为止是随机进行的。

10.6.2.3　人工调整WOE

这涉及仅在接受的申请人中建立最终评分卡。但是，由于认识到数据有偏差，因此在WOE曲线中进行调整以反映无偏差的履约率。初始特征分析部分详细讨论了这种方法，并要求深入了解贷款政策和影响已批准客群的其他因素。此方法不需要外部数据源，可以在没有征信机构或没有拒绝数据的国家/地区使用。

10.6.2.4　批准所有申请

这是找出拒绝账户的实际（与推断相反）履约的唯一方法。它包括在特定时间段内批准所有申请。这样可以收集真正"通过申请"的客群及其履约的样本。在理想情况下，批准的申请应代表所有分数范围，以免低估或高估拒绝的不良率。虽然这种方法可能是最科学和最简单的，但批准已知风险很高的申请人的想法可能令人望而却步（这种方法也因此被称为"购买数据"）。但是，没有必要在很长一段时间内批准每个申请人。考虑这样一个事实，评分卡开发至少需要 2 000 个不良。如果其中 500 个是低于截止值，并且低于截止值的不良率估计为 25%，则需要批准 2 000 个低于截止值的申请人。收集这些数据的方法包括：

■ 在特定时期内批准所有申请人，比如说一周或两周；足以产生 500 个预计不良的样本。

■ 批准所有超过截止值以上的申请，但只批准随机选择的截止值以下的申请。例如，每 5 名申请人中就有 1 人在一个月内获得了批准。同样，只需要生成一个包含 500 个不良的样本。这种方法，使用随机批准低于截止值的申请，是一些国家唯一的选择，因为选择性批准低于截止值的申请可能违反贷款规定。

■ 批准所有低于截止值 10 或 20 个百分点的申请，并对其余申请进行随机抽样，以便在决策区（即可能做出截止值决策的地方）获得更好的申请样本。

在数据很大的环境中，建议在几个月内收集此类申请，以尽量减少季节性变化。在此过程中，降低损失的另一种策略是向低于截止值的人提供较低的贷款/信贷额度。这确实会引起偏差，但可能有必要获得管理层支持。

几家银行已经使用这种方法，并且通常用于信用卡组合。一种好的做法是估计由于给予低于截止值的申请人信贷而导致的额外收入和损失，然后估算交换集（或使用更好的评分卡）带来的较低损失和较高收入。综合这些因素，便可计算这项工作的投资回报率，从而使决策更容易。对于较大的投资组合，即使是小的掉期组合也会对收益产生重大影响。

10.6.2.5 基于内部或征信机构数据的类似方法

这是除批准所有申请人外推断拒绝履约的最佳方法。它使用其他贷方的实际履约数据，或同一家银行的履约数据来衡量类似产品。它优于其他涉及统计推断的技术，因为这是基于其他的外部数据，因此比仅仅使用相同的有偏差数据或判断进行推断所带来的价值更大。

假设一些人在 2015 年 1 月申请汽车贷款，他们被银行拒绝了。申请人最有可能采取的下一步行动是，在另一家银行或其他金融机构碰碰运气。这正是我们所期待的行为。

这种方法包括使用这些申请人在公司的内部履约数据：他们申请一种产品被拒绝，但被批准使用同一债权人的其他类似产品；或使用征信用机构的履约数据：一名债权人拒绝了申请人对一种产品的申请，但其他的债权人批准了同一申请人对类似产品的申请。

例如，一家银行可以获得一份申请人名单，这些申请人被拒绝获得同一家银行的无担保信贷额度（透支安排），但通过了申请信用卡（也是无担保循环产品）的审核。同样，信用卡发卡机构可以获得一份申请人名单，这些申请人被其拒绝，但却获得了其他信用卡公司的批准。然后可以通过征信机构报告或月度履约档案，监测这些账户在其他信用卡公司或内部类似产品的账户的逾期履约情况。其他产品或公司的履约被视为被拒绝的申请人在最初被批准时的履约。因此，如果被您拒绝的客户在其他地方获得了汽车贷款，并且在履约窗口内未达到不良状态，那么他们就是一个好的客户。

这种方法近似计算了实际履约的情况，是一个很好的选择，但存有一定障碍和注意事项。首先，监管限制或隐私法可能会阻止债权人获得被拒绝申请人在征信机构的记录（在某些司法管辖区内存在时间限制）。在其他情况下，这也许是可能的，但是被批量删除了识别信息。然而，如果被拒绝的申请人是一家多产品银行的现有客户，这也许是可行的，但无论如何，该银行都会定期获取其在征信机构的记录。同样，征信机构记录的使用受到司法管辖的严格监管，这可能无法获得。被拒绝的申请人可能在其他地方根据不同的条件或价格获得贷款，或者可能提交了更高的首付款。这将影响他们的履约率，而且条件不会与拒绝他的银行给其等金额贷款完全相同。我们必须意识到，虽然这是一个很好的近似工具，但并不准确。

所选择的申请人还必须在类似的时间范围内（即被拒绝后不久）获得类似的信用。一般来说，风险管理人员使用了一到两个月的时间窗口来完成这项工作；也就是说，一旦被拒绝，申请人有一到两个月的时间在其他地方获得类似的产品。如果他们没有这样做，就会被认为在其他地方遭到拒绝，或者他们选择放弃；因此，这些申请人会自动获得"不良"评级。此外，通过分析已知正常和不良而选择的不良定义，必须使用不同的数据来源用于这些账户——这可能不容易做到，特别是如果征信机构无法计算累计的逾期违约次数。此外，申请人在一家机构或一家机构申请某种产品被拒绝，也有可能在其他地方被拒绝，从而减少了未来"正常"的潜在样本规模。

10.6.2.6 历史判断决策环境中的扩展法（软截止）

该方法旨在匹配具有相似特征的人，并计算此过程分配的拒绝申请人。扩展背后的想法是，在给定分数时被拒绝的人与在给定分数时被批准的人的行为基本相同。该方法包括首先构建一个接受/拒绝评分系统，该系统显示当前授信制度的不一致性。在每个分数间隔内，统计接受和拒绝的申请人数量。扩展因子定义为（A+R）/A，其中 A=区间内的接受次数，R=区间内的拒绝次数。用于扩展的计算机算法是：

- ■ 设置
- 定义分数间隔的数量。
- 计算所有分数间隔的扩展因子。
- ■ 循环
- 选择一个接受的样本分数。
- 对问题样本的分数进行评分。
- 检索该分数间隔的扩展因子（来自"设置"步骤2）。
- 为有问题的样本分数识别履约类别。
- 根据履约类别（从步骤6开始）计算样本分数为 n 个正常或不良
- 是否已检查过所有的接受？（如果否，返回第3步；如果是——过程结束）。

在申请扩展因子后，可以计算扩展正常（AG）和扩展不良（AB）的数量，并且总体比例（AG/AB）必然是接受总体比例（G/B）和拒绝总体比例［（AG-G）/（AB-B）］的凸组合。接受总体比例与拒绝总体比例的典型比值为1.5：4.0。在一个假设的例子中，假设有10 000名申请人通过申请。进一步假设，通常有3 500个拒绝和6 500个接受，由300个不良和6 200个正常组成，并且在扩展之后有扩展正常（AG）9 400个和扩展不良（AB）600个。这意味着在3 500个拒绝中，有300个不良和3 200个正常，我们可以计算如下的比例：

总体比例：9 400：600 = 15.7：1，接受总体比例：6 200：300 = 20.7：1

拒绝总体比例：3 200：300 =10.7：1

在这个假设的情况下，接受客群的质量是拒绝客群的两倍。结果是此扩展将允许评分卡开发者将一些已接受的不良交换为部分可接受的正常。

10.6.2.7 简单扩展法

此方法也称为"硬截止"，包括以下步骤：

第1步：使用已知正常和不良建立模型（请注意，此部分已在以前章节中完成）。

第2步：评分拒绝使用这个模型，并建立它们的预期不良率，或p（不良）。

第3步：设置一个预期的不良率级别，所有高于该级别的账户被视为"不良"；所有低于这个水平的申请人被视为"正常"。一个正常的和一致的选择分数是您今天愿意批准的质量最差的申请人的预期边际不良率，并考虑到安全因素。例如，如果当前截止值的不良率为12%，您可能需要使用6%~8%进行此推断。这意味着任何落入预期不良率超过6%~8%的分数桶中的拒绝将被归类为不良。

第4步：将推断的正常和不良添加到已知的正常/不良中，并重新建模。

这种方法很简单但有一些缺点。拒绝进行正常和不良的分类可以是任意的，即使可以使用具有不同截止值的迭代和简单的经验规则来进行完整性检查（例如，拒绝总体的不良率应该是接受的2~4倍）。这里已知的正常/不良评分卡必须是强的、无偏差的，因为它是唯一用于进行确定性规则分配归类（as-sign class）的工具。那些使用这种方法的人倾向于在分组阶段花费一些时间，从数据中删除所有已知的偏差，这样对拒绝进行评分时，结果就没有偏差。但该方法没有考虑拒绝被批准的可能性，因此拒绝以 1：1 的比例被纳入已知的正常/不良评分卡中。下一种方法试图弥补这个特殊的缺陷。

10.6.2.8　扩展法 2[①]

该方法通过评估批准概率（即包括在已知客群中的概率）来调整已知正常/不良模型的权重。分两步完成：

第 1 步：构建接受/拒绝模型以获得每个申请人的接受或拒绝概率。

第 2 步：仅使用已知正常和不良（即接受），建立一个正常/不良的模型，使用先前建立的接受/拒绝权重调整客群分布。这样做是为了使新的申请人权重与接受概率成反比，以便对申请人进行权衡，更准确地代表总客群。

该方法认识到需要使用 p（批准）来调整偏差，并且优于简单扩展法。我们在关于分组的部分中简要地讨论了这个主题——偏差反映在批准率上。稍后在模糊扩展法中解释使用拒绝客群的类似技术。

10.6.2.9　征信机构评分迁移

这种方法可能用于有征信机构评分规则的银行来拒绝信贷的情况。例如，政策规则规定征信机构评分低于 400 分的所有申请人都被拒绝。然后银行通过履约窗口（例如，接下来的 24 个月）来监控申请人的征信机构评分。它还设置了更高的审批基准，其中正常的可能性非常高——在这种情况下，例如机构的评分为 550 分。如果在接下来的两年中，被拒绝的申请人的分数上升到 550 分以上，那么它们就是正常。

10.6.2.10　分段扩展法（Parceling）

这种方法类似于简单扩展法，但不是将所有在某个分数上的拒绝分类为正

---

① G. G. Chandler and J. Y. Coffman,"Using Credit Scoring to Improve the Quality of Consumer Receivables：Legal and Statistical Implications."Paper presented at the Financial Management Association meetings,Seattle,Washington,1977.

常或不良，而是将它们与该分数的预期不良率成比例地分配。在征信机构信用数据缺乏的国家/地区，以及在购买征信机构数据中拒绝不符合成本效益的投资组合规模较小的国家/地区，这是风险管理人员普遍采用的方法。

此方法包括以下步骤：

第1步：构建已知的正常/不良模型并对拒绝进行评分。

第2步：根据已知正常/不良模型的预期不良率将拒绝分配到正常和不良中，亦即按比例分类。

第3步：合并数据集并重建模型。

图表10-20解释了一个样本。

图表10-20　　　　　　　　用分段扩展法进行拒绝推断

分数	不良	正常	不良%	正常%	拒绝	拒绝不良	拒绝正常
0~169分	290	1 028	22.0	78.0	3 778	831	2 947
170~179分	268	1 221	18.0	82.0	2 514	453	2 061
180~189分	198	1 452	12.0	88.0	5 587	670	4 917
190~199分	241	2 437	9.0	91.0	6 539	589	5 950
200~209分	852	9 798	8.0	92.0	3 952	316	3 636
210~219分	698	13 262	5.0	95.0	2 400	120	2 280
220~229分	321	7 704	4.0	96.0	1 598	64	1 534
230~239分	277	13 573	2.0	98.0	2 166	43	2 123
240~249分	140	17 360	0.8	99.2	1 248	10	1 238
250分以上	94	18 706	0.5	99.5	799	4	795

表中的前四列是"已知正常/不良"样本的分数，使用我们在上一节中构建的已知正常/不良评分卡。该信息可以从已知正常/不良模型的增益图表中获得。数据表明，200分是前一个评分卡的截止值，而这个新评分卡在分离正常和不良时与已知正常/不良评分卡大致相似。另请注意，分数低于200分的有相对较低的不良率。这些可能是过去的重定义，因此显示出选择偏差。

"拒绝"列表示由已知的正常/不良评分卡评分得到的拒绝分布。最后两列表示将评分的拒绝随机分配到"正常"和"不良"中。

例如，如果在得分范围200~209中有3 952个拒绝，并且预期不良率为8%，那么316个拒绝将被指定为"不良"，剩余的3 636将被指定为"正常"。在每个分数段分配等级是随机的。

这里的主要问题是，虽然预期的不良率来自批准的样本，但我们在拒绝上应用了相同的数字。从业务角度看，由于拒绝例子中正常和不良的比例不能与批准的例子相比（拒绝应该更糟），保守的做法是将较高比例的被拒绝申请人分配为不良。因此，我们需要计算一个因子来计算不良率。根据我的经验，我在这里看到的因素包括拒绝的不良率是批准的2~10倍。但是我们怎么知道被拒绝的有多糟糕呢？

获得良好估计的一种方法是按分数绘制已批准账户的不良率，如图表10-21所示。

图表 10-21　　　　　　　已知不良率的推断

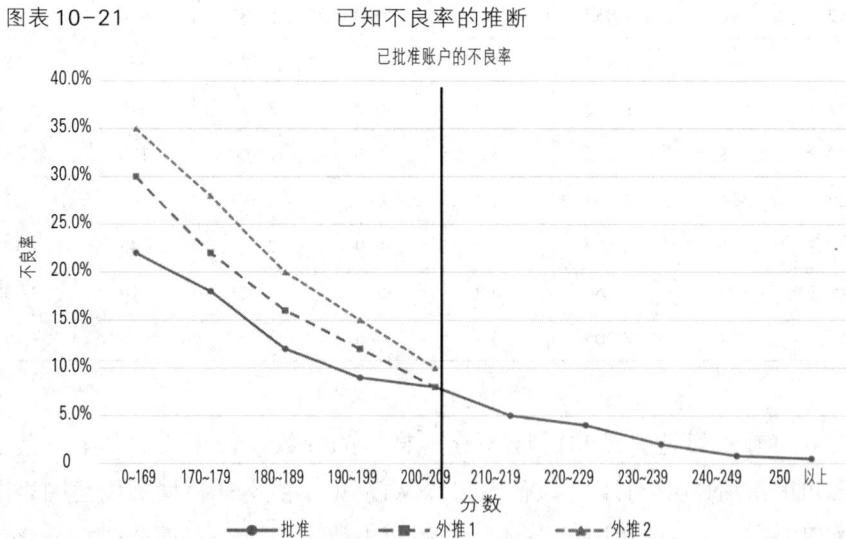

中间的垂直实线表示当前截止值，即200。我们可以看到批准的客群在截

止值之上和之下的不良率。需要再次关注的是，截止值以下账户的不良率低于应有的水平。为了得到低于截止值的不良率，我们可以通过几种方式将截止值以上的曲线外推到下面的区域。"外推1"和"外推2"代表两种方法。"外推1"假设截止值以上的不良率是没有偏差的，因此试图在不良率和评分之间建立通常的对数关系（取决于"分数翻倍比例"的因素）。"外推2"是一个更保守的估计，并且假设由于上限重定义，上述截止值的曲线也有偏差。虽然没有明确的100%正确推断率，但我们可以尝试这些方法中的任何一种来获得广泛的估计。

这里可以使用迭代方法和经验法则。该因素可以依赖于以前模型中的批准率、置信度、重定义率和旧评分卡提供的分离。例如，如果这个因素是5，那么对于200~209分的评分，我们将把40%（而不是8%）被拒绝的申请人分配给"不良"。风险管理人员以不同的方式运用这一因素：

■ 在所有分数范围内统一应用。

■ 在较低分数范围内应用较高因子（更加保守），在中间分数范围内应用精确因子，在较高分数范围内应用较低因子。在上面的例子中，我们可以将因子10应用于低于180分的申请人，将因子8应用于得分在200~230分之间的申请人，将因子4应用于得分高于230分的申请人。风险管理者和评分卡开发人员可以调整这些数字直到他们获得所需的总体不良率。

这种方法实现起来相当快速和简单，并且能够调整因子来乘以不良比率，使其具有灵活性。风险管理人员可以运用业务判断和保守主义来得出令他们感到满意的数字。与简单的扩展一样，这里已知的正常/不良评分卡必须是好的，因为它是唯一用于进行确定性规则分配归类的工具。此外，需要调整分配（例如，基于保守的方法），以便不低估拒绝的不良率。

10.6.2.11 模糊扩展法[①]

该方法结合了两个步骤，即比例分类，以及基于批准概率推断数据集的调

[①] B. Anderson, S. Haller, and N. Siddiqi, "Reject Inference Techniques Implemented in Credit Scoring for SAS® Enterprise Miner™." Proceedings of the SAS Global Forum 2009 (Cary, NC: SAS Institute Inc., 2009).

整。完整过程是先进行分类，然后使用以下步骤进行扩展：

第1步：分类。

■ 使用已知的正常/不良模型对拒绝进行评分。

■ 根据预期的不良率确定每个拒绝的p值（正常或不良）。

■ 将每个拒绝分配为部分正常和部分不良（即从每个拒绝中创建两个加权样本）。

■ 用p（正常）加权被拒绝的正常，用p（不良）加权被拒绝的不良。与分段扩展法一样，根据前一节中讨论的因素，作为保守措施，每个评分的拒绝可以被指定为更高的p（预期不良）。

第2步：扩展。

■ 将拒绝与接受相结合，调整批准率p（批准）。

■ 例如，从拒绝=p（正常）×权重中的"正常"频率，其中"权重"是拒绝包括在扩展数据集中的概率。

扩展步骤的额外权重是在一对一的基础上合并接受和推断拒绝，这意味着它们都有相同的机会出现在数据集中。

这种方法不仅包括拒绝不良的可能性，还包括首先被接受的可能性。这是一种更好的方法，因为它为最终样本中的拒绝分配了一些重要的度量。此外，使用部分分类比使用任意度量的方法更好。

10.6.2.12　迭代重新分类[①]

这种方法包括首先构建一个已知的正常/不良模型，基于p（不良）进行确定性规则分配归类（如在简单扩展中），合并拒绝与接受，并重复该过程直到达到某些收敛。

步骤如下：

第1步：构建一个已知的正常/不良评分卡。

---

① G. J. McLachlan, "Iterative Reclassification Procedure for Constructing an Asymptotically Optimal Rule of Allocation in Discriminant Analysis," Journal of American Statistical Association 70 (1975): 365-369.

第2步：根据最低预期不良率或选择 p（不良）的拒绝得分值并分配归类。如前所述，应根据一些保守策略设定截止值。

第3步：合并推断拒绝和接受，并重建评分卡。

第4步：重新进行拒绝评分并重新分配归类，然后组合并重建评分卡。

第5步：重复此过程，直到参数估计（和 p（不良））收敛。

请注意，修改此方法的一种方法是使用部分正常/不良分类，而不是基于任意 p（不良）进行分类。

收敛性可以通过对每个得分组或每次运行使用参数估计值或 p（不良）来测量，也可以通过使用对数异常值对得分的关系图来测量，如图表 10-22 所示。虚线表示迭代。

图表 10-22 使用迭代重分类拒绝推断

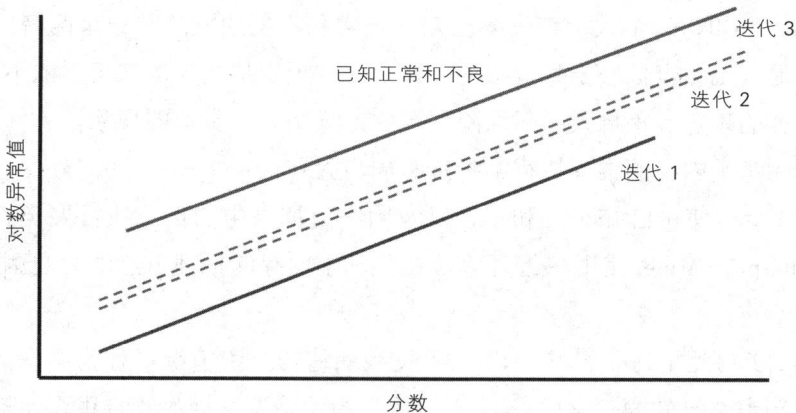

每次迭代都应该低于已知的正常/不良（KGB）线，确认合并客群的不良率高于单独接受的不良率。如果组合数据集线高于 KGB 线，这就意味着拒绝的数据集比接受的数据集质量更好。

10.6.2.13 最近邻（聚类）

此技术使用聚类来识别拒绝样本中的正常和不良，并且不依赖于任何先前构建的模型。涉及的步骤非常简单：

第1步：创建两组聚类——每个聚类用于已知正常和不良。

第2步：通过两个聚类运行拒绝。

第3步：比较欧几里得距离以分配最可能的履约（即如果拒绝更接近"正常"聚类而不是"不良"聚类，那么其可能是正常）。

第4步：合并接受和拒绝以创建推断数据集并重新构建评分卡。

作为进一步改进方法的步骤，可以在创建推断数据集时添加对 p（批准）的调整，并且可以进行部分分类。使用正确的工具，这种方法也相对简单。与前面章节中讨论的其他选项相比，其缺点是这些措施是相对的。

10.6.2.14 基于内存的推理[①]

基于内存或基于例子的推理遵循分配归类的两个步骤。首先，它识别了类似的例子。例如，样本中的正常和不良例子。然后，它使用第一步中的结果分配归类给一个新记录。这个过程模仿了人们在进行人工拒绝推断时会经历的思维模式。例如，一个人审查许多已知的正常和不良的账户并记录两者的特征。然后，他或她会审核一系列被拒绝的账户，并识别那些与已知正常或不良具有相似特征的账户。审批人判断风险评级的方式是基于类似的现象。

使用基于内存的推理执行拒绝推断的步骤包括：

第1步：使用已知正常和不良以及同一数据集中的拒绝执行聚类。例如，SAS Enterprise Miner 使用 k-近邻算法在其基于内存的推理节点中对观测值进行分类。

第2步：测量每个已知的正常/不良观测值与拒绝情况（称为"探测器"）之间的距离。已知的正常/不良的观测值与拒绝情况之间的欧几里得距离最小，那么 k 就是那个拒绝的 k-近邻。

第3步：然后使用 k-近邻的目标类别（正常/不良混合）来为每个拒绝情况分配正常/不良概率。例如，如果 $k=50$，那么算法根据最接近的50个案例来

---

① B. Anderson, J. Cox, D. Duling, S. Haller, and N. Siddiqi, "Improving Credit Risk Scorecards with Memory-Based Reasoning to Reject Inference with SAS® Enterprise Miner™." Proceedings of the SAS Global Forum 2010 (Cary, NC: SAS Institute Inc., 2010).

确定归类。

第4步：创建组合样本并重新构建评分卡。

分类可以按绝对值进行；也就是说，被拒绝的情况可以归类为正常或不良。否则，最接近案例的组成可用来对每个拒绝进行归类。例如，如果拒绝的50个最接近案例中有40个是正常的，那么我们可以将该拒绝归类为正常，或者将其归类为80%的正常和20%的不良。

10.6.2.15　推断不确定性

我们已经讨论了推断的拒绝。除此之外，我们还可以使用相同的方法推断"不确定"账户的履约表现。例如，可以使用征信机构数据推断出不活跃和要约被拒绝（未被占用）账户的履约表现。

如果申请人获得了银行的批准，但是他们拒绝了此要约并离开，那么根据定价或限额，理所当然地认为他们收到其他银行更好的要约。使用与前面讨论的基于数据库方法的相同逻辑，我们可以核查征信机构的该账户，找到在他们拒绝银行要约后的一两个月内进行的类似交易，然后使用另一个贷方的履约来推断假设他们接受要约的履约情况。同样的警告也适用。如果您无法获得完整的征信机构报告，一些银行会使用比例分类或其他统计方法进行讨论。

对于不活跃账户或余额非常低的账户，我们可以采用类似的方法，将其细分如下：

■ 在此银行的账户不活跃，而是使用其他银行的信用卡。检查其在其他贷方的履约表现，并使用逾期计数进行分配归类。一些银行尝试使用信用限额或其他不同的优惠策略，试图将这些账户转换为活跃用户。一般来说，如果这还不起作用，并且这些账户与银行没有其他关系，一些银行将关闭此类账户，因为它们的风险较高。

■ 在此银行的账户不活跃，也不使用其他银行的信用卡。一般而言，银行将评估它们与此类例子的关系。如果与其他银行没有业务关系，一些银行会选择关闭此类账户，因为这些账户风险较高。如果这些账户存在一个有利可图的重要银行关系（储蓄/支票账户、抵押贷款等），那么大多数银行什么也不做。在这种情况下，可以使用征信机构或一些内部分数，基于比例分类来分配归类。

10.6.3 验证

一旦拒绝推断完成，就可以进行简单的分析以验证结果。这包括：

■ 比较推断和已知样本的不良率/概率，并应用前面讨论的行业经验法则。可以使用不同的参数运行拒绝推断，直到满足这些经验法则。应根据批准率和先前授信的置信度来应用经验法则。例如，如果先前的信用评定是正常，并且批准率也很高，则推断拒绝应该具有更高的不良率，占比为批准的8~10倍。中等批准率可能会导致推断的不良率仅为批准的3~4倍。

■ 比较推断前和推断后数据集的证据权重或分组属性的不良率。具有低批准率和高证据权重的属性应该看到较低的推断后证据权重——与业务经验一致，正如关于分组的部分中所讨论的。

有些全球性银行和其他金融机构进行了内部研究，以确定特定拒绝推断技术是否对某些投资组合更适用。正如我们在本章中所看到的，担保贷款与无担保贷款的偏差类型往往不同。可能某些推断技术在某些类型的投资组合上运行得更好。可以使用"假"拒绝来测试这些技术和参数。这涉及将按等级排序的批准客群分为接受和拒绝，例如按70/30划分。然后可以使用在70%"批准"样本上开发的模型来推断剩余30%的履约情况。由于已经知道30%"拒绝"的实际履约情况，因此可以使用错误分类来衡量每种拒绝推断方法的履约情况。[①]

一旦拒绝推断完成，就会创建（批准和推断拒绝）组合数据集，并将其用于评分卡开发的下一阶段。现在样本偏差得到解决，这个最终评分卡适用于整个通过申请的客群。

10.7 最终评分卡制作

通过对推断后的数据集运行相同的初始特征分析（分组）和统计算法（逻

---

① Anderson, Haller, and Siddiqi, 2009.

辑回归）来生成最终模型，以生成评分卡的最终特征集。请注意，不限于在此阶段的初步评分卡中选择的特征。在拒绝推断之后，某些特征可能看起来更弱而另外一些则更强一些，因此考虑到整个开发数据集，需要重复特征选择过程。特别是，策略规则中使用的特征或那些有严重偏差的特征在添加到被拒绝的数据集之后常常变得更有逻辑性，并显示更高的分离度（更陡的梯度）。

在这一点上，我们假设通过对"所有正常和不良"数据集执行初始特征分析和逻辑回归来生成最终模型。我们现在拥有的是一组特征，以及逻辑回归的输出结果，例如截距、参数估计和模型履约统计。

现在需要解决的其他问题是分数的缩放、分数分配、错误分类和评分卡强度。

10.7.1 分数的缩放

评分卡可以以多种格式产生（例如，SAS代码、积分系统等）。在某些情况下——例如在线或实时评分卡的使用通常取决于实施平台、监管指令要求（提供拒绝的原因）、简单性和易用性以及 "评分卡"格式中提到的其他因素。第4章——评分卡需要以特定格式制作，并带有分组变量和分数（见图表1-1）。在这种情况下，需要应用缩放。缩放是指评分卡中分数的范围和格式，以及分数增加的比例变化率。评分卡分数可以采用带有小数或离散数字分数的多种形式。

■ 其中得分是正常/不良的比例或不良比例（例如，得分为6表示6：1的比例或6%的违约概率）。

■ 使用某些定义的数字最小/最大的比例（例如，-1，0~1，000，150~350），或者没有定义范围，但在某一分数上具有特定的比例（例如，在500分的比例为5：1）和特定的比例变化率（例如，每50分的比例加倍）。

缩放的选择或其参数不会影响评分卡的预测强度。这是基于以下考虑因素的运营决策：

■ 评分卡在应用程序处理软件中的可实现性。某些软件只能以图表1-1所示的格式实施评分卡。

■ 便于员工理解（例如，具有离散点的变量更易于使用和理解，因此在最终用户之间产生了置信区间)。

■ 与公司现有评分卡或其他评分卡保持一致。这避免了对评分卡的使用和分数解释的再培训。

请注意，目前我们有一个逻辑回归方程和分组特征。我们要做的是为每个特征中的每个属性分配分数，这样总得分（在特征之间添加属性时）可以被解释为平均违约概率。

在这个行业中有各种比例缩放的应用。其中最常见的是一种用离散分数按对数比例缩放的评分卡，每20分比例就会翻倍。为了理解这一点，让我们来看看一些经排序的输入值的典型比例关系。曲线看起来像图表10-23的形状。

图表10-23　　　　经排序的输入值的比例关系

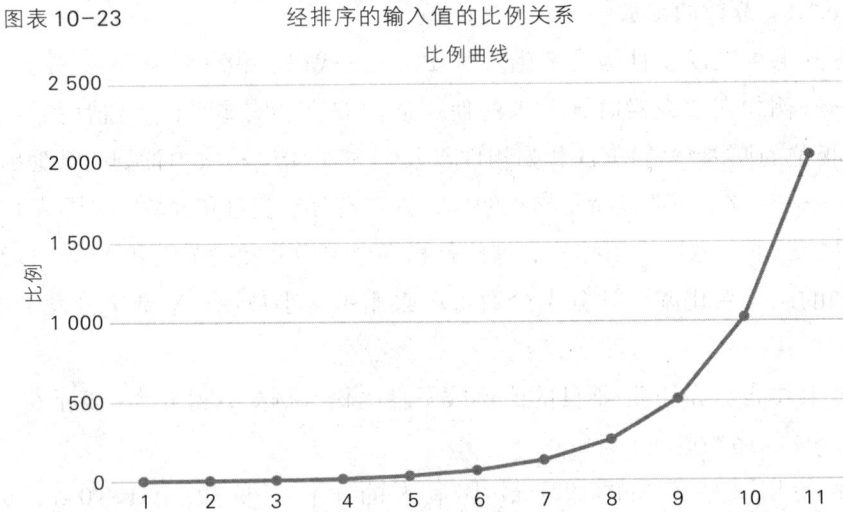

比例曲线

我们的目标是生成一个评分卡，其中该曲线上的横轴得分是最终得分，每个得分对应一些比例。为了进行分析，我们将在曲线上选择两个参考点。参考点（分数、比例和比例加倍的分数）完全取决于用户，并作为计算的参数。然而，一个好的做法是遵循公司或以前的评分卡中使用的分数缩放标准，这意味着新、旧的分数将相同。

假设我们需要一个评分卡，总分为300意味着产生的比例为30∶1，每20分比例加倍。这给出了图表10-23曲线上的两个参考点，即30和60。

现在让我们回到图表10-23。该曲线看起来如图表10-24所示。

图表10-24

ln（比例）和得分的关系

比例曲线

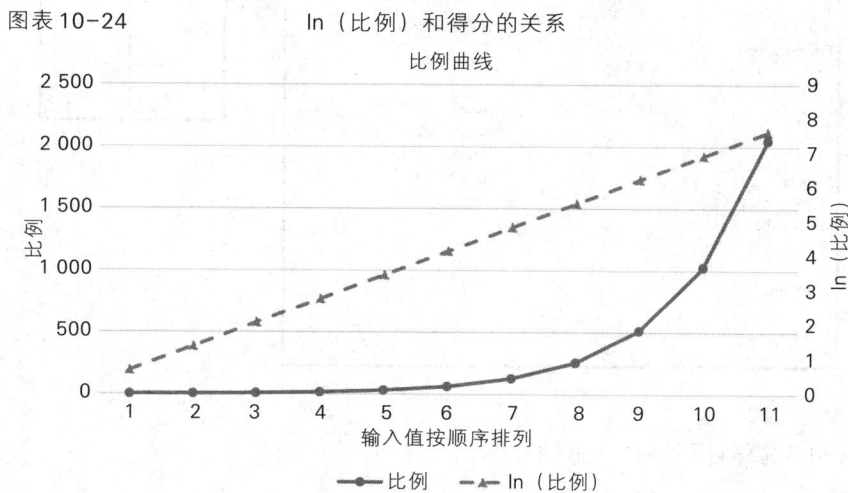

我们现在有了得分和ln（比例）之间的关系，作为一个方便的线性方程。我们要做的是计算每个评分卡属性的分数，一旦我们为任何申请人添加属性分数，就可以解释他们的最终分数。例如，基于这些参数，获得300分的人正常和不良出现的比例为30∶1。图表10-25中提供了使用部分评分卡的示例。

我们将在下一节中描述如何计算这些分数。

10.7.1.1 缩放计算

一般来说，比例和分数之间的关系可以表示为线性关系：

评分=偏移+因子ln（比例）

如果使用指定比例在分数和指定的"比例加倍后的分数"（points to double the odds，pdo）开发评分卡，使用下列联立方程式则可以轻松计算因子和偏移：

图表 10-25　　　　　　　　缩放后的评分卡示例

Age		Delq at Bureau	
18-24	20	0	55
25-29	32	1-2	40
30-37	46	3-5	12
38-45	56	6+	5
46+	80		
		R/O Burden	
Time at Res		0	15
0-6	12	1-9	40
7-18	25	10-25	30
19-36	38	26-50	25
37+	50	50-69	20
		70-85	15
Region		86-99	10
Major Urban	20	100+	5
Minor Urban	25		
Rural	15		
Inq 6 mth			
0	50		
1-3	30		
4-5	15		

Score	Odds
300	30
301	31
302	33
303	34
.	
320	60
.	
340	120

评分=偏移+因子×ln（比例）

评分+pdo=偏移+因子×ln（2*比例）

上一节，我们回顾两个参考分数，其中得分为300，比例为30：1，得分为320，比例应为60：1。

求解上面的pdo方程式，得到

pdo=因子×ln（2），因此，因子=pdo/ln（2）；

偏移=评分-{因子×ln（比例）}

例如，如果评分卡被缩放，其中用户想要在600分处获得50：1的比例并且希望比例每20分加倍（如，pdo= 20），则因子和偏移将是：

因子=20/ln（2）=28.8539

偏移=600-{28.8539 ln（50）}=487.123

并且对应于每个比例的得分可以计算为：

评分=487.123+28.8539 ln（比例）

可以使用相同的公式来计算评分卡，使每几分的比例提高3倍或4倍。然而，"提高一倍比例的分数"是信用风险行业中使用最广泛的衡量标准。

此公式可用于为任何例子生成分数，使用任何可能产生不良概率或比例的模型。这将包括使用回归以外的技术开发的模型，如本书中所讨论的。该公式描述了总分与比例之间的关系，在比例关系为二次或其他高阶关系的情况下可能不适用。同样，我们要做的是为评分卡中的每个分组属性分配分数。为此，我们更进一步，将上面等式中的 ln（比例）分解为其组成部分。

由于这里的评分卡是使用证据权重作为逻辑回归方程的输入值（逻辑回归方程输出的是概率，这并非巧合），因此前面的关系可以修改为：

评分=ln（比数）因子+偏移=

$$-\left(\sum_{j,i=1}^{k,n}(\mathrm{woe}_j \times \beta_i) + a\right) \times 因子 + 偏移 =$$

$$-\left(\sum_{j,i=1}^{k,n}(\mathrm{woe}_j \times \beta_i + \frac{a}{n})\right) \times 因子 + 偏移 =$$

$$\sum_{j,i=1}^{k,n}\left(-\left(\mathrm{woe}_j \times \beta_i + \frac{a}{n}\right) \times 因子 + \frac{偏移}{n}\right)$$

其中，

woe=每个分组属性的证据权重（不乘以 100）

β=对应每个特征的回归系数

a=逻辑回归中的截距项

n=模型中的特征个数

k=每个特征中的（属性）组数

此公式应用于评分卡中的每个属性分组/组。它将根据最终用户确定的参数，计算分配给每个分组属性的得分，对应评分卡中的每个特征。将每个特征的分数相加，对于任何一个账户或申请人，就会得出最终的分数。如果对虚拟代码而不是 WOE 执行逻辑回归，则可以轻松修改上面的公式，以计算每个分组的分数：

$$\sum_{j,i}^{k,n}[-\left(\beta_{ij} + \frac{\alpha}{n}\right) \times 因子 + \frac{偏移}{n}]$$

其中，β 表示每个虚拟变量在这一分数上的回归系数。值得注意的是，趋势和分组属性中证据权重之间的差异将影响使用此方法分配的分数。这突出强调了既要保持 WOE 的逻辑趋势，又要尽量扩大后续群体 WOE 的差异。

10.7.1.2 反向代码

在某些司法管辖区，特别是美国，贷款人必须向借款人说明拒绝其贷款申请的理由。这是使用反向代码完成的。请注意，生成反向代码的实际方法需要通过各银行的合规职能进行验证和批准。以下示例有两种可能的方法。

一种方法使用如前所述的分配分数的方法，并通过计算"中性分数"产生反向代码。中性分数是 WOE 为 0 的分数（其中正常和不良的概率是相等的）。使用前面所示的等式，一旦获得因子和偏移，就可以用等式中的 WOE= 0 代替中性得分。因此，中性分数的等式是：

$$-(\frac{\alpha}{n} \times 因子) + \frac{偏移}{n}$$

申请人得分低于中性分数的任何特征都是拒绝的潜在原因，因为基于这个特征的不良概率大于正常概率（注意，在 WOE 为 0 时，正常和不良的概率为 1：1）。图表 10-26 显示了申请人如何在评分卡上得分。该图表还提供了该评分卡的中性分数。

图表 10-26　　　　　　　　　　中性得分的拒绝理由

评分卡	
平均存款余额	56
居住时间	43
贷款价值比	22
3 个月的查询次数	20
交易逾期百分比	43
最早交易时间	68
债务偿还比率	42
使用率	25
最差评级	30
中性得分	31

根据申请人的分数，拒绝他的三个主要原因是 3 个月的查询次数、贷款价值比和使用率。这是三个最低得分的特征，低于中性分数。

一些机构还根据每个特征的加权平均得分生成反向代码。这需要针对每个特征单独计算，而每个评分卡只有一个中性分数。图表 10-27 显示了"居住时间"的加权平均计算示例。

图表 10-27 采用加权平均法进行中性评分

居住时间	分布（%）	得分	分布×得分
0~6 个月	18	12	2.16
7~18 个月	32	25	8
19~36 个月	26	28	7.28
37 个月	24	40	9.6
加权平均			27.04

加权平均值使用以下公式计算：

$$\sum_{i=1}^{n} 分布_i \times 得分_i$$

然后使用申请人得分低于计算出的加权平均分数的属性生成反向代码。就上述居住时间的例子而言，如果申请人居住时间少于 18 个月而获得 12 分或 25 分，这可能是导致拒绝的一个潜在原因。在这种情况下，排名可以通过计算申请人得分和加权平均值之间的百分比差异来完成，对于申请人得分低于加权平均年龄的所有特征——最大的三个差异将成为拒绝的三大原因。同样，美国任何银行采用的任何方法都必须得到其合规人员的批准。前面的例子仅仅是说明性的，不应被视为具体的合规建议。

10.7.2 分数分配

生成最终评分卡后，应检查每个属性的分数分配以及评分卡的总体强度。分数的分配需要符合逻辑，遵循在初始特征分析中确定的趋势。两个单独开发的评分卡的得分示例，在图表 10-28 中显示为"年龄"。

图表 10-28   分数分配的逻辑分布

年龄	权重	评分卡 1	评分卡 2
缺失	-55.50	16	16
18~22 岁	-108.41	12	12
23~26 岁	-72.04	18	18
27~29 岁	-3.95	26	14
30~35 岁	70.77	35	38
35~44 岁	122.04	43	44
44 岁以上	165.51	51	52

前两列是评分卡 1，它具有逻辑分布；随着年龄的增长，申请人获得更多积分。这与属性 WOE 分布和业务经验非常吻合。然而，评分卡 2 包含属性"27~29 岁"的反转。这可能是由不合逻辑的 WOE 分布或相关性（如使用虚拟变量）引起的。当两组的权重相差不够大时，也会发生这种情况。还要注意，基于负的 WOE，年龄"缺失"被分配了 16 分。如果剔除了缺失的数据，我们很可能会给任何年龄缺失的人一个中性的分数，是 26 或 27 分（接近 WOE = 0）。通过包含缺失的数据，并将"缺失"进行分类，我们现在会给那些年龄缺失的人适当的分数。这就是为什么我们选择了这个方案。

请注意，如果遵循本书中概述的方法，使用 WOE 进行逻辑分组和回归，则不会发生这种反转。当原始数据被用作回归分析的输入值时，就会发生这种情况，然后用其他方法对分数进行分配。由于这是该特征中的唯一反转，且其余的分数分配是合乎逻辑的，因此通常会对分数进行判断性的修正。根据反转的严重程度以及其余属性的分数分配顺序，可能需要进行特征和逐步回归的修正。

必须再次强调理解数据和业务的重要性，以及花时间协同分组处理变量的重要性。这就是为什么我们之前说过创建的 WOE 分组形状将决定评分卡的形状。逻辑上的 WOE 分布，无论是线性还是其他形状，对于确保最终评分卡具有符合逻辑的分数是至关重要的。这确保最终评分卡符合经验值和期望值，因此被接受和使用。分组过程是评分卡开发实践中最关键的部分，因为它决定了最终评分卡的外观。

这个过程可能会成为一个迭代过程，直到产生一个统计上和操作上可接受的评分卡。

在这一阶段的最后，我们已经构建了几个候选模型，并将它们全部套用到评分卡格式中。

10.8　选择一个评分卡

作为任何项目的一部分，大多数评分卡开发者将生成至少两个不同的评分卡。考虑与本书中所列示的开发方法相关的控制变量和灵活性，开发几种不同的评分卡较容易。此时，要从这些评分卡中选择最终评分卡，应回答两个问题，即"哪个评分卡最好"和"这个评分卡有多好"。在大多数数据挖掘软件中，模型的拟合统计和图表通常在开发和验证样本上生成。因此，在实践中，当我们选择最佳评分卡时，也可以进行一些验证。验证以及评分卡是否符合法规的问题将在后面的章节中详细介绍。

使用统计和业务度量来回答上述问题，包括巴塞尔银行监管委员会在内的监管机构的《模型风险管理监督指南》都相当一致地表明，统计测试不足以确定模型质量或验证任何模型。[①]模型验证统计分析的另一个好资源是 Clark Abrahams 和 Sunny Zhang 所写的 Fair Lending Compliance（参见参考书目）。模型验证一章描述了许多度量标准，包括模型履约残差指数、模型升力衰减指数（model lift decay index）、模型稳定性指数、模型使用指数、模型老化指数和模型盈利能力指数。无论是在选择它们时，还是在使用它们评估评分卡时，所有

---

①　Basel Committee for Banking Supervision，"Basel II：International Convergence of Capital Measurement and Capital Standards：A Revised Framework—Comprehensive Version."Bank for International Settlements，2006.

这些都是相关的方面。

注意，没有单一的决定性方法可以决定哪种模型是最好的。决策取决于模型的目标、内部实践以及模型开发、验证和风险管理人员的个人偏好。下面讨论的方法只是一些可用来做决定的例子。

10.8.1 错误分类

评分卡旨在预测正常和不良的概率。更重要的是，作为排序机制，它们用于区分正常的和不良的情况。错误分类统计数据是确定评分卡是否提供正确区分的好方法。出于经营的目的，公司通常选择最低水平的可接受的不良率（基于分数）作为"截止值"。低于截止值的信用或服务申请被拒绝，或被标记为潜在的欺诈。因此，总是存在这样的可能性，实际的正常可能被归类为不良，因此被拒绝，反之亦然。对于行为评分卡也是如此，使用截止值来确定对某些账户的积极或消极行为。为确保更好地履约，最终选择评分卡时，应尽量减少这种错误分类的程度。问题是，我们需要最大化还是最小化哪个指标？

有几个指标用来衡量这种错误分类的程度，并比较不同的评分卡。这些指标是实际的正常和不良的数量与在某些截止值预测的正常和不良的数量的比较。此处的"正常"和"不良"分别指的是，超过或低于建议的截止值的情况。

这些措施基于混淆（或错误分类）矩阵，如图表10-29所示。

图表10-29 混淆矩阵

		预期	
		正常	不良
实际	正常	真负	假正
	不良	假负	真正

更好的评分卡可以是"真"例子最大化的评分卡，相反，也是"假"例子最小化的评分卡。但是，还有其他方法可以查看统计信息。上面的矩阵产生了

许多统计数据，其中一些用于衡量错误分类：

准确度：（真正和真负）/（总体情况）

错误率：（假正和假负）/（总体情况）

敏感度或真正率：（真正）/（总实际真正）

独特度，或真负率：（真负）/（总实际真负）

精确或正预测值：（真正）/（正预测值）

负预测值：（真负）/（负预测值）

假负率：（1−独特度）

错误发现率：（1−精度）

如果您有四个候选评分卡，所有评分卡都有来自混淆矩阵的不同统计数据，您使用哪一个来选择最佳？一个好的初始步骤是将统计数据转换为业务术语，例如：

■ 假正——拒绝正常

■ 真正——拒绝不良

■ 假负——接受不良

■ 真负——接受正常

然后，根据这些指标，公司可以最大限度地拒绝不良。在这种情况下，通常在建立评分卡以减少损失的情况下，它会选择敏感度最大化的评分卡。如果公司希望获得更高的市场份额，并且不介意批准一些不良，它可以通过选择独特度最大化的评分卡来最小化对正常的拒绝。因此，此处的统计数据是在开发评分卡的业务目标的背景下使用的。没有一个正确的答案——再次强调，这样做的目的是说明如何能够利用常见的模型输出值来做出业务决策。这里要强调评分卡开发目标的重要性，正如在第4章创建业务计划部分中所讨论的那样。

在开发了几个模型用于比较的情况下，应根据类似的截止值（例如，基于70%的最终批准率或5%的不良率）为每个模型生成这些统计数据。

注意，在没有调整过度抽样而开发评分卡的情况下，需要调整错误分类矩阵数，以反映正确的统计结果。这是通过将单元格内的数据乘以样本权重 π_1 和 π_2 来完成的，如图表 10-30 所示。

图表 10-30 未经调整的样本混淆矩阵数

		预期	
		正常	不良
实际	正常	n^*(真正 P_s/实际 P_s)*π_1	n^*(1−敏感度)*π_1
	不良	n^*(1−独特度)*π_0	n^*(独特度)*π_0

另一个选择最佳评分卡的更直接的方法是使用与目标最相关的度量方法来比较它们。例如，按得分计算的盈利能力（用于比较预期截止值上最赚钱的那一个）、收入最高的25%的总违约回收率等。图表10-31中的例子是用于申请评分卡的两种最常见的度量方法，即批准率和预期的总不良率。

图表 10-31 两个评分卡的批准率和不良率之间的平衡

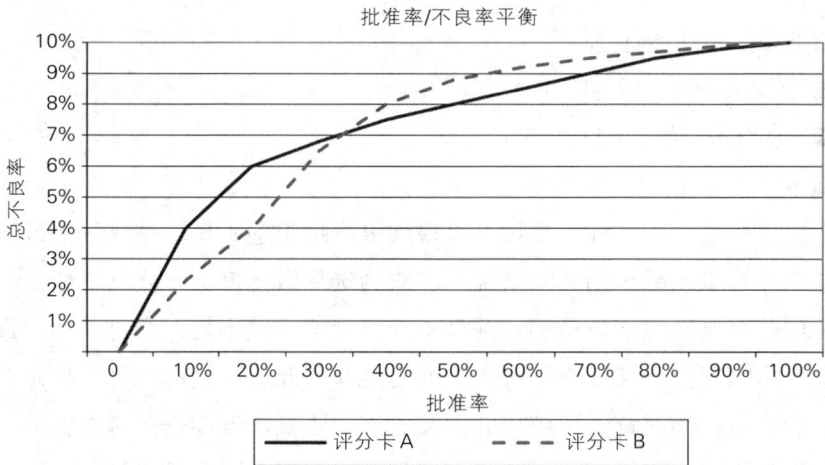

该图展示了两个评分卡，它们的履约状况完全不同。有趣的是，它们有几乎相同的基尼系数、KS、ROC曲线下面积（AUC）等，因此使用统计数据进行比较不会有多大帮助。

10.8.2 批准率

那么哪一个评分卡更好？这需要根据情况判断。如果批准率目标是75%，那么评分卡 A 会更好，因为它会产生较低的不良率。但是，如果预期不良率目标为 4%，那么评分卡 B 将是更好的选择，因为它有更高的批准率。

这强调了我们之前关于为手头的业务目标设计正确的评分卡或解决业务问题的讨论。如果您只是想最大化一个合适的统计数据，就没有所谓的整体最佳模型。您必须知道为什么要开发模型，以及优先方案是什么。使用这些信息，您将为模型选择正确的变量组合，以获得所需的履约率。例如，如果我们正在构建一个欺诈或破产模型，我们将使用更多的负变量（如曾经破产，曾经逾期90 天）来隔离最差的 3%~5% 的群体（有点像图表 10-31 中的评分卡 A）。我们不太关心其他 95% 的人，因为我们不打算对他们采取任何行动。针对信用卡行为的评分卡，我们主要使用连续的、积极的财务数据，因为我们打算在整个范围内采取不同的行动，我们希望在各个分数之间进行分离。这也是我们通过明智的交互回归设计评分卡的原因之一。

10.8.3 评分卡强度

评分卡强度可以通过许多不同的方式来衡量。有一长串的统计数据可以衡量模型对数据的描述程度，以及如何预测正常和不良的情况。其中一些包括 KS、卡方检验、Hosmer-Lemeshow、[①]AUC 以及我们之前看到的混淆矩阵。在我们讨论这些措施的例子之前，应该注意一些问题。

业界通常采用的大部分衡量标准，只是用作比较，并非绝对的。这意味着除了一些经验法则之外，没有绝对可接受的衡量标准。例如，虽然银行的申请和行为评分卡通常具有 40%~60% 的 KS 值，但是建立在诸如超级或次级抵押贷款等高度细分模型的 KS 值要低得多，有些甚至低于 15%。这本身并不会使模型不可用或"无用"。如果用户能够识别/细分出一组风险非常低的客户，那么无论 KS 值如何，在操作上都非常有用。在研究这些适合的度量方法时，有必要记住，模型是建立在"尽最大努力"的基础上的，适合的统计数据不仅仅是所用方法的函数，它们主要依赖于数据本身。在使用良好、干净、可预测数据

---

① D. W. Hosmer and S. Lemeshow, "A Goodness-of-Fit Test for the Multiple Logistic Regression Model," Communications in Statistics. A10(1980) : 1043-1069.

进行建模的情况下，统计数据将是良好的。无论使用何种方法，严重偏差和无效数据都不会产生合理的模型。为使用模型而设定一个严格的最低可接受的统计数据，可能不是银行的最佳策略，尤其是那些数据有偏差或数据缺乏的银行（尽管 AUC 等指标确实有 0.5 的基准）。因为某些任意的最小数，导致完全可用的模型不能被简单地使用。

人们还应该准确理解该衡量标准告诉我们的内容。有多种方法可以衡量一个模型的效果。一般来说，最常见的两种是预测准确性和分离度。例如，KS统计数据，是衡量分离程度的一个指标。根据定义，判断评分卡有很高的评分标准，因为人类通常更善于识别极端情况。也就是说，非常好和非常坏的情况，而不是识别细微的灰色地带（尽管有经验的审批人可能会对这种说法提出异议）。但是在没有基础数据的情况下进行开发时，这种主观判断模型无法预测违约的可能性。不管怎样，在判断评分卡已经被实际数据验证并校准的情况下，它们当然可以用于预测概率。如果预测准确性是主要问题，那么像均方差（MSE）或根均方差（RMSE）这样的测量方法可能更好。

在某些情况下，会对先前使用的或当前的评分卡与正在构建的新评分卡进行比较。应该非常小心这种比较，因为数据、申请人概况和市场营销策略已有所变化，可能会使这些比较变得无关紧要。例如，如果当前评分卡变得不稳定且不可用，则将该新评分卡的 KS 与其开发时的旧评分卡进行比较是不必要的。如前所述，评分卡应始终基于数据"尽最大努力"开发。一些公司重新回到历史中，使用新的和现有的评分卡对过去开设的一组账户进行评分，然后跟踪两个评分卡的表现。同样，如果当前评分卡不稳定，则此操作与当前情况完全无关。此外，即使老评分卡显示更好的统计数据，如 AUC、基尼系数等，基于对一个两年或三年的样本进行评分，也并不能证明这个模型对于未来两三年适用。如果它反映了未来的市场条件，那么较新的模型可能是更好的选择，而不是三年前的条件（向后的履约测试）。进行这种比较的人提出的问题是："新评分卡是否比旧评分卡更好？"这种问法是错误的。

"这是今天最好的结果吗？"此时正确回答这个问题的更好方法是基准测试。它最好包括一个独立的公平团队，如模型验证团队，以相同的数据用几种方法开发模型。[1]例如，他们可以使用分组变量的逻辑回归、原始数据的逻辑回归、神经网络和决策树来构建评分卡和模型，然后比较每个模型的预测能力。这样，就可以识别出匹配统计和行为上的任何显著差异，并探究其原因。否则，如果这些统计数据彼此相当接近，则可以考虑对模型进行基准测试。再次提请注意，虽然讨论仅限于统计基准，但在认为模型可接受之前，还需要考虑质量和业务标准。

关键是为模型的目的选择正确的、相关的衡量指标，并确保那些研究拟合统计的人理解他们所度量的内容。这项工作既是为了从统计学角度衡量模型对开发数据集的描述程度，也是为了在模型或评分卡上生成置信区间。用于比较评分卡预测能力的一些方法包括：

■ AIC（Akaike's Information Criterion）。[2]AIC 提供了相对于其他模型的模型质量指标，并非一个绝对的度量指标。它通常用于模型选择，并且对模型添加参数进行惩罚（基本上通过添加变量来权衡拟合的适宜性）。最好是 AIC 的较小值。

■ SBC（Schwarz's Bayesian Criterion）。[3]与 AIC 一样，SBC 也会对模型中添加的参数进行惩罚。为了减少过度拟合，SBC 的较小值是首选的。在使用本书中描述的方法构建 "风险概况" 评分卡的情况下，SBC 和 AIC 可能不是衡量强度的最佳方法，因为在本书中，优先考虑使用具有广泛基础的评分卡，而不是一个具有绝对最小特征的评分卡。虽然 AIC 和 SBC 在特定环境中都具有相关性，但我倾向于不将它们用于制定金融机构的业务决策。

■ Kolmogorov-Smirnov（KS）[4]统计。它测量了正常和不良的累积分布之

---

[1]　N. Lynas and E. Mays, "Structuring an Efficient Program for Model Governance, " RMA Journal, March 2010:44-49.

[2]　H. Akaike, "A New Look at the Statistical Model Identification, " IEEE Transactions on Automatic Control 19, no. 6(1974):716-723. doi:10.1109/TAC.1974.1100705, MR 0423716.

[3]　Gideon E. Schwarz, "Estimating the Dimension of a Model, " Annals of Statistics 6, no. 2 (1978):461-464. doi:10.1214/aos/1176344136, MR 468014.

[4]　N. Smirnov, "Table for Estimating the Goodness of Fit of Empirical Distributions, " Annals of Mathematical Statistics 19(1948):279-281. doi:10.1214/aoms/1177730256.

间的最大垂直距离（偏差），并且是一种非常广泛使用的分离/分离度量指标。
KS的问题是分离仅在一个分数（可能不在预期的截止值附近）测量，而不是
在整个分数范围内测量。如果预期的评分卡截止值处于分数的上下范围内，则
该度量可能无法提供一个好的评分卡比较方法，因为统计数据与手头的决策无
关。在这种情况下，因为这是最需要最大间隔的地方，实际上，如果是优先考
虑偏差的话，最好比较预期截止值的偏差。图表10-32显示了两个评分卡的
KS计算样本，其中最大KS指标分别为205分和215分。评分卡A比评分卡B
强，因为评分卡A的最大偏差约为41%，而评分卡B的最大偏差约为15%。

图表 10-32　　　　　　Kolmogorov-Smirnov 统计

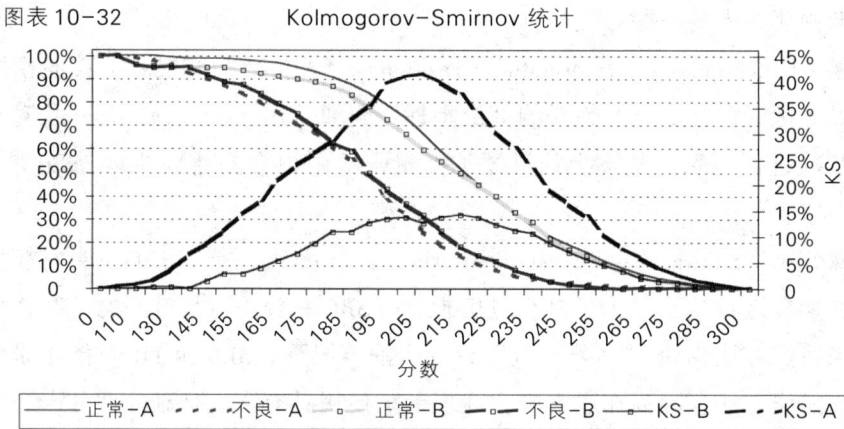

■ c-统计量（c-statistic）。这是最强大的非参数双样本检验，度量值相当
于ROC曲线、基尼系数和Wilcoxon-Mann-Whitney测试下的面积。[1]它测量所
有分数范围内的各种履约情况，是衡量整体评分卡强度的更好指标。c-统计量
测量整个分数范围的灵敏度与（1-独特度）曲线下的面积。图表10-33给出了
使用c-统计量进行评分卡比较的一个例子——其中评分卡A更强，因为它的

---

[1]　D. J. Hand, Construction and Assessment of Classifi cation Rules（Hoboken, NJ: Wiley, 1997）.

ROC曲线下的面积比评分卡B更大。

图表 10-33　　　　　　　　　ROC 曲线

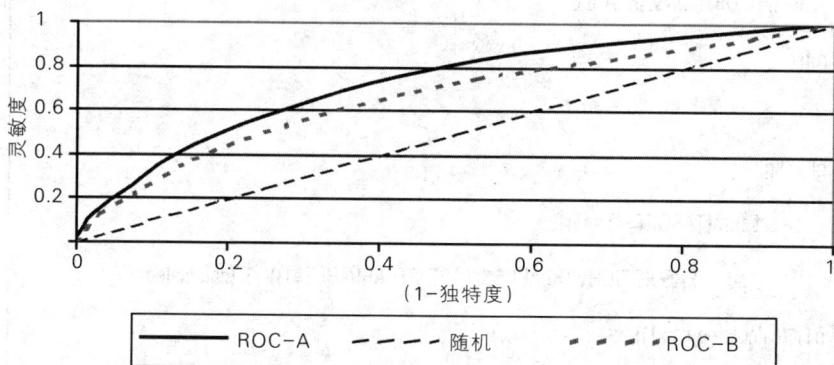

"随机"线表示c-统计量=0.5。因此，为了使评分卡优于随机选择，c-统计量必须高于0.5。在使用正常数据的大多数情况下，认为0.7及以上的c-统计量是充分的，但是，这不应被视为绝对数。

在某些评分卡开发解决方案中，例如**SAS Credit Scoring**，会自动生成此统计信息。图表10-34中的代码显示了一些SAS代码[1]的示例，可以编写这些代码来计算c-统计量。

■ 洛伦兹曲线。类似于行业中用于比较模型的ROC曲线的度量方法，它绘制了"不良"例子的分布情况，以及所有分数范围内按十分位数分组的情况。这被称为洛伦兹曲线（也称为累计准确度曲线、基尼系数和功率曲线），并衡量评分卡将不良和正常隔离到指定十分位数的程度。洛伦兹曲线的一个例子如图表10-35所示。

在图表10-35中，对于总体样本中最低的60%，评分卡A分离出约90%的不良分数，而评分卡B仅分离出约80%。因此，评分卡A显示出更高的履约率。

---

① W. J. E. Potts and M. J. Patetta, *Predictive Modeling Using Logistic Regression*: Course Notes(Cary, NC: SAS Institute, 2001).

图表 10-34   用 SAS 代码计算 c-统计量

```
proc rank data=&_VALID out=rscore d;

    var PREDICTIONVAR IABLE;

run ;


proc sql;

    select sum(TARGET=1) as n1,

            (sum (PREDICTIONVARI ABLE* (TARG ETVARIA BLE=1))-.5*(calculated

n1)*(calculated n1+1))

            /((calculated n1)*(coun t(TARGETVARIA BLE)-(calculated n1)))

    as c

            from rscored;

quit;
```

图表 10-35   洛伦兹曲线

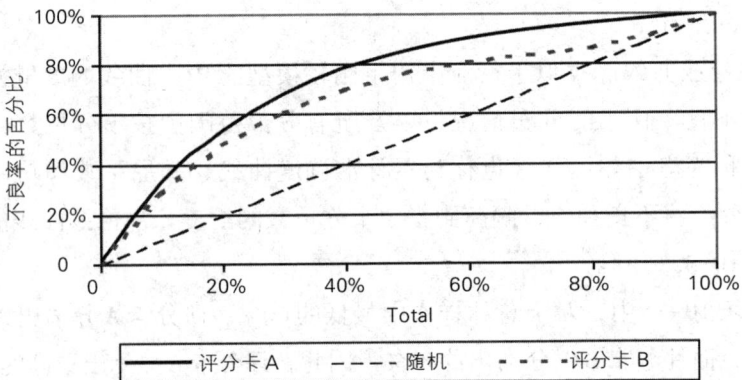

请注意，评分卡的洛伦兹曲线和 45 度直线之间的面积，与 45 度直线下的整个
三角形面积之比，也等于基尼指数。

在这里，比较评分卡在操作逻辑十分位数中的履约状况非常重要，这意味着如果预期的批准率约为60%，那么履约应该在60%的百分位数上进行比较。当实施中需要的是最佳履约率时，比较最低10%的履约率是无关紧要的，在这种情况下是60%。然而，当处理诸如破产或回应这样的评分卡时，在最低百分位数上进行比较是有意义的，而且应该这样做，因为在这些情况下，目标是隔离最差/最好的少数履约者，以便采取行动。

与在评分卡开发过程中做出的其他决策一样，选择最终评分卡的那个人也应该考虑到评分卡开发的目标。这可能需要进一步分析以确定哪个评分卡。例如，在选定的截止值下最大化利润或最小化假正（对于欺诈评分卡）。目标是首先选择最能帮助公司实现其战略目标的评分卡，然后确认其具有可接受的统计强度。

还有其他常用的衡量评分卡强度的方法，包括：

■ 收益图表。累计正预测值与正预测值分布（深度）的比较。

■ 提升/浓缩曲线（lift/concentration curve）。敏感度与深度。

提升值=正的预测值/样本中正的百分比

■ 错误分类成本。将损失分配给假正和假负的例子。最优决策规则使总预期成本最小。[1]

■ 贝叶斯规则。这样可以最小化预期成本（即总的错误分类成本）。由于难以获得准确的损失数，贝叶斯规则和错误分类成本在实践中难以实施。

■ 成本比率。成本比率是将不良信用风险错误分类为正常风险的成本与将正常风险错误分类为不良风险的成本之比。当用于计算截止值时，成本比率倾向于最大化正确分类的两个比例之和。这是通过绘制成本比率与敏感度和独特度的比率来完成的。两条曲线相交的分数往往是敏感度和独特度最大化的分数。

---

[1]　G. J. McLachlan, Discriminant Analysis and Statistical Pattern Recognition (New York: Wiley, 1992); B. D. Ripley, Pattern Recognition and Neural Networks (Cambridge, UK: Cambridge University Press, 1996); and Hand, 1997.

■ Somers'D，gamma，tau-a。基于一致和不一致的对的数量。这些措施与c-统计量有关。

10.9　验证

一旦选择了最终评分卡，就需要验证模型的结果。这是标准的"样本外"验证，我们确认所开发的模型通常适用于目标客群，并确保模型没有过度拟合。行业规范是使用随机70%或80%的开发样本以构建模型，而剩下的30%或20%的"保留样本"用于验证。如前所述，在大多数金融机构中，这些数字通常由模型部门指定。如果评分卡是在小样本上开发的，则可能需要在100%样本上进行开发，并对几个随机选择的50%~80%样本进行验证。

近年来，人们越来越对模型开发、验证和监管感兴趣，监管主要是在"模型风险管理"下展开。在美国，联邦储备公报SR 11-7《模型风险管理监督指南》是模型开发、验证、使用和管理的质量问题和框架的优秀资源。类似但更通用的管理文件是欧洲银行管理局的GL-44《内部治理问题指南》。①旧文件是巴塞尔银行监管委员会工作文件14，该文件专门用于制定监管模式。《巴塞尔协议II》仍然有一些良好的通用原则，用于模型管理、质量验证，以及应该执行的统计测试的详细信息。处理这个问题的大多数其他文件也有类似的原则，包括适当的监督、定性和定量措施的使用、独立的验证、健全的端到端系统和流程等。验证不是一个终点或一组统计数据，而是一个过程和框架，旨在提供一定程度的安慰，即所开发的模型是稳健的，并且有信心用于业务决策。关于如何执行验证的一个很好的资源是协议II附录8的《贷款合规的公平性》。②

---

① https://www.eba.europa.eu/regulation-and-policy/internal-governance/guide-lines-on-internal-governance.

② C. Abrahams and M. Zhang, Fair Lending Compliance, Intelligence and Implications for Credit Risk Management(Hoboken, NJ: Wiley, 2008).

因此，尽管有许多建议的方法（包括已提到的文件）来验证模型，但没有一套全球性标准。大多数银行的模型验证/审查小组通常先制定文件和开发标准，然后依次遵循其国家监管机构制定的广泛准则。因此，有许多方法可以验证模型，我们将在其中介绍一些模型。除了样本验证的统计数据之外，还有其他问题需要在此阶段解决。这些方面在SR11-7以及前面引用的工作文件14等文件中有详细介绍。

第一种验证方法是比较两个样本中得分正常和不良的分布情况。图表10-36显示了对20%的保留样本进行验证的示例，并与开发样本进行了比较。

图表10-36　　　　　　　　　　　验证图

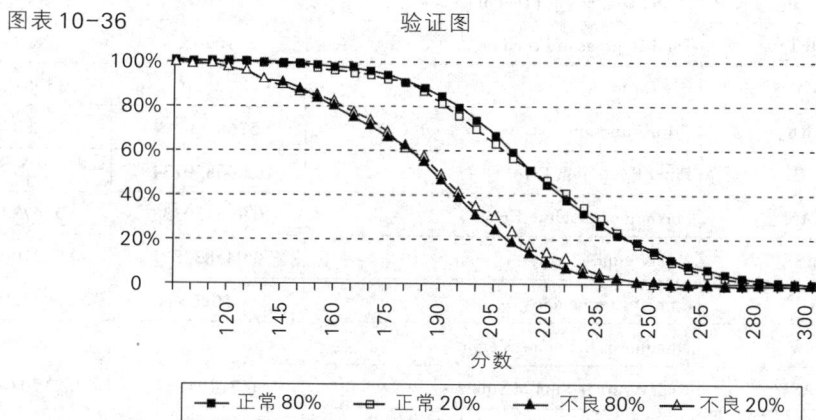

| 分数 |
| 正常80% | 正常20% | 不良80% | 不良20% |

如果两组数据没有显著的不同，则可以验证评分卡。通常，对这两个曲线进行目视检查就足够了。当然，也可以使用任何拟合度量，如最小二乘法或IV。但是，请注意，没有全球性的标准或经验法则可以决定性地证明模型是有效的。

第二种验证方法是比较开发样本和验证样本的统计数据。图表10-37给出了一个示例。

如果两个样本之间的统计数据没有显著差异，则可验证评分卡。我认为可能是因为单凭统计数据无法最终确定任何评分卡是有效的。

进一步的验证方法是比较开发样本和验证拒绝样本的差异统计数据。可以使用以下公式计算出差异：

发散度 = （均值$_c$-均值$_B$）^{2}/ [0.5 （方差$_c$-方差$_B$）]

这里，均值$_B$、方差$_c$和方差$_B$分别是得分为正常和不良客群的均值和方差。

图表 10-37　　　　　　　　通过比较履约统计数据进行验证

拟合统计	统计标签	练习	验证
AIC	Akaike's Information Criterion	5780.93893	NaN
ASE	Average Squared Error	0.045816919	0.04710042
AVERR	Average Error Function	0.177342113	0.18247522
DFE	Degrees of Freedom for Error	16259	NaN
DFM	Model Degrees of Freedom	6	NaN
DFT	Total Degrees of Freedom	16265	NaN
DIV	Divisor for ASE	32530	13951.5
ERR	Error Function	5768.93893	2545.80307
FPE	Final Prediction Error	0.045850734	NaN
MAX	Maximum Absolute Error	0.996439338	0.99473712
MSE	Mean Square Error	0.045833827	0.04710042
NOBS	Sum of Frequencies	16265	6975.75
_NW_	Number of Estimate Weights	6	NaN
RASE	Root Average Sum of Squares	0.21404887	0.21702632
RFPE	Root Final Prediction Error	0.214127846	NaN
RMSE	Root Mean Squared Error	0.214088362	0.21702632
SBC	Schwarz's Bayesian Criterion	5827.119555	NaN
SSE	Sum of Squared Errors	1490.424373	657.121564
SUMW	Sum of Case Weights Times Freq	32530	13951.5
MISC	Misclassification Rate	0.051398709	0.051464
XERR	Sum of Squared Errors	2268.426479	NaN
_KS_	Kolmogorov-Smirnov Statistic	0.418177384	0.40371775
AUR	Area Under ROC	0.774160998	0.75521059
Gini	Gini Coefficient	0.548321996	0.51042117
ARATIO	Accuracy Ratio	0.548321996	0.51042117

　　验证还可以包括比较开发样本和验证样本的得分范围中的正常/不良比率或不良率（以及样本窗口之外的时间样本）。bootstrapping[1]和jack-knifing[2]的使用也很常见，特别是较小的数据集。一些从业者通过生成用于开发、验证和超时样本的参数估计以及模型拟合统计信息，进一步确保了可靠的模型拟合度。此外，许多更好的银行也将独立基准作为验证过程的一部分。

　　前述的各种方法的显著差异都需要进一步分析。通常，具有大分数范围的特征会出现问题，因为客群分布的微小变化可导致分数的显著变化。同样的情况也适用于小样本的评分卡、使用特征太少的评分卡（这些评分卡随着时间的推移往往不稳定）、使用太多二元变量的评分卡（同样，客群的小变化可能会产生很大的影响）以及使用非随机样本的评分卡。这些都是不良模型开发的常见原因之外的原因，如为模型选择的特征过度拟合数据。

　　在这个阶段的最后，我们已经对数据进行了分组，执行拒绝推断，构建了几个不同的候选模型，并将它们扩展为评分卡格式，最后对评分卡进行了验证。

　　另外还进行了进一步的实施前验证，以确认最近的申请人概况与开发样本的概况类似。这将在第12章中讨论。

---

　　[1]　B. Efron,"Bootstrap Methods:Another Look at the Jackknife."Annals of Statistics 7,no. 1 (1979):1-26. doi:10.1214/aos/1176344552.

　　[2]　J. W. Tukey,"Bias and Confidence in Not Quite Large Samples."Annals of Mathematical Statistics 29(1958):614-623. doi:10.1214/aoms/1177706647.

第11章 评分卡开发过程第五阶段：评分卡管理报告

"没有什么比高效率地做根本不应该做的事情更没用的了。"

彼得·德鲁克（Peter Drucker）

一旦选择了最终的评分卡，就会生成一套完整的管理报告。这些报告是管理工具，其产生主要有三个原因：

1. 制定业务决策，如决定评分卡截止值并设计账户获取和管理策略。

2. 监控未来的评分卡效能。

3. 有助于下游的计算，如预期损失、监管以及经济资本的计算。

设计和制作这些报告，可以帮助客户回答这样的问题："我应该在哪里设置我的截止值以实现我的目标？""这会对我的投资组合产生什么影响？"因此，一个好的做法是让最终用户输入他们认为对其决策有用的报告，并以此作为编制报告的指南。

这些报告通常包括开发分数和评分卡特征分配情况、预期不良率/批准率图表以及评分卡对关键子客群的影响。这些评分卡管理报告基于评分卡开发数据集编制，包括在适当情况下的终止和推断拒绝。

除了这些管理报告之外，还应制作评分卡文档，详细说明在项目的每个关键阶段（即业务案例开发、正常/不良/不确定的定义、剔除、细分、抽样和数据收集、初始特征分析、模型开发、拒绝推断、评分卡对履约的统计和验证）实施的分析，以及生成的输出值。如果评分卡出现问题，这可以作为将来评分卡开发、审计和合规需求、未来员工以及故障排除的参考资料。不同银行和国家对文件的要求各不相同，因为其中一些文件，尤其是银行业的文件，是由监管和内部模型验证/审核功能驱动的。

本章讨论的例子代表了行业中最常见的报告。实际上，风险管理和模型开发人员根据各自的需求，会生成更多的定制报告。

11.1 收益表

收益表包括按个人分数或分数范围分列的情况、正常情况和不良情况的分布。图表11-1显示了收益表中使用个人得分的部分示例。

图表 11-1 部分收益表

分数	计数	累计账户	正常	不良	累计正常	累计不良	间隔不良率（%）	累计不良率（%）	批准率（%）
210	345	6 965	311	34	6 538	427	9.86	6.13	69.50
211	500	6 620	462	38	6 227	393	7.60	5.94	66.20
212	450	6 120	418	32	5 765	355	7.11	5.80	61.20
213	345	5 670	323	22	5 347	323	6.38	5.70	56.70

图表11-1显示了根据总体样本以及选定的子客群编制的收益表。该表中的关键信息是：

■ 每个分数或分数范围（即间隔或边际不良率）的预期不良率。例如，得分为211分的申请人，预期其不良率为7.6%。

■ 超过一定分数（即累计不良率）的所有例子的预期不良率。在图表11-1中，得分为211分以上的所有申请人的总不良率为5.94%。

■ 每个分数的预期批准率。截止值在211分的批准率为66.20%。

图表11-2显示了收益表的另一个示例，它来自SAS Enterprise Miner中评分卡节点的屏幕截图。

图表 11-2

Gains Table

Score Bucket	Data Role	Count	Cumulative Count	Event Count	Non-Event Count	Cumulative Event Count	Cumulative Non-Event Count	Marginal Event Rate	Marginal Non-Event Rate	Cumulative Event Rate	Cumulative Non-Event Rate	Average Predicted Probability	Population Percentage
9 278 <= Score < 304	TRAIN	589	589	0	589	0	589	0	100	0	100	0.001678	3.621273
8 252 <= Score < 278	TRAIN	1492.5	2081.5	1	1491.5	1	2080.5	0.067002	99.933	0.048042	99.95196	0.003817	12.79742
7 226 <= Score < 252	TRAIN	2694.75	4776.25	30	2664.75	31	4745.25	1.113276	98.88672	0.649045	99.35096	0.009146	29.3652
6 200 <= Score < 226	TRAIN	3428.5	8204.75	94	3334.5	125	8079.75	2.741724	97.25828	1.523508	98.47649	0.022763	50.44421
5 174 <= Score < 200	TRAIN	4370.5	12575.25	219	4151.5	344	12231.25	5.010868	94.98913	2.735532	97.26447	0.052816	77.31479
4 148 <= Score < 174	TRAIN	2881	15456.25	316	2565	660	14796.25	10.96841	89.03159	4.270117	95.72988	0.114957	95.02767
3 122 <= Score < 148	TRAIN	791.25	16247.5	169	622.25	829	15418.5	21.35861	78.64139	5.102323	94.89768	0.21632	99.89241
2 96 <= Score < 122	TRAIN	16.5	16264	7	9.5	836	15428	42.42424	57.57576	5.140187	94.85981	0.370496	99.99385
1 Score < 96	TRAIN	1	16265	1	0	837	15428	100	0	5.146019	94.85398	0.756296	100
10 Score >= 304	VALID	23.75	23.75	0	23.75	0	23.75	0	100	0	100	0.000748	0.340465
9 278 <= Score < 304	VALID	194.75	218.5	0	194.75	0	218.5	0	100	0	100	0.001618	3.13228
8 252 <= Score < 278	VALID	589	807.5	0	589	0	807.5	0	100	0	100	0.00384	11.57582
7 226 <= Score < 252	VALID	1128.25	1935.75	12	1116.25	12	1923.75	1.063594	98.93641	0.619915	99.38009	0.00932	27.7497
6 200 <= Score < 226	VALID	1556	3491.75	36	1520	48	3443.75	2.313625	97.68638	1.374669	98.62533	0.022295	50.05555
5 174 <= Score < 200	VALID	1659	5150.75	101	1558	149	5001.75	6.088005	93.912	2.892783	97.10722	0.053223	73.83794
4 148 <= Score < 174	VALID	1413.75	6564.5	155	1258.75	304	6260.5	10.96375	89.03625	4.63097	95.36903	0.114359	94.10458
3 122 <= Score < 148	VALID	410.25	6974.75	54	356.25	358	6616.75	13.16271	86.83729	5.1328	94.8672	0.214813	99.98566
2 96 <= Score < 122	VALID	1	6975.75	1	0	359	6616.75	100	0	5.1464	94.8536	0.342699	100
1 Score < 96	VALID	0	6975.75	0	0	359	6616.75	0	0	5.1464	94.8536		100

收益表明细

本报告有几点需要注意：

■ 如果这些报告基于分数平均分布而编制时，总是存在着一种可能性，即对正常或不良的计数为零。应尽可能避免这种情况，并将这些分数组合起来产生非零计数。一个更好的划分分数值的方法是对申请人账户进行平均分配。

为开发和验证数据集编制报告，是确保结果可靠性的良好做法。可以为两个总体创建按分数绘制不良率的图表，以进行比较和验证。

■ "边际事件率"是根据每个评分带的不良样本和总样本的数量计算的。如果在某些数据桶中有少量的不良样本，或者一个投资组合违约率很低，由于计数较少，边际不良率不会均匀地增加或减少。这就会产生不合逻辑的报告，应该得到修复。选项包括通过这些值创建一条线性"最佳拟合"线，或者使用计算出的后验概率。

■ 其他领域，如预期盈利能力、净现值（NPV）、收入、非活动率、滚动率、回收率、预期平均余额和其他适当的领域，也可以根据需要添加。

这些信息与财务和运营方面的考虑相结合，为各种行为做出截止值决定——例如，基于预期的不良率或批准率，应该在哪个截止值批准新申请人？

除了总客群之外，一个有用的做法是就选定的子客群编制这种报告。为子客群制作此类表格的目的是确定对关键业务部门的任何异常影响。例如，通常情况下，基于更成熟的客群开发的评分卡会惩罚较年轻的客户（细分评分卡的例子）。典型的子客群可以包括地理位置、业务来源、现有产品所有者、现有/新客户、未来活动的目标市场细分等。

图表11-3显示了几个细分按不同截止值划分的预期批准率的示例。

图表11-3　　　　　按市场细分划分的预期批准率

得分	1区	3区	高净值	>2号产品	TM2	新的客户	抵押/汽车贷款客户
210	74%	49%	88%	80%	83%	56%	97%
211	67%	43%	85%	77%	80%	51%	95%
212	61%	39%	80%	70%	76%	46%	92%
213	56%	35%	77%	67%	72%	44%	87%

　　细分的分析完全与决策/背景相关，应该由风险/投资组合经理或负责使用评分卡创建战略的人员组织进行。在这个例子中，我们可以看到一些细分，诸如"高净值"（银行存款超过一定数额的）客户、某些地区的客户以及在银行持有抵押贷款和汽车贷款的客户。我们将在稍后讨论如何设置截止值——在此阶段，假设我们已经进行了所有的总体投资组合分析，并确定一个新申请人的评分卡截止值为211分。一旦设置了截止值，我们就开始分析它对各个细分市场的影响。在图表11-3中，我们可以看到"高净值"的潜在批准率为85%。这应该是潜在问题的警示信号，对于高净值客户来说，对信用卡等产品的批准率应该非常高。我们还可以看到，在银行持有现有抵押贷款和汽车贷款的客户中，在同一截止值上的批准率为95%，这对该部分客户来说就比较合理。由于模型的性质，这些类型的意外/非计划结果确实会发生。掌握的（高净值客户）信息有限——在上述案例中，评分卡的评分可能主要基于征信机构的数据和现有贷款的履约情况（不包括存款）。高净值客户往往有较多的存款，可能没有任何抵押贷款或汽车贷款，因此，部分高净值客户反而会因为银行信息缺失而得分较低，有15%的人会低于截止值。这是战略经理在实施评分卡之前应该知道的信息。这种现象也同时说明了为什么细分是有益的，我们应该考虑业务习惯而做出相应决定。正如前面提到的，应该使用关于各种类型客户及其行为细微差别的知识来为评分卡选择适当的变量。在这种情况下，有关净存款或余额的信息可以添加到评分卡中，以便给高净值客户赋予更高的排名。或者，如果这是一个足够大或足够重要的细分市场，可以为此开发一个单独的评分卡。

　　同样，如果第二个目标，比如是在某些地区抢占市场份额，通过最大限度地降低现有客户的拒绝率来提高保留率，或最大限度地批准新客户，就应该在评分卡实施之前估计其批准率，以避免发生意外。

　　金融机构和其他机构可能会遇到逾期问题，希望根据不同截止值检查不同细分的不良率。图表11-4描述了这样的示例。

图表 11-4　　　　　　　　按细分划分的预期不良率（%）

得分	1 区	3 区	高净值客户	>2 号产品	TM2	新的客户	抵押/汽车贷款客户
210	2.5	6.0	0.6	4.0	2.0	5.5	1.1
211	2.2	5.5	0.4	3.3	1.8	5.1	0.9
212	2.0	5.2	0.2	3.1	1.5	4.5	0.7
213	1.6	4.6	0.1	2.7	1.1	4.0	0.5

　　我们毫不奇怪地看到，相同的截止值为各个细分带来了不同的不良率。总体截止值是所有不同客群的平均值，前面的情况很常见，特别是在广泛的细分当中。这就是构建细分评分卡的意义所在。在图表 11-3 和图表 11-4 中，我们假设这些细分还不够，不足以保证它们自己的模型——如果它们足够细，基于不良率的差异，我们肯定会首先探讨这个问题。在这种情况下，风险经理有几个选择来尝试降低不良率，并更好地对待低风险客户。一种常见的选择（取决于当地法规）是，仍然使用相同的评分卡，但是针对不同的细分设置不同的截止值。在图表 11-4 中，对于高净值或现有的抵押贷款客户，即使设定的截止值可能导致 100% 的批准率，这两个细分（市场）的不良率仍然很低。这也意味着，我们不是为每个人都设立一个截止值，而是改变截止值以更好地对待我们的低风险客户，即使评分卡没有将他们隔离到更高的分数区间。然而，我们也可以看到一些高风险的细分市场。同样，应对这种情况的策略完全取决于风险管理者想要做什么，以及他们有哪些选择。如果问题出在逾期违约上，他们可能会选择按地区或细分市场划分更高的截止值。他们可能会选择同时按细分市场和分数来进行差别定价，而不是仅仅按分数来定价。他们可能会选择改变他们的营销策略，瞄准更高层次的客户。最后，如果这些细分中有任何一个能够拥有足够数量的正常和不良的样本，足够使其开发他们自己的细分评分卡，那么这将是最好的选择。

　　需要注意的是，在现实生活中，根据不同截止值做决策却很少会这样简单。例如，在信用卡业务中，风险较高的客户也倾向于更频繁地周转资金，从而产生更高的收入。事实上，除了这里的简化例子所显示的措施外，考虑其他措施是正常的。

上面讨论的例子说明了通过分析做出明智决策的重要性。当务之急是要开发一个预测违约的模型。然而，使用该分数的总体决策还会有其他后果。在做出任何最终决定之前，最好先尝试预测评分卡如何影响内部和外部的关键利益相关者。下一章将进一步讨论下游战略决策如何影响各个业务领域。

样本总体按得分的分布，也被用作评分卡稳定性和评分卡监测的最终得分报告的基础（这将在第14章中介绍）。正如收益图所示，开发阶段的得分分布是我们对未来的预期，也是我们衡量"未来就像过去一样"的假设。

11.2 特征报告

这些报告提供评分卡中包含的每个特征的分布，以及按分数分类的每个属性的批准率和不良率。一个特征报告的例子参见图表11-5。

图表11-5　　　　　　　　特征报告

年龄	分布（%）	分数	不良率（%）
数据缺失	8	16	16
18~22岁	9	12	24
23~26岁	15	18	18
27~29岁	26	26	10
30~35岁	10	35	5
35~44岁	20	43	3
44岁以上	12	51	2

特征报告作为特征分析报告（见第14章）的基础，也作为常规评分卡监

测的一部分执行。该报告深入探讨了模型输入值，以识别导致不稳定的变量。正如我们稍后将详细介绍的那样，目标是衡量特征稳定性——我们预计未来的年龄分布将与开发样本中的年龄分布相似。

　　这些报告的生成通常标志着评分卡开发项目的结束。接下来的章节将讨论这些评分卡是如何实施和用于决策的。

第12章　评分卡开发过程第六阶段：评分卡实施

"50-50-90规则：任何时候您有50-50的机会做对某件事，就有90%的可能性会做错。"

安迪·鲁尼（Andy Rooney）

本章讨论评分卡开发后的分析，将涵盖三个主要领域：

1. 了解在实施风险评分卡时的业务分析和思考。
2. 了解如何使用评分卡和管理报告。
3. 了解战略是如何制定的。

12.1　实施前的验证

评分卡开发后的实施前活动包括评分准确性测试和前端验证（也称为超时稳定性验证）。这个验证练习在概念上与作为评分卡开发的一部分执行的练习类似，但是目标不同。以前的目标是通过比较开发和验证数据集的分布来确定评分卡的稳健性，现在的目标是确定所开发的评分卡对当前的申请客群是有效的。在某些情况下，如果开发样本是两年或三年前的，申请人的概况可能发生了重大变化，需要识别。正如前面几章所提到的，这个练习的部分内容可以在构建模型之前执行。评分卡的稳定性取决于所使用的个人特征。在进行模型开发之前，评分卡构建者可以选择一组可能适合模型的40~50个特征（基于以前的经验和评分卡），然后他们可以将计划开发样本的分布与最近的申请人/账户客群的分布进行比较。避免任何不稳定的特征将使已开发的评分卡稳定的机会最大化。这个验证练习并不能保证一个稳定的评分卡，因为其他派生变量可能会在开发过程中添加到模型中，但是它提供了一定程度的心理安慰。

此实施前验证的结果也被用作分析的一部分来设置截止值。特别是预期批准率可以根据最新的申请客群不在开发样本里计算。

在进行验证之前，所有新的外部和内部评分卡特征都需要编入外部数据接口（如征信机构）以及应用程序处理和决策系统中，以便这些特征可以用于评分。

一旦针对所有的特征做了编程，评分卡的准确性测试就可以进行了。验证报告可以作为准确性测试的一部分，从而提高整个过程的效率。在理想情况下，测试应该在实施评分卡的相同环境中进行（在生产系统的测试或开发区域）。如果测试区域不可用，则需要编写SAS代码的程序来模拟评分并生成总体分布。然而，这并不能准确表示实际生产系统将如何解释各种得分特征，特别是计算得出的得分特征，并可能导致不准确的预测。因此准确性测试必须尽可能与实际生产条件保持一致，尤其是用于监管计算的评分卡，从开发到验证乃至实施环境，重新编码可能会产生监管问题。模型的重新编码可能会导致原始计算被误解，并表示模型有风险。在理想情况下，模型应该在相同的环境中开发、验证、部署和监控，以减少模型和监管风险。

一旦评分准确性确定了，就可以使用新的评分卡对最近的申请/账户进行评分，并将其分布与开发样本的分布进行比较，从而生成前端验证报告。什么是"近期"取决于几个因素。在一些公司，每月的申请数量太少，无法提供可靠的报告，因此他们使用季度申请，甚至年度申请。数量通常不是行为评分卡的问题。模型验证团队有时还通过策略确定此时间段。例如，他们可能选择在过去12个月期间进行稳定性检查。概括而言，使用的是足够数量的近期申请的客群。但是，最好在有数据可用的最近几个时间段（例如，过去1个月，过去3个月，过去6个月，3个月前，6个月前等）进行此分析，以便发现任何出现的趋势，或者确认某个特定月份的任何偏差并不代表长期趋势。

一般来说，系统稳定性报告与特征分析报告都是为这些目的而制作的。这些报告可以由申请评分卡和行为评分卡生成。

12.1.1 系统稳定性报告

图表12-1给出了一个系统稳定性报告的例子。注意，系统稳定性报告有时也被称作群体稳定性报告或评分卡稳定性报告。

图表12-1　　　　　　　　　　系统稳定性报告

分数范围	实际%（A）	预期%（E）	（A-E）%	A/E	ln（A/E）	指数
0~169分	7	10	-3	0.7000	-0.3567	0.0107
170~190分	6	10	-4	0.6000	-0.5108	0.0204
191~197分	6	10	-4	0.6000	-0.5108	0.0204
198~202分	7	10	-3	0.7000	-0.3567	0.0107
203~207分	9	10	-1	0.9000	-0.1054	0.0011
208~218分	13	10	3	1.3000	0.2624	0.0079
219~225分	13	10	3	1.3000	0.2624	0.0079
226~259分	11	10	1	1.1000	0.0953	0.0010
260~292分	13	10	3	1.3000	0.2624	0.0079
293分以上	15	10	5	1.5000	0.4055	0.0203
指数						0.108159293

"实际%"和"预期%"两列分别代表了最近样本及开发样本的分布情况。注意在图表12-1中，分数范围已被设计成每个区间有10%的预期样本。在正常情况下，使用这份报告的大多数人都设置了统一的得分范围，例如相隔10分，并得到预期样本的更"正态"分布。两种方法都是有效的——我发现，出

于业务目的，每个数据桶中 10% 的预期值有助于更容易地确定偏移。此外，由于这个指数本身像许多计算一样，对分数段很敏感，因此我发现均等分布可以使我对其更有信心。如果使用了相同的分数段，则有些分数段的顾客很少，而有些分数段的顾客超过 20%。

如图表 12-1 所示，该指数衡量的是近期与预期申请人（来自开发样本）之间的群体偏移程度。对于所有得分范围，该指数计算如下：

$$\sum (实际\% - 预期\%) * \ln(实际\%/预期\%)$$

一般来说，指数小于 0.10 表示没有显著变化，指数介于 0.10~0.25 表示存在需要调查的小变化，大于 0.25 表示申请客群发生了显著变化。这些都是行业经验法则，不是绝对的。我们还需要进一步的调查，将在以下章节讨论。

其他的拟合优度测量，比如具有某种程度显著性的卡方，也可以用来测量偏移的大小。图表 12-1 所示的方法是业界广泛使用的方法之一。

另外，根据历史时间段编写这份报告的建议也非常有帮助。例如，图表 12-2 显示了几个历史时期期望值和实际值的分布情况。

图表 12-2 显示了一个简单的例子，其中近期的申请人（"上个月"）显示预期有相当大的偏离，可能产生大于 0.25 的稳定性指数。然而，3 个月和 6 个月前的数据显示，相当稳定的分布接近预期。这告诉我们，上个月的申请人数，显示出向更高分数的偏移，可能是由于一次性事件，通常不会引起关注。向更高分数的偏移可能是由于，交叉销售给银行现有的抵押贷款持有人或高端杂志的邮寄名单上的人。可以推测，这两个细分市场的得分都更高。

图表 12-3 显示出不同的趋势。

在图表 12-3 的例子中，我们可以看到，最近一个月的数据显示，与预期相比有很大的偏差。然而，3 个月和 6 个月前的数据分布告诉我们，这一趋势开始于 6 个多月前，不是一次性的事件。这种现象需要进一步研究，比如七八个月前发生了什么变化。该公司是否开始销售逐渐吸引更高收入客户的高端手机？也许是产品或忠诚度计划改变了这一点。监管方面的变化，如降低按揭贷款的最高可容许贷款额，也将导致申请客群的逐步和永久性变化。

图表 12-2　　　　　　基于近期历史数据的稳定性分析

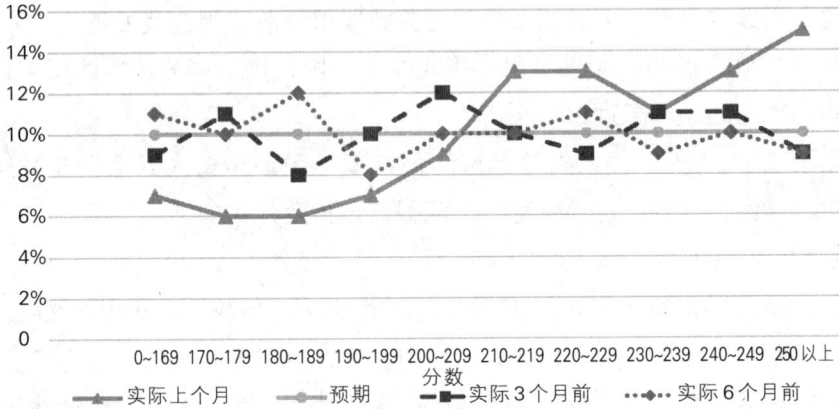

—▲— 实际上个月　　—●— 预期　　--■-- 实际3个月前　　······· 实际6个月前

图表 12-3　　　　　　持续趋势的稳定性分析

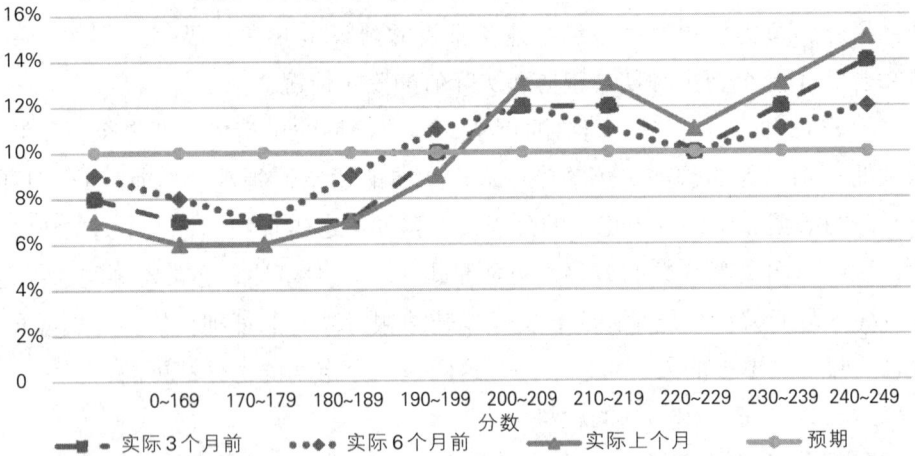

--■-- 实际3个月前　　······· 实际6个月前　　—▲— 实际上个月　　—●— 预期

图表12-4显示了另一个例子。

我们再次看到，近期的申请人数跟预期相比有一个显著的偏差，但是在图表12-4中，6个月和3个月的数据看起来却比较稳定。在这种情况下，我们添加了表示12个月前申请的第三条线。这条线看起来更接近近期的那条线并且严重偏离了预期。通常，这表示某种季节效应。在大部分国家，用于周转的

贷款

图表 12-4   显示季节性的稳定性分析

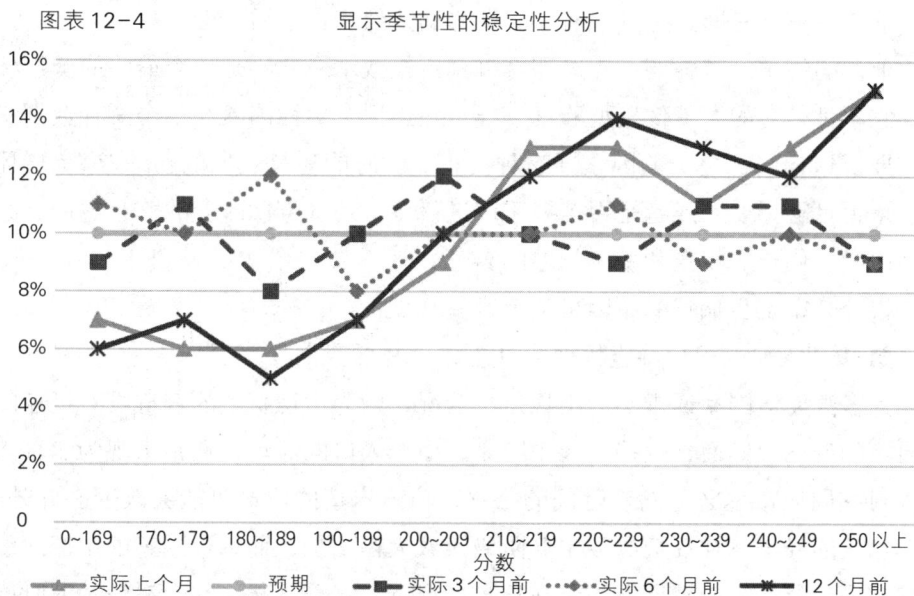

─▲─实际上个月 ─●─预期 ─■─实际3个月前 ···◆···实际6个月前 ─✕─12个月前

申请在主要节日（比如宰牲节、中国春节、圣诞节、排灯节等）前后激增，与之相对应的是，逾期违约率也会因过度采购而急剧上升。在另一些国家，抵押贷款申请往往在春季和夏季增加，因为这两个月是大多数人倾向于买房和搬家的时候。这就是为什么应该避免只从这样的时间段获取开发样本，因为它们代表了一种偏离常规的情况。在上述稳定性分析中，一旦确定最近申请客群的不稳定性是由于季节性效应造成的，则通常不会引起关注。

请注意，当我们在实施评分卡之前进行这个练习时，为了确认它是有效的，同样的练习也是定期进行的，以便持续验证评分卡。我们将在后面的章节中讨论这些报告。

一些分析师也会生成申请人的正态分布线（通过等距得分段）。除了分数的变化是向下，向上，或者例如，峰态之外，还可以提供额外的信息。

与所有其他数据挖掘练习一样，指数的置信区间依赖于数据的数量与可靠性。因为数据数量少，许多银行只会每季度或是每半年编制一次报告。稳定性分析主要用于申请评分，因为这会在短时间内发生变化。现有账户分布的变化通常需要更长的时间，并且只有在申请方面持续变化之后才会发生。

前面的例子应该强调一点，即客群稳定指数本身并不是一个最终的衡量标准。它不是绝对的，就像模型验证一样。在这里，定性因素和单个统计数据一样重要。诸如趋势之类的因素（这种变化是暂时的还是长期的？）在决定群体偏移是否足够重要，或者是否需要采取进一步行动（例如改变战略）之前，必须始终考虑偏移的规模和变化的原因。

得分分布发生偏移的原因可能有以下几点：

■ 申请人概况出现独立性变化（比如，客群变化）。

大多数发达国家通常不会出现这种情况，因为申请贷款的客群没有迅速的和显著的变化。然而，一些发展中国家，由于人口的流动，通常表现为年轻人从农村移向城市地区。随着时间的推移，信贷申请的客群可能会改变。此外，快速增长的经济体往往会导致中产阶级人数大幅增加，而每个国家的中产阶级通常都是信贷产品的消费主力。在这种情况下，客群结构往往会在较短的时间内发生变化。

■ 营销活动、市场竞争和其他业务原因。

例如，如果最近1个月贷款申请人明显较年轻，或者集中在某个特定领域，这可能是由于有重点的营销活动。图表12-2提供了一个例子。有时候，基本产品的变化，如增加忠诚度计划、调整收费结构、"6个月不计利息"或额外注册积分，或暂时专注（或永久转向）新渠道，也可吸引不同类型的申请人。忠诚度计划，正如在细分部分所讨论的，有时候会吸引一个非常特殊的细分市场，因此任何改变都会对稳定性产生重大影响。外部竞争，尤其是针对一小部分人群的新进入者（例如专业人士的单线信用卡公司，以及在线金融科技[①]贷款机构），也可能会影响申请客群的构成。无论是在您所属的机构，还是在您的竞争对手那里，价格的变化都会对申请人的质量产生影响。其他地方较

---

① http://www.inc.com/magazine/201509/maria-aspan/2015-inc5000-fintech-finally-lifts-off.html.

低的价格，以及您所在机构较高的基于风险的定价，都会降低申请人的质量。在电信行业，所提供的手机类型和项目往往决定了申请人概况。在银行业等受监管行业，信贷限额、贷款价值比以及收入核实方面的监管规定的变化，也会对申请人概况产生影响。在行为评分方面，更积极的授权或信用额度管理策略、引入忠诚度计划、重新定价、交叉销售、战略性关闭不活跃的账户以及其他此类活动，可以改变现有客户的概况。在通常情况下，如果信贷申请人的概况发生重大变化，这也会对预约客群产生下游效应。

■ 编码错误。这是典型的系统性错误，可以通过用户验收测试（UAT）来规避。

■ 数据捕捉中的错误，即数据显示为非随机或不正确细分的样本，从开发样本中排除。

需要注意的一点是，对于纯系统稳定性报告，必须使用与开发样本相同的排除标准生成申请客群。公司对评分卡截止值执行第二组分析，其中包括所有申请人（如果评分卡项目的排除项与实际实施中的不一样）。这是为了对预期的批准率以及截止值对关键细分市场的影响进行更现实的分析。

系统稳定性报告只显示是否发生了偏移，并给出了偏移幅度的指示。对于业务决策而言，找出群体偏移的原因要重要得多，因为只有这样才能在必要时采取适当的措施。

可以通过以下方法进行进一步调查，以查明造成这种偏移的原因：

■ 进行特征分析，分析评分卡特征中的偏移。

■ 分析非评分卡特征的偏移，这些偏移被认为对申请人的质量有影响，并且能够得出评分卡特征偏移的根本原因（关于这一点将在下一节中深入讨论）。

■ 收集有关近期市场推广活动、经济状况和其他可能影响申请人或客户质量的信息。

12.1.2　特征分析报告

如果分数的分布出现了偏移，从逻辑上讲，这种偏移是由评分卡中的变量引起的。特征分析报告提供了评分卡和其他特征分布偏移的信息，以及该偏移对分数的影响。图表12-5显示了"年龄"特征分析的例子。

图表 12-5　　　　　　　　　特征分析

年龄	预期 %	实际 %	分数	指数
18~24 岁	12	21	10	0.9
25~29 岁	19	25	15	0.9
30~37 岁	32	28	25	−1
38~45 岁	12	6	28	−1.68
46 岁以上	25	20	35	−1.75
				−2.63

此处"预期%"和"实际%"依然分别指开发样本和近期样本的分布。指数计算公式为：

$$\sum(\text{实际\%} - \text{预期\%}) \times \text{分数}$$

其适用于所有分数范围。

图表 12-5 显示向年轻申请人的偏移，导致申请人的得分比在评分卡开发阶段时低 2.63 分。对所有评分卡特征的分析以同样的方式进行，以更全面地查明得分偏移的可能原因。一些分析师还根据预期分布和实际分布之间的差异，计算特征的其他拟合优度统计量。但是，因为只有很少几个分组的特征，所有这些数字的可靠性可能会受到怀疑。

我对其他特征也进行了类似的分析，以比较评分卡开发之时和当前的分布情况，包括：

■ 那些没出现在评分卡中但对申请人质量有影响的特征。这些特征包括没有进入评分卡的强烈特征。例如，如果评分卡特征的偏移表明申请人的质量在恶化，那么审查这些强有力的非评分卡特征将有助于确认这种变化。这确保了对申请人质量的判断是基于更广泛的信息，而不仅仅是评分卡中的有限变量，因此更可靠。例如，咨询数量的增加表明信贷需求的增加。我还会检查开放的交易数量，以及循环信贷的利用情况，以确认这一点。如果平均贷款价值比在增加，意味着更高的风险，那么其他金融预测变量可能也会告诉我们同样的事情。如果没有，我们应该看看其他因素，如房价和收入，以提供进一步的解释。

■ 与评分卡上的特征相似的特征。识别这些变量的一个好方法是进行相关性/共线性检查。在前面的章节中，我们讨论了在 SAS Enterprise Miner（或 Proc Varclus）中使用变量集群节点来生成这样的分析。这样做的目的是通过比较一些变量和相似变量来确定它们的变动状况。例如，如果"年龄"出现在评分卡上，跟踪其他与时间相关的特征——比如就业时间、住址和最早交易时间——可能会进一步证实或解释申请人概况偏移的原因。从逻辑上讲，它们应该朝着同一个方向变动。例如，如果申请人的平均年龄是稳定的，但在居住地址的平均居住时间越来越长，它可能指向一些操纵数据。同样，这不是决定性的，但经过其他分析，如检查地址变化或邮政编码之间的变动，有助于澄清变化。如果有证据表明人口流动和住址变化增多，那么居住时间的增加就不合理，操纵的理由就更充分。另一个有助于回答此类问题的维度是时间。例如，如果评分卡有"过去6个月的查询"，那么跟踪过去3个月和12个月的查询将有助于进一步解释评分卡查询变量的变化。这类似于图表12-3中所示的客群稳定性示例。这至少会有助于解释这些变化是由于近期或历史上的一次性事件、永久性变化（如产品、定价或监管变化等）、季节性因素或其他因素造成的。相关的特征应该朝同一方向变动（例如，年龄较大的申请人应该在工作上有更长的任期，或者在征信机构有更久的档案）。其他可以做到这一点的信息类型包括交易、人口统计、查询和财务比率等。

■ 在评分卡中使用比率时，还应跟踪分母和分子的变动情况，以解释比率本身的变化。例如，如果偿债比率（每月偿债额除以收入）下降，这可能是由于债务余额或利率下降、摊销或期限延长、收入增加——这些因素会对实际风险水平产生不同的影响。

■ 同样，应该进行分析，将开发数据与过去1~12个月的历史数据进行比较，以检测存在的任何趋势，并验证分布的变动不是暂时的现象。前面的工作通常在每个月或每个季度完成，作为进行中的模型验证的一部分。

在大多数情况下，跟踪重大营销活动、价格变化、监管变化、忠诚度计划的引入或变化，以及政策规则的变化，也是非常有用的。正如上面所讨论的，这些就是大多数情况下得分变化的原因。

分数和非分数特征的变化应该是同步的，这可以从逻辑和业务角度来解释。例如，如果分析表明，申请人的年龄越来越小，但却有越来越长的"就业时间"，那么就可能会出现编码错误。必须对这种不合逻辑的偏移进行调查和解释。做以上所有事情的关键是回答这样一个问题：申请人群体是否发生了显著变化，是否具有实质性变化？这不能仅仅通过计算指标来实现，还需要做进一步的分析，包括定性判断。

12.1.3 如果评分卡无法验证怎么办？

如果分析显示最近的申请客群与开发样本相比发生重大变动，那么用户只剩下几个选择。

在讨论如何处理这种变动情景的选择之前，我们又一次认识到，这里最重要的任务是找到得分及特征偏移的原因。这些改变的原因将决定哪些行动是适当的，或者是否确实需要采取行动。

重新开发评分卡可能不是一个可行的选择，因为这次重新开发的数据样本很可能来自与原评分卡相同的时间维度（如果实施了类似于第6章所述的工作），而原评分卡没有得到验证。在理想情况下，最好在启动评分卡开发项目之前完成这种稳定性练习。第6章中提到的形式上的变量分布分析是检验模型稳定性的一个很好的方法。在其他情况下，用户需要再次检查样本窗口，以确保季节性变动和其他一次性事件等因素的影响已经被纳入考虑范围。如果没有，可以使用来自更稳定时间的不同样本窗口重新开发评分卡。如果能够确定并分离出得分变化的确切原因，那么这里也有机会重新设计开发样本，以代表近期的客群。例如，如果监管机构改变了抵押贷款的最高允许贷款价值比（LTV），从90%改为80%，那么我们可以通过删除80%~90%之间的所有申请而不费力气地重新设计样本。同样，最近的政策和其他变化的影响也可以纳入以前的开发样本中。请注意，从数据中消除这种偏差要比添加以前不存在的客群要容易得多。在这些情况下，我们可以对WOE进行推断和调整，也许对预期的不良率而不是预期的稳定进行了管理。同样，此练习最好在评分卡开发之前而不是之后进行。

如果不稳定性是由一个或两个相关特征造成的，另一个选择是剔除这几个特征，重新开发评分卡。然而，最好弄清楚它们为什么不稳定，以确保没有更大的迫在眉睫的业务问题。

如果重新开发评分卡不是一个选项，在这种情况下，用户有时会根据新的分布调整其申请人的总体预期。这意味着重新生成评分卡管理报告（如上一节所述），使用新的总分布数字，但是保持每个分数的概率关系（或不良率）相同。基于定量和定性分析，不良率的预期也有可能变化。例如，如果认为申请者的资质低于预期，可以采取保守的措施来提高不良率预期，贷款/信用额度数额可以稍微降低。调整预期不良率的一个更好的方法是使用近期申请人或账户的滚动率或年份。图表12-6展示了这样一个例子。

图表12-6　　　　　　通过近期各年份曲线调整预期不良率

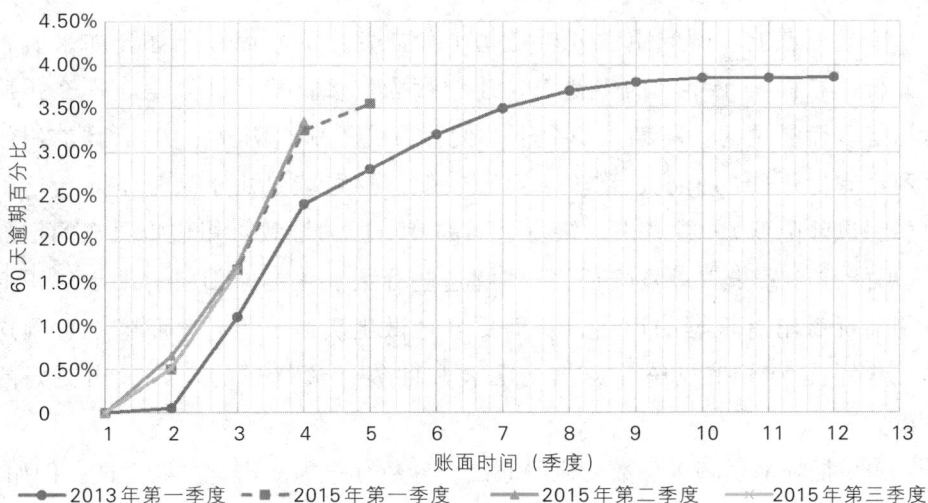

在图表12-6中，我们可以看到2013年第一季度开立的账户，以及2015年

3个不同季度账户的最新长期年份曲线。该评分卡于2015年第四季度开发，而申请者在2013年第一季度开户。在这种场景下，贷款人最低的征信机构截止值分数政策在2015年第一季度发生了变化，从最低的620分改为580分。因此，现在已经推向市场的这种信用卡，除了620分以上的客群之外，征信机构分数在580~620分之间的客群也可以使用。这与另一个案例类似，一家银行改变了政策，以很高的贷款价值比批准了房屋净值信用额度（HELOCs）。以前，一个客户只有在其贷款价值比（LTV）低于70%或更低时才能拿到房屋净值信用额度，现在LTV即使高达85%也可以申请到。与前一个例子一样，银行开始向那些当前贷款价值比（LTV）在70%~85%之间的客户推销这一新产品，同时降低了他们的截止值。在图表12-6的信用卡例子中，开发后的评分卡指向3.8%的不良率。然而我们知道最近以及未来的申请者和账户将比开发样本的风险高得多。一种调整预期不良率的方法是将近期的年份推算到13个季度。对于图表12-6来说，这个数字就会降至4.6%~4.8%。然后我们回到收益图表，并把预期的不良率从3.8%调至4.7%。大部分风险经理会从这个数字开始。在正常情况下，每季度调整一次。

在这一点上所做的定性分析是基于分数变化的原因。例如，如果所有的分析都指向一个年轻的申请人，违约行为较多，稳定性较差，那么预期履约是显而易见的。在某些情况下，偏移可能不那么明显。例如，"信用额度利用率"下降的情况通常表示风险较低。这可能是由于余额下降（这确实表明风险降低），或者由于银行之间的竞争压力导致可用信贷限额的增加（这可能并不意味着风险降低）。理解这些分数变化的原因将有助于对预期履约情况做出有根据的评估，从而更好地做出决策。另外，我们注意到这项工作不是为了生成统计数据、图表和曲线，最终目的还是做出更好的决策。

如果很好地理解了分数变化的原因，分数分布的变化也可以尝试。例如，在不断增长的经济体中，对信贷产品的咨询数量通常会随着时间的推移而增加。特别是，当开发数据集较旧时，到实施评分卡时，平均数字会上升。在这种情况下，就有必要调整咨询的分组以反映当前的而不是过时的平均水平。我曾经使用过一种方法，即运用更稳定的人口统计变量，为5年以前进行过0~2次咨询的申请人记录个人概况。然后我们计算上一季度人口统计特征相似的客群的咨询数量。之后使用这些信息来调整评分卡中咨询分组的数量，同时保持分数不变。如果不彻底了解分数变化的原因，就不能尝试这种方法，它只是解决问题的"最佳"方案。

　　另一种选择是隔离偏移的原因，并开发一个单独的细分评分卡。例如，该银行传统上以拥有既定信用历史的人为目标客户，但最近开始吸引新债务人。当然，第一步是向市场营销或其他部门了解情况。投资组合可以分为两个部分：一部分用于已有的债务人；另一部分用于新债务人。还有两个单独开发的评分卡。请注意，如果新的债务人市场对于银行来说是全新的，那么首先需要的是一个通用的评分卡，且至少已构建的客户评分卡将比早期的综合备选方案更好地发挥作用。

　　还有一些可用的统计技术，可以"调整"开发样本分布，使其与近期的分布类似。然而，这只是调整了特征，并不能代表原始样本的履约状况。

　　一旦确定评分卡对当前申请人有效，就完成了实施前验证。此时，战略开发工作通常就开始了。

12.2　战略发展

　　所以留心吧，戒惧是最安全的方策。

莎士比亚

12.2.1　基本准则

　　评分卡是为某些业务目标而开发的，一旦开发了评分卡，用户就需要考虑如何运用评分卡来实现这些目标。这包括对诸如批准的最低分数（截止值）、初始信用额度或自动信用额度增加、清收渠道、最佳报价、设置条件、制定政策规则以及在适当的情况下实施"挑战者"策略等问题，进行分析并做出风险调整决策。通常，前端验证报告连同预期的履约报告一起用于此目的。战略发展是一个非常详细和广泛的话题。在本节中，我们将讨论一些高层次的、简化的活动，这些活动是为了在金融机构和其他机构中制定策略的需要而举办的。其目的是向评分卡开发人员提供一些关于如何使用他们的模型来做出决策，而不是提供具体的战略开发建议。实际上，我强烈建议评分卡开发人员与决策者进行沟通，了解最终用途的一些细节，并运用这些信息来创建适当的模型，以解决当前的问题。这个主题，关于模型必须如何为特定目的而设计，已经在前面的章节中详细讨论过了。战略发展就是决策，和所有的决策一样，我们应该记住以下几点：

■ 对主要细分的影响。任何已经实施的战略，或者已经做出的决定，都应该分析其对主要细分（比如，地区、人口、分销渠道）的影响。主要细分是指那些对于公司而言重要的有价值的细分。这减少了意外事件的发生，并使公司采取措施，比如使用相同的评分卡，但对某些细分设置不同的截止值。如果没有为这些细分开发独立的评分卡，并且申请人的概况在细分之间存在显著差异（例如，分行客户与互联网客户，或现有客户与新客户），那么这种分析就显得更为重要。在一些国家，还需要考虑设定的截止值、决策策略应符合当地的贷款监管规定。尤其是在美国，必须进行分析，以确保遵守公平的贷款法案。①第11章讨论了如何进行分析，以衡量对主要细分影响的一个例子。

■ "假设"分析。当公司运用决策引擎、第一次使用评分卡或使用新的细分时，那么应该对新的或"挑战者"战略进行"假设"分析。其目的是初步了解拟议的新策略对正在进行的业务的影响，它是否会比现有的"冠军"表现得更好，以及落入每个限定场景的账户数量。其目的是尽可能做出最明智的决定，并预见任何负面影响。

■ 政策规则。新策略的实施使公司有机会重新审视和规范政策规则，尤其是在投入新评分卡时。需要特别注意基于评分和政策规则的决定的一致性，以使它们不相互抵消，并且可以独立地跟踪和评价每个决定的有效性。一些分析人员也会利用评分卡开发分析来帮助设置政策规则。比如，对于一个非常强

---

① http://www.federalreserve.gov/boarddocs/supmanual/cch/fair_lend_over.pdf.

的二元变量，其中的一小部分落入一个高不良率的类别，也许是件好事，比如可以因此进行破产清算。当观察连续变量的无偏差数据时，如果WOE曲线的梯度在一个特定的数据点发生变化，这可能表明是一个突破政策规则的点。

■ 评估选择。重要的是，现实生活中的决策通常是搜索"今天最好的决策是什么"，而不是理论上的最佳答案。正如前面几章所讨论的那样，关于低违约率投资组合、拒绝推断和数据选择的决策，在很大程度上取决于现有的和可以做到的，而不是不可能的完美解决方案。决策应该包括识别和排序各种可用的选项，然后选择最好的一个。

12.2.2 评分策略

大多数贷款人通常以简单的违约概率模型开始他们的信用评分之旅。当他们习惯了开发和使用第一个评分卡的思路后，他们开始开发和使用多个模型来评估不同方面的风险。在单独的评分卡用于某个细分市场的环境中，评分策略相当简单。每个申请人，或者说客户，都是通过这个单一的评分卡获得评分的，然后由贷款人做出恰当的决定。不管怎样，当使用多重评分卡时，会有各种各样的方法。多重评分卡的使用发生在以下情况中：例如，对申请人进行评分，来预测不同程度的逾期（逾期30天、60天或90天）、人员流失/离职、周转倾向、欺诈、首次付款违约、破产、坏账和盈利，并使用征信机构或其他外部的评分卡来补充内部模型。

实现多重评分解决方案主要有三种方法：

1.排序法

2.矩阵法

3.矩阵排序混合法

12.2.2.1 排序法

使用这种方法，申请人或账户按顺序在每个评分卡上获得评分，分别有截止值，最差的申请人被直接拒绝。图表12-7给出了这种策略的示例。

图表12-7显示了一个排序评分样本，有3种不同的评分卡被使用。注意，根据使用的评分卡的数量和类型，一旦一位申请人通过了第三个评分卡，就会发生以下两种情况之一：要么他们得到批准，要么使用其他评分卡进行评分

（参见下面的矩阵策略）。例如，银行可以依次使用欺诈和破产评分卡过滤掉最糟糕的少数，然后使用矩阵中征信机构和内部的分数来进行更精确的决策。除了"通过"和"拒绝"之外，这里还可以使用其他决策，比如"推断"。鉴于这些行动的性质，这种策略最好在使用绝对"障碍"的情况下实施。也就是说，要么通过，要么拒绝，没有灰色地带。在实践中，这类策略经常与评分卡一起使用，比如用于破产和欺诈的评分卡。其思路是使用分数或概率来代替策略规则。

图表 12-7   排序评分

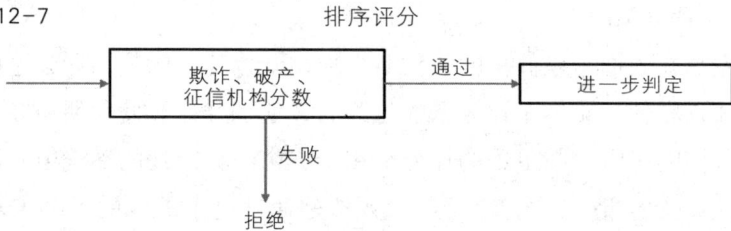

传统的政策规则应该是这样的："如果一个申请人在以往 3 年有过破产经历，他就应该被拒绝"。诸如此类的政策规定是建立在主观借贷经验的基础之上的，它们将影响那些过去曾经历过此类事件的银行。以上基于破产评分的思路，具有前瞻性，因为它将政策规则转化为声明："如果一位申请人未来 3 年破产的概率大于 x%，那么他就会被拒绝。"这不仅会影响那些已经破产的人，而且还会影响那些将来很有可能破产的人。由于这种规定较为严格，拒绝仅限于那些占比很小的最低评分的人。

排序策略过于直接，所以只被用来剔除高风险客户。由于灰色区域的存在及需要平衡多种竞争利益，矩阵法会更好。

12.2.2.2 矩阵法

在矩阵评分法中，基于各种评分卡的概率组合，多个评分卡与决策同时使用。图表 12-8 的示例显示了一个预期风险和流失（或损耗），即图表中的灰色区域。

图表 12-8   矩阵评分

		用户流失				
		0~549分	550~619分	620~649分	650~699分	700分以上
风险评分	0~189分	下降			下降	
	190~209分			推断		
	210~229分					
	230~249分				批准	
	250分以上					

需要从不同类型（最好是独立的）信息中做出平衡选择时，常常会用到这种方法。一个评分卡的高评分可以平衡另一个评分卡的低评分；比如，您要批准一个逾期率低但是流失率高的申请人，还是要批准一个可能有违约风险但前滚坏账概率低的人？

图表 12-8 说明：

■ 高风险评分（代表低风险）及高流失评分（代表低流失概率）的申请者易获得批准。

■ 低逾期评分及低流失评分的申请者易被拒绝。

■ 处于灰色地带的申请者将接受进一步审查。例如，那些在右上角的人代表的是中、高违约概率（可能逾期 60 天），但同时也是忠诚的申请人——很可能是因为他们没有太多选择。从战略的角度来看，这些申请人可能会被批准使用信用卡等低风险产品，但通过降低初始信用额度、在错过一次付款时不允许他们超限额使用信用卡或进行限购等措施，风险有所降低。比如，如果申请手机账户，可以提供便宜的补贴手机或是更低的后付费月租计划。左下角是违约概率较低的客户，但他们也有可能流失——这很可能是因为他们确实有选择权。在这种情况下，贷款人可以选择向他们提供特别优惠利率、奖励积分、免收年费或其他提高忠诚度的激励措施。

■ 拥有低逾期评分及高流失评分的申请人（他们是高风险和低流失概率的客户）被彻底地拒绝。

模型的组合和数量以及如何平衡，取决于内部的优先级和目标。常见例子包括：

■ 自定义内部行为与征信机构评分。在这里，对现有贷款人的偿还履约与对其他债权人的偿还履约相平衡，主要是为了评估未来的风险。如果客户在其他地方的无担保产品上违约，但仍向您的银行支付抵押贷款，他很快就有可能会在您的银行产生逾期贷款。对于申请评分，可以使用基于人口统计/内部信息的评分卡矩阵，或使用征信机构信息构建。

■ 轻微逾期与破产/坏账。这种权衡可以帮助隔离出那些经常轻微逾期但最终能够自我修复并付清账款的账户。这类账户可能是循环信贷的高收入细分市场。

■ 逾期与交叉销售倾向。在这种情况下，拥有多种产品的银行或电信公司，可能会选择权衡风险与交叉销售其他非信贷产品的可能性。

需要注意的关键方面是，措施必须彼此独立，最好是提供竞争性的信息。

在图表 12-8 中，在一个矩阵中同时使用了两个度量。同样，在适当的情况下，多维矩阵可以设计用于更复杂的决策。通常，先使用分层视图，然后通过一系列二维矩阵进行微调来完成。

12.2.2.3 矩阵-排序混合法

在一些多种评分卡场景中，使用了前面提到的混合方法。在这种情况下，对申请人先使用排序法进行资质预审，然后再运用矩阵法。例如，申请人先经历一个破产模型检测，一旦通过这个模型后，转入由逾期/利润/流失率评分组成的矩阵法。这种方法比多维矩阵更简单，比排序评分更通用。当使用多于三个以上的独立评分卡时，它是最好的选择，并且可以平衡多个相互竞争的利益。这种混合策略还可以与政策规则结合使用，对申请人进行资质预审。

12.2.3 设置截止值

大部分使用评分卡的组织都会设置其愿意接受的申请人的最低得分标准（或者用行为评分卡使他们有资格获得任何后续账户的服务）。这个最低得分被称为"截止值"，可以表示一个阈值风险、利润或其他级别，这取决于组织在使用评分卡时的目标。有关新账户获取截止值策略的一个简单例子如图表 12-9 所示。

图表 12-9　　　　　　　截止值战略决策

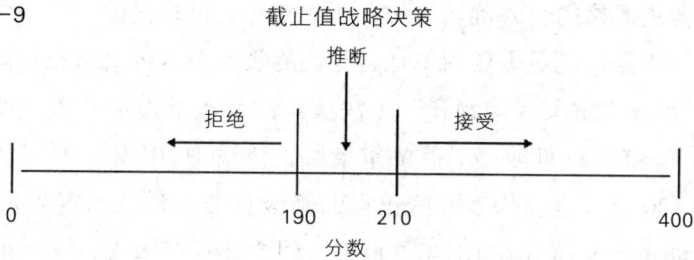

在这种情况下，任何评分卡得分在210分以上的人将自动被接受，得分低于190分的人将被拒绝，而得分介于190分和210分之间的人将被提交人工审核，以供进一步审查。请注意，此策略将与策略规则一起使用，而策略规则通常用于否决任何评分卡决策。根据现有的风险偏好、可用数据、处理成本、产品类型和信用评分的成熟度，公司可以在此基础上选择几个变体。例如，在北美，信用卡审批决策在很大程度上是自动化的——绝大多数都是在没有人为干预的情况下自动批准或拒绝。这是由于对信用评分的高满意度、良好征信机构数据的可用性、较高的人员成本和相对较低的风险敞口产品等。对于其他高价值的产品，如汽车贷款，可能会有一个小的"推断"区域，采用人工决策。就一些国家的中小型企业或抵押贷款而言，实际上没有自动批准程序。在这种情况下，虽然所有的申请都进行了评分，但最终都是由人工决定的。在其他一些情况下，最差的 x % 可能会自动拒绝，但其余的则由人工裁决。同样，根据上面提到的因素，推断区域大小不同。

在账户管理例子中，可能存在几个截止值，用于不同的清收行动（从温和行动到严厉行动），或者用于分配越来越高的信用限额。可以针对账户使用更复杂的申请者开发策略，例如：

■ 根据申请获得最终批准所需的尽职调查级别或补充信息，分配不同等级的待"接受"，如待定的抵押贷款的房地产评估或待定的收入。在某些情况下，会设定一个截止值，在该截止值之上不需要进行收入确认（这取决于产品和监管要求——在一些国家，不需要进行收入确认就批准信用卡申请是很常见的）。这减少了审查低风险客户或低价值贷款的工作量。此外，风险较高的申请人可能需要更严格的收入确认方法，例如向分支机构提供工资单副本，而风险较低的申请人则可能只需要简单地将他们的收入资料传真给银行即可。

■ 在不允许重定义（推翻评分卡决策）的分数下设定一个"硬下限截止值"。例如，一家银行可能将最终的审批截止值设为200分，并可能将硬下限截止值设为180分。这意味着一些银行的高级管理人员或评审人员/信贷分析师可能会自动重定义得分在180至200分之间的被拒申请人，如果他们有充分的理由这样做（本章稍后将讨论重定义）。通常情况下没有"硬上限截止值"。公司总是会基于政策规则等因素来重定义一些申请，不管他们的分数有多高。

单独使用分数只是设定截止值和做决定的方法之一。政策规则和人工判断也被贷款人广泛使用——这是有充分理由的。模型是基于有限的信息构建的，需要谨慎使用。我们将在本章后面讨论重定义和策略规则。还有其他的决策系统将评分卡与判断结合在一起。其中有一个系统是综合信用评估框架（CCAF），我的朋友和前同事 Clark Abrahams 和 Sunny Zhang 合著了一本精彩的书，对此有详细的描述。[①]

12.2.3.1 截止值分析

下面的例子是一个过于简化、旨在一个高水平上理解如何设置审核截止值的问题。实际上，设置截止值是一个非常复杂的操作，通常既涉及分析，也涉及各个利益相关者之间的大量（政治）谈判，例如那些负责风险、营销、渠道、财务、分支机构盈利等的利益相关者。在客户管理方面，关于交易欺诈、清收以及续期和初始信用额度或交易批准策略的决策，同样涉及多个利益相关者。

为申请评分卡选择适当的截止值的一个典型的起始分数，是通过分析不同分数的预期批准率和不良率的关系（权衡）来获得的。这只是最基本的考虑。类似的分析有衡量选择截止值对其他权衡参数的影响，比如利润率和批准率、不良率和收入、资本和其他相关指标。

在不良率和批准率之间取得平衡的一个典型方法，是在分数范围内找出两

① Clark Abrahams, Credit Risk Assessment: The New Lending System for Borrowers, Lenders and Investors (Hoboken, NJ: Wiley, 2009).

个参考点：

保持当前的批准率所对应的分数截止值（并产生新的预期不良率），即回答这样一个问题："如果保持批准率不变，那么新的不良率是多少？"

相反，保持当前的不良率相对应的分数截止值（并产生新的预期批准率），即回答这样一个问题："如果保持不良率不变，那么新的批准率是多少？"

一般来说，开发的每一代新评分卡都应该比上一代好，前面的分析应该产生这样的结果：在相同的批准率下，公司将获得较低的不良率，或者在保持不良率不变的情况下获得较高的批准率。然而，在同一细分市场上开发的每一代评分卡的增量收益都将递减，例如更小的交换数据集。这在模型开发中相当常见，可以通过重新细分市场加以改进。

图表 12-10 是一个权衡图，它绘制了在选定的分数范围内的预期总不良率和预期批准率。这个分析应该使用近期（月份或季度）的申请人分布来绘制预期的批准率，根据开发样本的预期不良率（通过增益图），或者如果有的话，使用近期的样本，其履约周期等于评分卡的履约窗口。对于行为评分卡来说，可以使用最近一个月或季度的现有账户分布。该图展示了一家公司的例子，该公司目前的投资组合不良率约为 5%，而批准率约为 55%。

图表 12-10　　　　　　　　　　权衡图

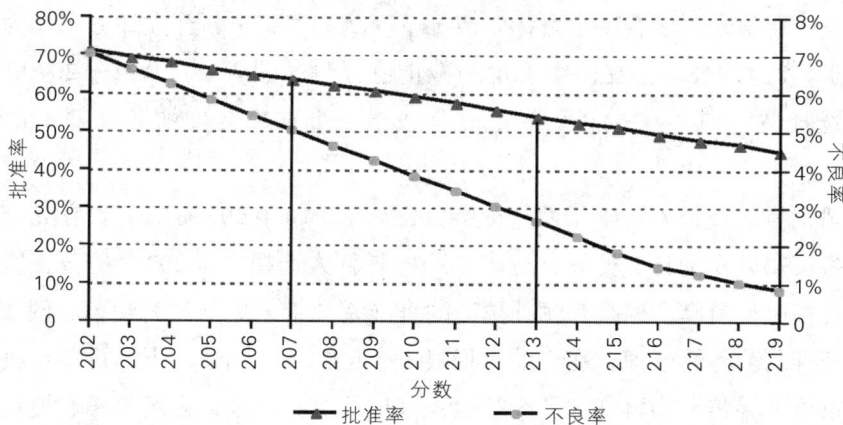

如果开发评分卡的目的是增加/最大化市场份额，或如果不关心损失的话，公司可以选择207分（不良率为5%）为截止值来维持现有的不良率，并达到一个新的、更高的约62%的预期批准率。这意味着公司可以更积极地批准更多的申请人，同时通过更好地挑选批准的申请人来保持其风险敞口不变。考虑一下这里正在发生的现象——我们将批准更多的申请者，但不良率保持不变。传统观点认为，对于任何给定的投资组合，如果您提高了批准率，那么不良率也必然提高。在一个封闭的系统中，对于相同的细分市场使用相同的数据，这是正确的。我们之所以能够提高批准率，并使不良率保持不变，是因为我们引入了新的数据。批准率从55%增加到62%代表"交换数据集"，如第10章的拒绝推断部分所讨论的。这是将先前拒绝的申请客群中推断出的正常带入新的截止值以上的区域，现在减少了先前批准的已知不良的净影响。

相反，如果评分卡开发的目标是降低或最小化损失，公司可以选择213分为截止值，将其批准率保持在当前水平，但获得较低的预期不良率约2.5%。这将意味着，该公司将减少其风险敞口，但批准相同数量的新客户。由于交换数据集，通过拒绝推断获得的不良率在保持批准率的同时再次降低了。

如果存在基于期望的批准率或不良率的特定目标，则可以执行上述两种选择之一。通常，在没有特定目标的情况下（例如，将重新开发评分卡作为一项例行工作时），公司会在两个关键的截止值分数（图表12-10中在207和213）之间选择截止值，在这两个截止值分数中，批准率会增加，预期不良率会降低。

截止值的选择不局限于两个分数（图表12-10中207和213）。它完全取决于业务策略以及为什么开发评分卡。一些贷款人选择低于207分的截止值，尽管不良率比目前高，但是其预计更高的批准率会带来更高的利润率。例如，保守的抵押贷款组合经理，在当前亏损限于个位数基点的情况下，可能会决定降低截止值，并将亏损再增加几个基点，以期待更高的未来市场份额和更高的整体盈利能力。

根据开发评分卡的目标，例如风险/利润和风险/流失率等，可以为其他相互竞争的利益绘制权衡图，如图表12-10所示。

12.2.3.2　衡量影响

一旦选择了初始截止值，就需要分析该截止值对重要的亚群体和细分市场的影响。再次强调，这是为了确保在制定最终战略之前预测到所有可能的结果，请不要感到意外。例如，图表11-1、图表11-3、图表11-4和图表11-5中的报告，可以使用根据评分卡标准以及重要的细分目标来分析预期的批准率和不良率。识别这类细分市场的一种明智方法是，请市场营销部门和投资组合风险经理来确认未来和当前的目标市场，并参考早些时候进行的细分分析，这些分析将确定从风险角度来看相差很大但没有产生足够数据用于评分卡开发的细分市场。

对于行为评分，细分市场将包括可能成为行动目标的客群。例如，清收、交叉销售和追加销售、续期和信用额度管理等。这会产生一些有关客户数量的预期数字，这些客户会受到具体行动的影响，比如收到清收函件、提供其他产品、取消信用卡或提高限额。根据预期的数字，公司可以调整策略，或者至少相应地做出计划。

与权衡分析一样，这些报告也应该针对近期的申请人样本进行编制，以便更准确地反映预期的批准行为。

强烈建议使用这些报告，特别是在使用了包含负面行为的特征（例如，曾经破产、最差评级、逾期90天的次数）的情况下。这是为了调整公司的预期，避免诸如"这个破产者是如何获得批准的"之类的问题。用户必须明白，基于所选择的总体截止值，有一定比例的破产（或其他负面行为）的人会获得批准——如果您在模型中包含此变量。这个比例可能非常小，这取决于截止值和评分卡将破产者隔离到较低分数区间的能力。这可能会成为一个问题，通常当您构建带有负面履约指标的评分卡时。特别是，对于那些刚刚接触信用评分的贷方而言，构建评分卡时最直观的做法是包含负面信息，比如以前的违约信息。这些可能会造成困难，而且几乎总是与政策规则相冲突。

还必须了解的是，根据统计分析，如果考虑到总体风险状况做出截止值决策时，这些先前破产的申请人在其他特征上的得分必须足够高，才能达到截止值分数。这种分析的例子如图表12-11所示。

图表12-11　按分数计算的批准率——征信机构中最严重的逾期率

分数	从未逾期（%）	30天（%）	60天（%）	90天（%）	120天（%）	破产（%）
210	97	70	56	50	41	22
211	95	62	48	41	36	18
212	92	58	41	38	31	12
213	87	50	37	31	25	8

图表12-11显示，在考虑的截止值范围内，8%~22%的先前破产者可能得到批准。如果一个公司对以前的破产者有一定程度的认可，而且它对这种认可感到舒服，那么它可以根据这种舒适程度来调整截止值。然而，防止以前所有破产者被批准的唯一方法，就是实行严格的政策规则。所有的负面信息也是如此，比如"逾期90天的次数"。如果公司选择制定政策规则来拒绝那些破产者或其他有着类似严重违约行为的人，那么基于破产或违约信息的特征就不应该用在评分卡上。这是为了确保政策规则的应用不会产生扭曲或偏差的结果，并破坏评分卡的实施。在选择特征进行分析时，必须从一开始就理解这一点，并将其包含在评分卡中（初始特征分析）。政策规则和评分卡之间的冲突也会减少对评分卡的认同，这就是为什么强烈建议将两者分开的原因。这一点在前面的章节中已经讨论过了。

在发现特定细分市场履约不佳的情况下，决策者有以下几种选择：

■ 使用相同的评分卡，但对不同的细分采用不同的截止值。例如，假设一个国家有5个地区，不同的不良率对应于提议的总体截止值。如果总体目标不良率假设为2.5%，那么可以为每个细分选择适当的截止值，从而导致每个细分的预测不良率为2.5%（确保这些区域截止值策略符合每个司法辖区的合规要求）。通过这种方式，较好的细分将获得更高的批准率，而风险较高的细分将受到惩罚，但整体投资组合亏损目标不会受到影响。这种分析同样可以在考虑到批准率目标的情况下进行。同样的思维模式也适用于行为评分和信用额度分配或重新定价的策略。在前一章的评分卡管理报告中提供了这种战略的详细例子。

■ 重新开发具有不同特征的评分卡。这可能意味着移除那些与政策规则相冲突的变量。

■ 增加政策规则，防止某些细分被批准或对某些细分实施更高的标准。如果前面的分析显示某一特定细分的不良率明显高于正常标准，则可以这样做。这种孤立的行为不应该通过提高整体截止值来改变，而应该通过对孤立的细分进行更精确的操作来改变。然而，这一操作将在未来导致履约行为有偏差，而且效果并不理想，因为评分卡变量和策略规则相互抵消。

■ 对过度惩罚或过度奖励的细分，探索进一步的细分。与"平均"履约行为的显著偏离表明需要进行细分，特别是在涉及的细分特别重要的情况下。在这种情况下，有争议的细分足够大，足以保证单独使用一个评分卡。如果过于细分，那么策略规则或单独的截止值可能是最现实的选择。

■ 在美国或其他有公平贷款法则的国家，对受保护阶层的负面影响将要求改变截止值和策略。

12.2.4 战略发展沟通

了解策略的影响和预防意外的重要性已经在前面的章节中讨论过了。一个好的做法是使利益相关方（在第2章评分卡开发角色一节中提到）参与到策略设计与截止值设定的讨论中来。这些利益相关方能帮助预期变化，从而为变化做好准备，包括：

■ 市场营销。这是一个有价值的信息来源，可以识别主要的细分市场，并更好地预测对营销举措的任何影响。市场营销还可以告知风险管理部门任何正在进行的市场营销和其他并购/账户管理活动，这些活动可能会受到引入新的评分卡和截止值的负面影响，或者可以解释申请人或账户概况的偏移（在实施前验证期间）。市场营销也可以识别任何对收入目标的负面影响，采取设置细分市场的截止值策略来减少这种负面影响。

■ 信息技术（IT）。预期的更改可能需要IT部门的参与，并延长实施时间，尤其是如果更改了评分卡，开发了新的评分卡或采用了多种截止值策略（相应地增加了所需的报告次数和策略规则）。此外，如果更改了评分卡缩放比例，IT部门可能需要重新定义任何硬编码的策略规则、基于分数的策略和用于决策的其他接口。本书前面讨论过的灵活基础架构可以减少实施时间，并防止企业为了适应技术缺陷而采取折中策略。

■ 裁决/授权。截止值选择或政策规则增加了"推断"申请人的数量，这可能会导致更多的申请人进入区域或中央裁决中心（尽管目前大多数银行都采用集中决策，但一些银行仍然允许区域贷款中心进行裁决，特别是小企业贷款）。类似地，将更多的信用卡交易推向人工授权，意味着需要增加授权中心的员工数量来维护正常的客户服务。在某些情况下，如果不能增加人员数量，则必须在考虑到这种限制的情况下做出截止值选择。也就是说，需要根据现有员工/技术能够处理的数量来设计战略，而不是单纯考虑风险。

■ 清收。在某些情况下，债权人可能会承担额外的风险，这将增加清收案件的数量。这些都是可以合理预测的，以便清收人员在未来能够更好地处理新增的案件。例如，在批准率显著提高（伴随着预期的不良率）但预期利润率更高的情况下，可能会进行风险计算。在这种情况下，清收部门的工作量会大量增加，这可能需要雇用更多的员工。此外，对战略部门来说，承担更多的损失（但是总利润也会因为总收入增加而更高）可能是一个好主意，但对其他薪酬与损失金额挂钩的员工来说就不适用了。

■ 财务。计算新战略盈利能力所需的信息通常来自财务部门。最近，为预测损失而引入的《国际财务报告准则第9号》①，将需要风险与财务部门之间比以往更密切的合作。贷款者可能会选择基于未来的预期损失率（就像他们过去根据资本要求所做的那样），而不是简单的批准率或不良率来制定策略。

---

① http://www.ifrs.org/current-projects/iasb-projects/financial-instruments-a-replace-ment-of-ias-39-financial-instruments-recognitio/Pages/Financial-Instruments-Replacement-of-IAS-39.aspx.

■ 公司风险。更高的信用额度和更低的截止值需要更多的资本配置。基于风险的定价可能需要对套期保值业务进行调整。在某些情况下，过于激进的策略可能会与公司的风险准则发生冲突。比如，一家 AAA 评级的银行可能不会选择向次级客户推销。

■ 客户服务。需要处理计算出来的对各个细分市场的负面影响。例如，如果在评分卡开发过程中发现某一细分存在高风险，那么针对该细分正在进行的活动可能会受到负面影响，因为这些细分中有电话申请贷款产品。在这种情况下，公司可以选择向客户服务代理提供书面企划案，或者向被拒绝的客户提供替代产品，以尽量减少这种影响。类似地，如果政策规则或截止值更改增加了进入授权或裁决中心的账户或申请的数量，那么对于想要购买银行产品或希望对其申请做出决定的客户来说，可能会有一个无法接受的漫长等待期。不断提高的截止值，导致拒绝贷款额的增加，也可能会对分支机构和其他销售渠道产生负面影响。例如，对于手机公司来说，这意味着购买手机的客户减少，而对于银行来说，可能会有更多恼怒的客户决定关闭其他现有产品。基于口口相传的此类行动会降低整个机构的业务量，并导致不利的选择。在美国等司法管辖区，必须分析负面行动对受保护阶级的不利影响和不同影响。

■ 教育。需要重新培训员工，让他们了解新的评分卡规模、截止值和策略。可以通过标准化产品和对细分的评分卡按比例缩放来降低此类教育成本。例如，新的分数将意味着与以前的分数相同。另一种降低培训成本（并更好地保护分数机密性）的策略是将分数映射到 A、B、C、D 各等级。这种情况是一线工作人员可以看到分数，如裁决人员、授权代理人和清收人员。每一个新的评分卡开发只需要从源头更改映射，而无须进行大规模的再培训。相应的工作人员将看到等级，而不是分数，而且不需要更改与每个等级相关的策略规则。请注意，不建议将分数显示给销售人员，例如分支机构的人员。因为在许多情况下，这可能导致对已知未确认的申请数据（例如落款时间）的操纵。

■ 合法。分析截止值对某些地理区域或性别、宗教、国籍等其他指标的影响，可以减少人们对"限额"的恐惧，降低贷款人被指控存在歧视性做法的可能性。

12.2.5　风险调整举措

在这一点上，我们有一个截止值（或者为行为评分而设置的多个评分中断点），就会知道边缘申请人、每个分数段中的客户以及高于所选择的截止值（批准值）的客户的风险水平。我们还知道各种拟定的战略和截止值对各个细分以及对内外部利益相关者的影响。有了所有这些知识，在开发战略上，就应该创建风险调整策略或行动，以最大限度地实现业务目标。当然，这些行动将根据所提供的产品而有所不同。可以为申请人或存量账户制定策略——主要目标（根据风险调整做出决策）保持不变。下面建议的操作是高层次的，只是为了让用户对使用评分卡做出的一些决定有一个大致的了解。例如，根据分数和其他标准，可以制定各种战略。例如：

■ 定期贷款和其他信贷产品的风险调整定价，新账户的保险费，以及为续约而对贷款进行重新定价的保险费。虽然基于风险的定价是一个基于价格与特定风险水平相匹配的诱人概念，但必须非常谨慎。竞争和对风险的错误判断可能会产生并发症。例如，如果一家银行对高风险客户制定高价格，这些客户有几种选择：他们可以去别的地方，试图得到一个更好的价格。如果他们已经这样做了，并已被其他地方拒绝，他们将接受那个高价。但是，如果这些客户的风险较低，并且在其他地方被正确识别为优质客户，那么他们在那儿将获得较低的价格，并将拒绝该银行的较高价格。银行实行基于风险的定价，每个评分范围内的不良客户都会出现，而正常客户则不会。基于风险定价在客户方面运作良好的一个领域是信用卡。在这种情况下，所有的客户都以相同的价格开始。然而，如果他们没有还款，他们的利率会在一段特定的时期内上升（例如，6个月）。有些银行会根据逾期的程度进一步分级。例如，如果逾期30天，利率会比基准利率高出2%；如果逾期60天，利率会比基准利率高出4%。正常还息后6个月或1年，利率才会回到正常水平。

■ 向更好的客户提供免费的产品升级服务（比如优质信用卡），即使他们已经申请了非优质信用卡，或者邀请他们根据风险申请低利率卡；向可能申请预付账户的低风险手机客户提供后付账户。

■ 设定汽车贷款、抵押贷款等融资产品的首付/保证金比例，或设定续期条件。这意味着根据风险级别设定最低贷款价值比或偿债比率。在某些情况下，银行使用评分卡变量来通知被拒绝的客户这些将导致批准的变量水平。例如，告诉客户"如果您将贷款价值比从 81% 更改为 68%，我们将批准您的申请"。这种基于现有低于截止值和高于截止值之间差距的反馈，有助于提高客户的忠诚度，占据未来业务。

■ 通过预先批准向更好的客户交叉销售其他产品。请注意，在交叉销售中，风险和倾向得分应该始终与偿债能力结合使用。这就确保了交叉销售的提议是客户提出的，这些客户不仅会接受提议，而且违约风险更低，还能应付额外的信贷。

■ 无论是在申请时还是作为现有客户，为客户提供更高的信用额度或信用卡额度（参见图表 12-12 中的示例）。

图表 12-12　　　　　　　　　　信用额度策略

分数	偿债比率				
	0~10%	11%~15%	16%~24%	25%~35%	36% 以上
230~234 分	8 000	6 000	4 000	3 500	3 000
235~239 分	11 000	9 000	7 000	5 000	3 500
240~244 分	15 000	13 000	10 000	6 000	4 500
245~249 分	17 500	14 500	12 500	8 000	5 000
250 分以上	20 000	17 500	14 000	12 000	7 000

■ 根据风险概况，为每个客户设定总的公司风险敞口或信用额度，以管理集中风险。

■ 对低风险客户采用较温和的清收方式（如寄信、发送提醒短信、使用自动语音提醒等），对高风险客户采取较严厉的行动（如委托清收机构）。清收策略相当复杂，涉及正确的行动、正确的时机和渠道。

■ 业务客户的付款条件不同（优质客户获得较宽松的付款条件，而高风险客户则被要求在交货前付款）。

■ 允许低风险客户利用信用卡购买超出限额的物品，或者当他们刚开始逾期时，仍然允许他们使用信用卡购物。在电信公司，低风险客户在早期逾期时，仍可继续使用手机；而高风险客户的账户可能会被冻结。

■ 调查欺诈申请（使用欺诈评分），或者要求对高风险抵押贷款进行全面的房地产评估。

有关信用卡的授信额度策略，请参阅图表12-12。这是一个过于简单的例子，并不意味着其都是最优的。准确地计算给某个客户多少信用额度是非常复杂。它不仅取决于风险因素，还取决于要求的金额、现有关系和竞争。

图表12-12中首先要注意的是，这一策略是基于两项独立而且相关的指标。风险评分（左边）衡量的是债务的违约概率（例如，"您会还我钱吗"），而偿债比率衡量的是一个人的收入中用于偿债的比例（例如，"您每个月赚的钱够付给我吗"）。偿债比率越低越好，因为这表明该客户有足够的收入来偿还债务。这一策略表明，分数越高、偿债比率越低的客户，相应地就会获得越高的信用额度。请注意，仅仅根据信用评分来计算非常复杂的信用额度，不一定十分好用，因为它忽略了债务偿还的一个关键因素，即计算能力。一旦确定了信用额度分配的指标，用户就有各种选择来分配实际的信用额度。例子如下：

■ 根据这两项指标确定目前的信用额度分配，然后使用基于共识的判断方法，给予优质客户高信用额度，高风险顾客低信用额度。例如，最优客户可能增加20%的信用额度，最差的则降低20%的信用额度。一旦左下角（最优）和右上角（最差）的盒子被填满，其余的盒子就随之可以被填满。

■ 确定债权人愿意提供的最高和最低信用额度，并将这些额度分配给表格中最优和最差的客户。根据业务的增加或减少，以及对竞争和现行信用限额的了解，判断性地填写其余部分。

■ 根据预先确定的净现值或经济价值、资本优化等方法，计算更复杂的最优信用额度。一个例子是基于一个群体的总预期损失、预期违约率（PD）、违约损失率（LGD）和违约风险暴露（EAD），我们可以反过来为上述矩阵中的每个单元分配最佳的最大风险敞口（信用额度）。需要对每个单元的预期损失分布做一些假设。为简单起见，假设单元格的每个账户损失为 500 美元。如果违约率为 6%，且违约损失为上限的 97%，则该单元格的最大信用额度可根据以下因素计算：

预期损失=EAD×PD×LGD

500=EAD×0.05×0.97

EAD=10 309（美元）

介绍这三种选择的目的不是推荐确定的信用额度分配方法。首先，需要强调的是，在决策中如何选择度量标准是关键。许多机构只使用风险评分来分配信用额度或贷款金额。这只是故事的一半。如图表 12-12 所示，在偿还概率和偿还能力之间取得平衡更有意义。其次，对于每一个决策，都需要对从最简单到最复杂的选项进行评估。有时候，最简单的选择，比如上面给出的前两个选项，反而是最好的。前两个选项简单、合理，并且基于两个有意义的度量标准。风险调整决策不一定要基于复杂的分析——它需要基于基础广泛的方法，如本章所讨论的问题。

12.2.6　政策规则

政策规则由一系列旨在支持决策过程的公司指导方针组成。其中包括法律和风险相关的规则，如最低要求和风险政策。包括：

■ 法定年龄要求（比如，年龄低于 18 岁，则被拒绝）。

■ 就业情况（比如，如果没有就业、自谋职业或就业时间不到一年，拒绝或提交人工审核）。

■ 破产（例如，最近破产、两年内破产，则提交人工审核或拒绝）。

■ 逾期极限（过去 1 年中在征信机构有超过 2 次的逾期，或目前使用的贷款人产品已逾期 60 天，则拒绝）。

■ 申请类型（比如 VIP、高净值客户或员工申请，提交人工审核）。

■ 以前的内部记录（比如以前发生的过失索赔或是坏账，则提交人工审核）。

■ 重定义某些类型账户（例如，学生或以前的破产者）的最低信用额度。
■ 如果在过去6个月内获得了信用额度，则不增加信用额度。
■ 如果在过去12个月内逾期90天，则不会升级为优质级别。
■ 如果在过去两年内发生注销或严重逾期，那么拒绝后付费电话账户。

政策规则是风险管理的一个必要且谨慎的部分。重要的是，它们应该基于独立和有效的度量指标。它们最好不要基于评分卡的特征，以免破坏评分过程，并产生有偏差的数据。例如，如果在评分卡中考虑了破产或以前的逾期，那么最好不要在政策规则中使用这些标准。在这些规则非常重要的情况下，最好使用其他标准构建评分卡。

政策规则通常也是判断性的，很少经过实践检验。一些政策规则的存在仅仅是因为有人在几年前就把它们放进去了，而在那之后就没有人费心去审查它们了。在可能的情况下，应不时（例如，每年）对其进行审查、测试并验证其有效性。信用评分卡开发项目，有时可以在初始特征分析阶段确定一些政策规则的有效性。例如，如果对偿债比率的WOE分析显示出梯度的变化（例如逾期率以较高的速度增长）大约为48%，那么相应政策规定就不应该是38%。如果贷款机构的政策规定是，如果一个人在过去两年里有超过3笔60天的逾期交易，就会被拒绝，这可以通过三角测量来评估。计算逾期交易2天及1笔60天的账户不良率，以及同一时段逾期交易1笔至4笔30天的账户不良率。这些数字将有助于确定当前的政策规则是否正确，或者是否需要更改。但请注意，应该使用推断后的数据，以便尽量减少最优选择的影响，因为一些政策规则被用作一揽子拒绝政策。

政策规则最常用于重定义过程中（即反用截止值做出的决策）。与战略一样，政策规则应在业务、法律和风险部门的共同参与下制定，以确保所有潜在影响都得到考虑。

12.2.7　重定义

重定义是指推翻原有基于分数截止值决策的人工或自动决策（即与评分卡建议的决策相抵触的决策）。这种情况发生在新申请人得分上。有两种重定义：

1.下限重定义，批准低于截止值得分的申请人。

2.上限重定义，拒绝高于截止值得分的申请人。

与政策规则一样，重定义也是风险管理中必要且谨慎的一部分，需要审慎使用。重定义的一般规则是，应该基于评分卡之外可用的重要信息来执行。由于评分卡通常是使用经验测试方法开发的，并且代表了对成千上万个例子多年来的履约分析，所以只有知道评分卡本身不知道的内容时，重定义才是明智的。这是基于对模型优缺点的现实认识。所有的模型都是基于有限的数据和许多的假设建立的。只要基于源数据的假设保持不变，且数据集仍然有限，模型将始终做出较为一致的决策，并且是准确的。一旦假设发生变化（例如，人口的变化），或者引入评分卡外部的信息，模型就不能完美运行。在这些情况下，重定义评分卡可能是合理的，包括：

■ 公司政策规则，如前所述。

■ 本地知识。例如，银行分支机构的职员可能了解申请人和当地的环境，能够利用家庭收入、最近的工作经历、其他账户中是否存在大量存款、当地经济状况等信息做出更好的决策。这些信息可能是积极的，也可能是消极的。

■ 合理的负面履约情况。例如，一个人失业了，没有还款，但现在又有了一份高薪工作，或者一个学生在假期里没有偿还一笔小额债务。

■ 尽职调查和文书工作。例如，未能提供令人满意的按揭/汽车贷款文件、居住证明、就业证明或收入证明。

■ 现有关系。基于人口统计或信用数据的模型可能会忽略那些没有信用产品，但在储蓄和支票账户中拥有大量财富的客户。

■ 有强有力的担保或共同申请人。

■ 单独使用评分卡预测风险水平不具有代表性的其他异常情况。

重定义程度取决于产品、评分卡置信程度以及信用处理中允许的人为干预的次数。通常，使用自动决策（即独立裁决情况）的低价值/大容量产品（例如信用卡），重定义率非常低，而商业贷款和抵押贷款等高价值产品的重定义率较高。这些产品是人工处理的，需要进行更多的尽职调查才能完成。也就是说，在评分卡被用作决策支持工具的环境中，作为许多项目中的一个，而不是作为决策的唯一基础，重定义率往往更高。此外，如果评分卡开发的特征太少（而不是基础广泛的"风险概况"评分卡），重定义率往往也很高。这通常是因为评分卡只捕获了少数几个项目，因此在评分卡之外留有更多信息以供重定义，而且因为这种基于狭窄范围的评分卡在裁决员之间产生了较低的置信度，从而导致评分卡的第二次猜测。建立在大型、干净的数据集上的评分卡往往更可信，产生的重定义也更少。例如，信用卡数据往往是相对公正的、更深刻的并且数量更大，其通常使用自动化工具来实现，从而产生更少的偏差。然而，在低违约投资组合的情况下，或者模型是用部分或有偏差数据开发的情况下，预计将会有更多的重定义。例如，中小企业和批发贷款通常不是基于单一的分数截止值，或自动化工具，往往会产生更高的重定义率。

无论哪种情况，下限重定义都应该保持在最低限度，最好使用"硬下限截止值"——如果允许下限重定义，则必须通过可用的"重定义原因代码"审查履约状况。此外，应尽一切努力避免在重定义原因代码中允许有"杂项"属性，因为这可能成为判断性重定义的因素，而不是由于上限和下限的更多合法因素而导致的重定义。这是为了确保基于经验（或缺乏经验）和"直觉"所做的重定义通过履约过程得到验证，并在必要时加以限制，以遵守公平贷款法。[①]虽然监管机构倾向于将重定义最小化，但为了确保评分系统的一致性，重定义的原因要重要得多。这就是为什么监测重定义的具体原因和趋势是至关重要的。在抵押贷款领域，对属于受保护类别的申请人提高重定义率，无疑是一个危险信号，可能会招致进一步的监管审查。此外，通常申请被拒绝的重定义原因不止一个。在这种情况下，监测所有的重定义原因是有意义的，并且有助于分析行为，如根据重定义原因计算的不良率。

---

① https://www.fdic.gov/regulations/examinations/supervisory/insights/sisum05/article03_fair_lending.html.

第13章 通用供应商评分卡的验证

克拉克·亚伯拉罕（Clark Abrahams） 布拉德利·本德（Bradley Bender）

查尔斯·马纳（Charles Maner）

"要信任，也要查证。"

> 苏珊娜·马西把这条俄罗斯谚语作为建议送给罗纳德·里根总统

引言

经济学家普遍认为，2007—2008年的全球金融危机是自大萧条以来最严重的金融危机。有很多因素导致了这场危机，其中被公众和监管机构认为负有责任的因素是一套基本的统计或数学工具，也被称为模型。尽管模型可以说是做出良好投资组合、信贷和定价决策的关键组成部分，但如果不加以监控，它们可能会带来问题，导致决策失误和轻率冒险。

这些模型中的一个特定类别包括确定单个借款人信用风险的工具，如信用风险评分卡。信用风险评分卡主要通过三个渠道开发：（1）由公司内部员工全权自主开发；（2）由公司内部员工与外部供应商联合开发；（3）由供应商全权开发的可以适用于大部分用户的通用模型。这一章主要着眼于最具挑战性的渠道（3）的模型，当然也适用于那些系统开发信息披露不足的渠道（2）的模型。2011年金融危机爆发后，美国的两家监管机构，即美联储和货币管理署联合颁布了管理模型风险的细则：对于模型风险管理、监管和规则11-7的指引。[1]尽管指引规定得非常详细，但是对前两类模型，即内部全权开发或是内外联合开发的模型，其应用可能更为直接。相比之下，对第三类模型，也就是外部供应商所开发的通用模型，遵守指引就可能有点儿费劲了。原因在于供应商对其开发的模型进行了严格的专有处理。他们的专有处理可能会跨越模型开发的许多方面，包括：

图表13-1描述了标准信用风险模型的典型步骤，比如广义线性模型，即线性逻辑回归。尽管也有大量其他类别的建模技术，比如判别分析、神经网络、树状图等（请参考 Thomas，Edelman，& Crook，2002[2]以获得更全面的建模方法），但线性逻辑回归仍是世界上最常用的方法，并将成为本章剩余部分比较的基础。

图表 13-1　　　　　　　　　　　典型的模型开发步骤

数据收集　数据转换　数据分析　模型预估　模型预估算法　模型参数估计　模型评估/拟合

■ 适用于开发的实际数据；
■ 应用于该数据的过滤器；
■ 转换，应用于模型开发之前的数据；
■ 用于推导模型估计的目标函数；
■ 用于优化目标函数的方法；
■ 模型参数自行估计；
■ 模型拟合或评估指标。

① David Palmer, Dwight Smith, and Anna Lee Hewko, Board of Governors of the Federal Reserve System, Division of Banking Supervision and Regulation, Guidance on Model Risk Management, Supervisory and Regulation Letter 11-7, Washington, DC, April 4, 2011. https://www.federalreserve.gov/bankinforeg/srletters/sr1107.htm.

② Lyn C. Thomas, David B. Edleman, and Jonathan N. Crook, Credit Scoring and Its Applications Philadelphia: Society for Industrial and Applied Mathematics, 2002.

图表13-1中所描述的每个步骤都应该对内部开发模型完全适用，并且在本书的前面部分已经详细说明了。对于由外部供应商开发但由内部引导或管理的模型（定制开发），大部分步骤也是完全适用的。可能不透明的两个潜在步骤是模型目标函数和评估或求解模型的方法。[①]考虑到内部开发和定制开发模型的透明性，模型验证不仅可以实现，而且通常是直观的。

然而，实际上验证专有评分卡或通用评分卡[②]可能会面临严峻的挑战。专有评分卡验证是一个可以克服的问题，只要模型开发人员在其评分卡和/或相关开发过程的某些方面充分地合作。有些人将这项工作形容为"试图描述概念的合理性，并进一步证明由一个无法观测的过程所产生的未知模型的有效性"。对于供应商的信用评分，这种评估可能是准确的。也就是说，供应商可能会公布特征，但可能不会公布相关的权重或分数值。然而，选择特征的机制，特别是权重，是不可用的。无论在哪种情况下，供应商模式透明度这一常见主题越来越重要，特别是在金融危机之后，因为监管机构更希望验证供应商开发的评分卡采用的标准与内部开发的评分卡的标准相同。

本章旨在提供建议，以加强对供应商模型的监督。由于当前的监管模型风险指南针对的是广泛的供应商风险，充分实现其目标是艰巨的任务，因为供应商信息缺乏透明度。尽管如此，通过与供应商合作并简单地询问相关信息，还是可以取得很多成果的。为此，我们（作者）希望分享一些具体的经验教训，提出一些已经被普遍证明有用的方法，并探讨一些加强供应商开发评分卡验证工作的想法。[③]

此外，相对于整体模型风险，行业（由银行监管机构推动）确定了模型风险的四个不同参与者，分别是：

---

① 关于目标函数的一个例子可能是一类涉及线性或凸目标函数、线性约束以及决策的界限或限制（例如beta）变量的数学规划模型。

② 通用评分卡的基础更为广泛，在征信机构评分的情况下，通常旨在采集借款公众的信用风险概况的几个信用方面。例如，信用卡、分期贷款、抵押贷款、透支保护等。

③ 所表达的观点仅是作者本人的观点，这些经验来自过去75年来银行业和信贷领域的集体经验，涉及的金融机构规模从20亿美元到2万亿美元不等，以及与主要评分卡供应商合作或为其工作的直接经验。

1.模型所有者。模型所有者的角色包括最终问责制，并确保在（银行）政策和程序设定的框架内适当使用模型并使其发挥作用。所有者负责确保模型得到适当的开发、实施和使用。所有者要进一步确保正在使用的模型经过适当的验证和批准程序。模型所有者要对模型效能和结果负责，并且负责模型记录及正常工作。

2.模型开发者。模型开发者是技术专家，他们主要驱动初始开发（设计和实施），包括理论、输入、假设、方法、测试、处理和输出设计的选择，或者后续的重新设计或重构工作。开发者通常完成初始建模。模型所有者拥有使用和管理模型的最终责任。

3.模型使用者。模型使用者是模型的主要消费者。模型使用者应用或解释模型结果。因此，利用模型输出值或结果来指导战术或战略决策，或为了监管或财务报表目的的报告估计值。

4.模型风险管理者。模型风险管理者是一个保证提供者，作为挑战模型设计、实施和使用（包括持续监控、结果分析和变更管理）有效性的来源。评审包括风险管理过程的组成部分，如模型分类、模型验证和评审，以及模型所有者对模型弱点和局限性的看法。模型风险管理还（通常）维护所有模型的综合企业库存。

有时，个人或团体可能在模型所有者、模型开发者和模型使用者之间扮演相同的角色。然而，模型风险管理者将是一个独特的角色。其中的一些角色已经在本书的第2章，即内部评分卡开发和使用中介绍过了。

13.1 供应商管理注意事项

有效的供应商管理始于良好的政策和治理程序。对供应商的依赖，要求管理层在考虑使用供应商评分卡时，调整其关系和政策，以解决以下问题：

1.对供应商进行风险评估。

2.对供应商做尽职调查，比如业务调查问卷。

3.对供应商评分卡进行量身定制的标准化风险评估。

4.熟悉合同结构和公司内部采购代理。

5.监测与监督程序。

好的做法是，业务部门领导、采购部门、综合部门和内部监督团队在评估、选择和治理会议期间，定期就供应商评分卡的业务目标和效能进行持续和坦诚的对话。

应该建立供应商管理团队，并使上述各个团队保持持续努力，指导原则如下：

1.培养一种超越典型的供应商关系的真正的伙伴关系：这种关系可能影响（客户）公司的财务业绩。

2.供应商能力以及成熟度：供应商能否跟上快速发展的金融技术（Fin-Tech）的发展速度，及时处理突出的客户增长问题，并将产品整合到多个系统或业务模式中？

3.效能：是否可以通过既定的合同语言使用度量标准监测供应商效能？

4.伙伴关系/知识产权转让：供应商在多大程度上愿意将知识产权转让给银行内部员工，以及在多大程度上允许银行员工参与到模型开发项目当中？

5.透明度：确保供应商融入公司的供应商管理计划中。供应商效能评估是否在不同（有时是孤立）的所有者之间一致执行？它们是否提供了足够灵活的标准，以避免陷入僵化的协议？

在理想情况下，供应商评分卡的验证包括评审模型开发过程的每个步骤，以及有效地测试模型功能。模型验证有定量和定性两个方面。

图表13-2显示了在模型开发和正在进行验证的每个步骤中涉及的典型的定量验证工作。

除了其他业务和技术考虑因素外，还应从验证的角度来选择评分卡供应商。①适当的验证视角包括关注最大限度地提高透明度方面，这涉及一些主题，

---

① 一般考虑的因素可能包括成本、声誉、经验、专有数据访问、数据特定知识和预处理能力、领域专业知识、技术专长、培训、实施服务等。

图表 13-2　　　　　　　　　　　　典型模型评估及效能监测步骤

分数分布	因素分布	区分	校准

包括：

1.目标。定义业务需求并选择最符合既定目标的评分卡。

2.目标客群。确定和说明最终将被评分的内部目标客群。

3.目标（及非目标）定义。基于履约和剔除标准，对正常、不良、不确定的履约组进行定义。

4.数据。在应用任何模型技术之前，先对供应商的数据进行采购、检查、清理和分类，然后选择利益相关群体的历史样本。

5.方法论。评分卡的开发过程本身以及现有的技术假设。

a.公开派生的特征构造，包括源数据元素、组合它们的公式或规则，以及在计算特征值之前应用的任何剔除标准。预测特征对候选集的影响及其对选择顺序的影响。

b.预测特征对候选数据集的影响及对选择顺序的影响。

6.验证评估。供应商对评分卡进行评估，以确保模型是稳健的，并且没有对开发样本进行过度拟合，从而使其在开发期间能够按照预期执行。可能包括基准测试、与其他行业的比较（例如相关性），即供应商、分数。

7.实施。生产环境中生成分数的详细要求，包括限制或使用、存储和报告。

8.持续监测。推荐的方法用于监测评分卡的履约变化，履约组分值分布的变化，按总水平和特征水平监测客群得分的变化。

9.质量保证。供应商必须传达对模型的修改或他们在模型效能中观察到的偏差。

以上大部分内容，读者在概念上都很熟悉，因为已在本书的内部评分卡开发章节中介绍过了。对于经验丰富的模型使用者来说，开发和使用通用供应商评分卡所涉及的高级原则并没有什么不同，这并不奇怪。在本章剩下的内容中，我们将讨论这些主题以及与之相关的一些技巧。

13.2 供应商模型目标

围绕评分卡的预期目标的一般协议必须被公司和供应商理解和同意。公司必须定义业务目标，并确保供应商的评分卡能够满足这些目标。评分的常见例子包括加快信贷评估过程、提高客户选择的一致性、降低提供信贷决策的成本、减少偏差、优化客户选择、减少信贷损失、确定更多符合产品供应目标的潜在客户、寻找扩展贷款的机会、销售点信贷授权、信用额度管理、信贷账户重新发放、清收贷款管理等。在评估供应商评分的使用时，供应商应就其专有评分的一般目标提供陈述，并说明其使用该评分的一般业务目标。供应商还应该给用户提供参考，在理想情况下，应该提供一份投资回报计算报告，描述如何将例子应用于客户公司。

13.2.1 目标客群

关于第二点，应该清楚地说明要评分的目标客群（在本书中被称为"细分市场"）。例如，这些人可以是信贷申请者，他们来到一家分支机构，为一个特定的贷款产品（如汽车贷款）申请信贷。在这种情况下，目标客群仅限于在分支机构申请汽车贷款的人，而不是访问贷方的网站以填写在线申请的贷款申请人，或者在汽车经销店购物的人（通过经销商网络向银行申请汽车贷款）。指定具体的开发客群很重要的原因是，评分卡需要根据经验从反映该特定目标客群的开发样本中得出分数。这个规范是为了确保对最终被评分目标客群的适用性和有效性。出于业务考虑，一个重要的警告是，可能有正当的理由想要用在不同客群上开发的评分卡对客群进行评分。不同的客群，我们指的是不同的地理地区、渠道或使用本身的变体，或与之相关的产品。在这些情况下，可以在使用之前进行评分卡适应性研究，以评估它与将要替换的系统相比的执行情况，包括对交换集的检查。虽然我们知道这在理论上未必是最理想的做法，但我们亦了解到银行业务的实际情况，例如扩展至以往从未有过业务往来的地区或渠道。在这种情况下，有时使用现有的评分卡（尽管不是针对某个细分）比构建新的评分卡更容易。

作者在实践中发现，评分卡在不同于原始开发样本的客群中可能表现得更好，尽管这种情况不常见。将针对地理区域 A 开发的银行卡评分卡应用于正在使用判断性信用审批的区域 B 时，便发生了这种情况。根据对已经批准账户履约状况的回顾性分析，评分卡明显优于判断系统。此外，在适应性测试中，区域 B 的总体正常/不良比例比区域 A 高 15%，在随后的两年时间里，相比批准率，不良率降低了近 20%！作者再次指出，这种情况通常不是正常现象。

13.2.2　目标定义

关于第三点，用教育先驱约翰·杜威的话来说："成功定义一个问题，就意味着问题已经解决了一半。"应谨慎理解和正确指定（并同意）客群履约的定义。也就是说，问题的细节才是最具挑战性的部分！最糟糕的例子是，如果一个"不良"通常被定义为信用申请人，如果您知道他们的实际履约状况如何，您就不会给他/她贷款。换句话说，一个不良的定义应该是务实和准确的。例如，当前/之前破产、公共记录（税收留置权、法庭判决）、贷款违约、坏账或收回抵押品、严重逾期（逾期 90 天或 90 天以上）、中度逾期（逾期 60 天的最少次数，或单独逾期 30 天的最少次数）。[①]需要记住的是，无论供应商是使用客户的和（或许）外部的数据[②]专门为客户开发量身定制的评分卡，还是使用通用的供应商评分，都应该知道和了解详细的履约定义。

同样重要的是，要彻底理解外部供应商关于履约的定义，并将其与内部模型和策略规则保持一致。作者观察了过去的经验，即购买供应商的评分卡，然后在最低程度地使用之后将之搁置，因为供应商对不良贷款的定义与次贷评分卡所有者对正常贷款的定义相似。结果，贷款人发现供应商的评分卡在 60%

[①]　例如，在循环信贷的情况下，最低余额规则往往与违约经验结合在一起，而不是将逾期 90 天作为一种不良条件。人们可以定义逾期 90 天的未还款余额大于固定数额，如 200 美元，而逾期 90 天的未还款余额低于 50 美元的情况则不被视为不良贷款。

[②]　如征信机构、评级机构、商业贸易数据提供商或替代数据提供商（例如，公用事业、租金、移动电话等债务的现金支付）。

的时间里拒绝客户的再申请和再融资！

正如我们已经讨论过的评分卡内部开发，我们需要确保外部供应商使用的剔除标准得到充分理解并与内部策略保持一致。例如，这些排除标准将包括无论如何都不会批准信贷的情况、没有充分依据可靠地为候选人打分的情况，或者该个人不属于需要打分的目标客群的情况。还有一些例子包括低于法定年龄、欺诈标记、未能认证、公司员工或VIP客户等。同样，应该对开发数据库进行其他剔除，使其与手头的项目相关。例如，在供应商开发的个人征信机构评分的情况下，我们会把信用卡丢失/被盗、已故借款人、商业贷款、未满12个月的贷款，以及不活跃的循环信贷账户（例如最高余额少于50美元等小额贷款）的消费交易额度排除在外。模型所有者应该牢记，如果使用一组特定的规则来确定供应商评分，那么在评分卡中计算特征时应该使用相同的标准。例如，如果与医疗行业相关的逾期不包括在评分卡特征的开发中，那么评分卡实施逻辑应该应用相同的过滤器。在供应商评分卡实施过程中有更多关于这个主题的讨论。

13.2.3　选择样本

关于第四点，应该进行样本选择，尽可能抽取与目标客群相关的一组贷款作为代表。参考一下图表13-3中的样本。

首先，为了提高透明度和可审核性，最好要求供应商分享他们的抽样计划和最终的抽样数量。还应确保抽样计划中没有任何遗漏，以保证目标客群的样本中没有缺失的贷款数据。这种保证是为了在进行过度抽样的情况下能够准确地估计总体不良率。请注意，履约不确定的贷款差不多占该样本的1/4。

在相关的情况下，即使在开发过程中可能没有使用不确定因素，也应该对其进行抽样，以便对其进行评估并确定其批准率。

在进行市场细分时，应选择抽样计划，并对每个具有自己评分卡的细分进行计数。根据借款人信用记录的深度和不良还款履约的程度，一些常见的、通用供应商评分平均分10个不同的细分。这样的评分可能基于一个非常大的地理区域，其中包括贷方市场区域之外的区域。供应商评分所有者应该询问供应商信用评分开发样本的不同地理区域的构成和权重。除了地理方面的考虑，供

图表 13-3　　　　　　　　供应商评分卡开发的样本计数

履约分类	规则	期间1	期间n	总体	样本百分比
剔除	陷入未解决争端	12	8	207	n/a
	死亡	3	1	28	n/a
	欺诈	7	2	54	n/a
	经验不足	62	73	1 013	n/a
	合计	84	84	1 302	n/a
不良	破产	38	19	760	0.8%
	坏账	109	90	2 461	2.5%
	逾期90天3次	59	40	1 261	1.3%
	逾期90天2次	101	82	2 280	2.3%
	逾期90天并拒绝补交	37	18	751	0.8%
	合计	319	300	7 513	7.5%
不确定	逾期90天1次	319	300	7 513	7.5%
	逾期60天3次	467	448	11 054	11.1%
	拒绝开户	92	73	2 055	2.1%
	支付计划	71	52	1 554	1.6%
	超过信用额度	100	81	2 263	2.3%
	合计	1 024	1 005	24 439	24.4%
不活跃的	账户不到1年	120	101	2 733	2.7%
	余额小于50美元或者少于5次支付	29	10	548	0.5%
	合计	143	124	3 282	3.3%
正常	逾期60天2次	87	68	1 943	1.9%
	逾期60天1次	181	162	4 188	4.2%
	逾期30天	2 298	2 279	55 009	55.0%
	从未逾期30天以上	157	138	3 627	3.6%
	合计	2 705	2 686	64 767	64.8%
总样本					
合计		4 191	4 115	100 000	100%

应商可能会针对特定的产品提供特殊的选择。例如，信用卡、分期付款贷款、汽车贷款、耐用消费品销售融资、抵押贷款、小企业等。对于履约良好的客户和信用报告中有负面评价的客户，可能会有进一步细分的评分卡选项。例如，通用征信机构评分（FICO）的所有者将使用几个基本评分卡中的一个给信用申请人打分。然后，他们将应用一个适当的行业特定评分卡进行覆盖，以向基础评分卡添加或删除权重值，从而得到最终分数。这个例子所采用的是业界通常使用的一种方法。

13.3　模型评估方法

相对于模型评估方法，理想情况下评分卡所有者应该拥有供应商评分卡开发过程的一般知识。掌握这些知识是很重要的，因为它应该提供对供应商或评分卡开发人员控制的内容和输入数据的副产品之间的一般性理解，并且可以从所使用的数学和/或统计方法的应用中得出结论。例如，知道供应商使用的是二次方还是线性的离散加法分数公式，可以帮助技术人员重构间隔比数表，以进行系统监视，或在原始评分卡的情况下，帮助他们更好地了解如何使用有关被拒绝信用申请人的数据来重建"通过申请"客群。了解目标函数和求解算法对技术人员也很重要。不同的方法都有相关的假设，比如正常的和不良的申请者正态的分数分布，或者正常的和不良的履约组之间的等方差。了解这些假设，以及它们对模型的影响程度，可以帮助所有者的技术人员更好地预测供应商模型哪些领域可能存在问题，识别早期预警信号，以及如何调查偏离预期的结果。

在实践中，违反一个或多个统计假设的情况比较常见。应该向供应商询问与他们的开发方法有关的关键假设。此外，还应该询问供应商是否验证了这些假设，以及如何验证的，包括验证所发现的结果和对这些结果的解释。一个或多个评分卡假设在开发时相对于实施后超出范围的程度，可以对技术指标进行容忍度设置，然后确定与关键业务履约指标的联系。本章稍后将对供应商评分卡监测的主题进行更详细的阐述。银行监管机构提出的一个常见问题是，相对于评分卡的开发、考虑的备选方案以及对最终选择使用的方法而言，在多大程度上实施了有效的验证。我们的经验是，供应商研究团队会检查竞争技术，但结果不会包括在他们的评分卡技术审查中。因此，客户应该询问供应商考虑了哪些替代方法。通常，尝试捕获该信息时，会对客户提出的问题有所考虑。

最后，最好的做法是确保合同中的条款和条件清楚、详细地说明了评分卡的验证要求和期望。

13.3.1 供应商模型评估的透明性

相对于评分卡的核心要素，供应商模型可以为评分卡开发过程提供更大的透明度。评分卡开发是受大多数模型供应商高度保护的领域，因为模型供应商将其视为知识产权，能使企业具有竞争优势。与此同时，评分卡所有者的业务应符合法律要求，其有必要了解这一简单事实，即所运用的专有开发过程应"经过验证"。从实践的角度来看，在签署合同之前，应将与评分卡开发透明度相关的条款和条件纳入与供应商的谈判中。

这些年来一些关于竞争技术的研究已经认识到有些挑战与解决现实世界问题的不同方法相关[1]，例如关于可能提供不公平优势的问题域的假设，模型参数化和微调的程度，数据预处理的程度和性质[2]以及建模者领域和技术专长。为了说明由于对问题域的假设而产生的不公平优势的观点，考虑与回归模型竞争的树形算法，该模型具有条件虚拟变量，这些条件虚拟变量表示补偿因子，当主效应变量存在缺陷时，这些补偿因子可以增强信用申请的通过率。该树形算法可以访问所有的变量，包括主变量和补偿变量，但它不知道哪些补偿变量适用于主效应变量。因此，它可能会生成不必要的分支，并可能无法在适当的主要变量（相对于一个或多个补偿变量）上进行划分，以便准确地反映业务现

---

[1] See R. D. King, R. Henery, C. Feng, and A. Sutherland, "A Comparative Study of Classifi cat-ion Algorithms: Statistical, Machine Learning and Neural Network," Stat−Log, Machine Intelligence (1995): 13,311 359, for a discussion of difficulties of comparing classification algorithms.

[2] 预处理的示例包括变量分组和丢失数据或异常值的处理。

实。此外，该树形算法将删除补偿变量缺失的观测值，而回归模型将识别出那些具有指示性的主要变量的观测值，不需要补偿，这些值可以弥补弱点。在这种情况下，回归模型相对于树形算法具有不公平的优势，其较强的解释力并不是由于该方法，而是归因于将领域知识纳入回归模型的建立和预处理中。直到上个十年的中期（2005年前后），众多文章的结论是，没有一种模型开发技术在所有情况下都是最好的，正确的技术选择需要领域的专业知识和良好的业务判断，以及对科学的理解。大多数方法似乎都有相似的预测能力，有些方法略胜一筹，但差距不大。

2006年，David Hand写了一篇关于分类技术的文章（参见 Hand，*Classifier Technology and the Illusion of Progress*[①]），引发了一系列发人深省的交流。他笼统地提到了过去十年的文献中所报道的分类/评分技术进步的幻想或许还带着些许兴奋。也许有必要指出，在比较回归等方法时，应该注意其他事实，如模型的数学公式。例如，一个纯主效应回归，不管有没有交互项，包含条件虚拟变量可能会根据主效应变量中的一个或多个弱点触发包含更多变量。这些变化是评分卡建模的一部分，与求解算法相反，在本特定示例中，求解算法是逻辑回归。论文指出，分类模型效能的其他差异可能是由于数据属性或建模师/评分卡开发人员的专业知识以及其他因素等造成的。鼓励有兴趣的读者阅读对Hand文章的权威评论，以及他的反驳。[②]

最近，在分类和评分系统领域出现了一些有趣的文章，提供了额外的承诺。其中一篇文章考虑了由混合分类模型组成的整合模型。在这种情况下，单

[①]　David J. Hand，"Classifier Technology and the Illusion of Progress," Statistical Science,21, no.1(2006):1-14.

[②]　Jerome Friedman,"Comment: Classifier Technology and the Illusion of Progress,"Statistical Science,"21,no. 1 (2006): 15-18; Ross W. Galer," Comment: Classifier Technology and the Illusion of Progress, Statistical Science,"21,no.1 (2006): 19-23;Robert C. Holte, " Comment: Classifier Technology and the Illusion of Progress, Statistical Science,"21,no.1 (2006): 24-26; Robert A. Stine," Comment: Classifier Technology and the Illusion of Progress,Statistical Science, "21 no.1 (2006):27-29;David J. Hand," Rejoinder: Classifier Technology and the Illusion of Progress,Statistical Science," 21,no.1 (2006): 30-34.

个模型开发方法的比较已经让位于组合方法（参见 Ramli，Ismail & Wooi，2015）。[①]医疗风险评分领域的另外两篇文章反映了应用大型数学程序设计的发展，以及另一种被发现在疾病跟踪方面（有可能使用信用行为评分申请）的有用方法。通过与其他学科的应用保持同步，评分卡的开发方法可以通过改变用途来避免工作的重复（参见 Ustun & Rudin，2016；Dyagilev & Saria，2016）。[②]

　　非技术性处理供应商模型验证的目的是提醒评分卡所有者/开发者及其管理层，使用更复杂的建模方法存在一些风险。尽管供应商可能会宣称，复杂的方法明显优于不那么复杂的技术方法（样本验证结果优于较简单的挑战者模型），但随着时间的推移，这些方法的表现可能不会很好。原因可能包括抽样数据的过度拟合。对抽样数据的过度拟合突出说明了为什么评分卡所有者/开发人员必须审查相关和完整的供应商文档，该文档理想地涵盖模型验证的所有方面，包括过期的测试结果。

　　一些供应商有自己的专有数据和算法来推导评分卡的特征。[③]图表 13-8 提供了一个假设算法的详细示例，用于推导被称为"周转信用利用率"的评分卡特征，评分卡分数值分布见图表 13-3。一般来说，评分卡预测能力的差异可以追溯到评分卡构建的各个部分，如变量选择方法、问题表述、输入数据的丰富性和质量、分数权重选择算法、建模技术性以及与业务领域知识相结合的程度等。

　　让多个供应商参与进来是一个好主意，并让他们意识到供应商选择标准之一是，他们愿意分享评分卡开发方法的程度。在某些情况下，可能需要签订保密协议。一些供应商也可能向参加评分卡开发活动或出席事后通报会的一些银

---

① Nor Azuana Ramli, Tahir Mohd Ismail, and Hooy Chee Wooi, "Measuring the Accuracy of Currency Crisis Prediction with Combined Classifiers in Designing Early Warning System," Machine Learning, 101 (2015): 85-103.

② Berk Ustun and Cynthia Rudin, "Supersparse Linear Integer Models for Optimized Medical Scoring Systems," Machine Learning, 102 (2016): 349-391; and Dyagilev, Kirill Dyagilev and Suchi Saria, "Learning (predictive) Risk Scores in the Presence of Censoring Due to Interventions," Machine Learning, 102 (2016): 323-348.

③ 对于 FICO 和为美国主要贷款机构提供服务的三大征信机构来说，情况尤其如此。

行工作人员开放。供应商的评分卡必须接受所有者的有效验证挑战。请记住，就监管机构而言，供应商模型应与内部开发的模型一视同仁，并且必须按照与内部开发模型相同的标准进行验证。供应商不应被排除在验证之外；因为供应商是外部的，（有时）是不透明的，但不应该因此被排除在验证之外。

13.3.2 因素选择

模型所有者（当然是开发者）可能会影响预测特征的候选集，包括他们被选择的顺序。根据特征输入变量选择/加权算法的顺序，结果可能会有所不同。用下面这个真实的例子来说明这一点。

在图表13-4的例子中，特征如"最近6个月总查询量"，以及"过去12个月进行的交易总额与信用申请人的交易总额之比"，是在其他特征之前就选定的。

图表13-4　　　　　　　　　评分卡特征排序案例1

评分卡特征信息值——强调信用的使用和搜索

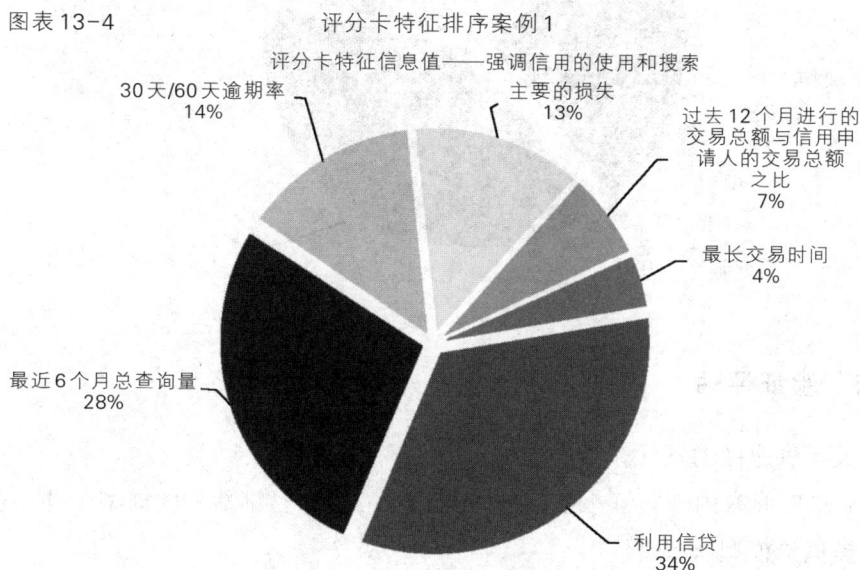

- 30天/60天逾期率 14%
- 主要的损失 13%
- 过去12个月进行的交易总额与信用申请人的交易总额之比 7%
- 最长交易时间 4%
- 最近6个月总查询量 28%
- 利用信贷 34%

在图表13-5的例子中，在"循环信贷利用"之后和选定其余特征之前，选定信贷申请人的特征"最近6个月总查询量"和30天、60天逾期率。重点是，评分卡开发者及其使用的评分算法可以生成各种不同的评分卡，这些评分卡可能具有可比的预测价值，但可能会强调不同的信用因素。使用模型排序来影响特征进入评分卡的顺序，这种方法已经在本书关于评分卡开发的章节中介绍过。模型所有者应该知道哪些因素应该更加重视，或者应该出现在评分卡中；反之，亦适用于有消除或减少评分卡候选特征影响的业务。[①]

图表13-5   评分卡特征排序案例2

评分卡特征信息值——强调偿付履约情况

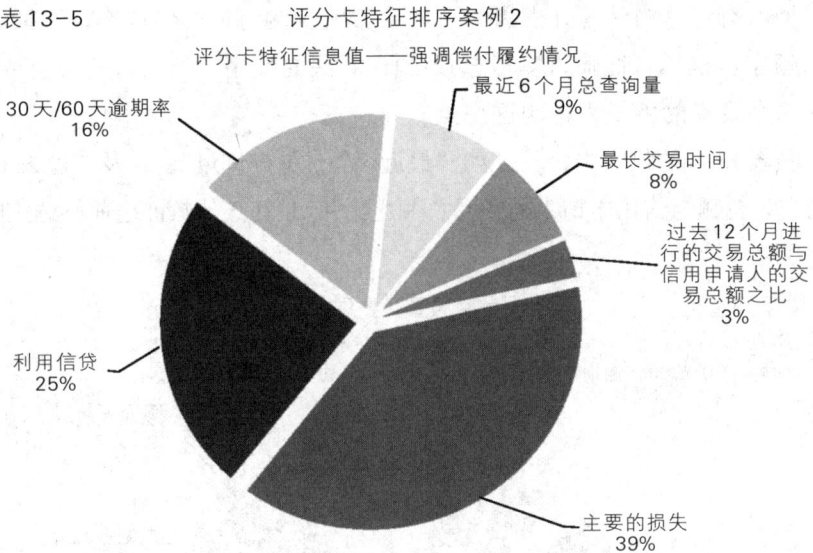

13.4 验证评估

关于供应商的责任，强烈建议：

1.供应商有内部验证小组，或者聘请第三方来验证他们的模型，并将这些信息提供给模型所有者。

2.主张保护其知识产权的供应商，应该要求其提供对模型的优点、缺点和

---

① 在任何一种情况下，模型所有者都应准备好支持包含或排除特征的决策，或者强调/不强调特征的影响。变量选择是二线模型验证者和监管者关注的一个关键领域，他们将试图有效挑战该领域的决策。

局限性的重要见解。

3.只要有足够的历史数据支持，供应商就可以在不同的经济周期对其模型进行结果分析和反向测试。

4.供应商模型应该根据公司的特定产品或市场进行"调整"，并确保供应商模型适用于这些产品和市场。

供应商评分卡通常具有相同的操作形式。也就是说，它们由许多特征组成，每个特征由特征集组成，具有指定的分数值。从概念上讲，它们是由一个开发过程创建的，这个开发过程包括按顺序执行的几个步骤，包括定量和判断过程，如图表 13-6 所示。

图表 13-6　　　　　　　　供应商评分卡开发流程的高级要素

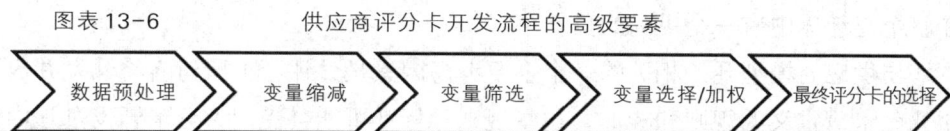

数据预处理　变量缩减　变量筛选　变量选择/加权　最终评分卡的选择

首先，对输入数据进行一些预处理和清洗①，然后变量缩减②、变量筛选③、变量选择/加权④，最后在一组备选评分卡中进行最终评分卡的选择。重要的是要认识到，这项工作的最终结果，即最终的评分卡，是基于过程所做的科学和业务/技术判断的。关键的模型假设应该由供应商获取并记录在案，且在开发后提供给评分卡所有者。模型假设获取非常重要，因为在生产过程中模型假设的失败可以在持续监测过程中得以证明。

---

① 示例包括标记可疑值、缺失值或错误数值;估算值、有影响的数据管理、衍生特征、观察排斥特征等。

② 这将包括聚类，计算每个特征属性的 WOE 和每个特征的信息值，考虑丢失数据的百分比，使用主成分和可能的模型细分市场。在这个阶段，观察应该被序列化并随机标记以包含在训练或验证样本中。

③ 例如变量的变换(例如,组合或线性化关系)、分组、多重共线性评估、等级顺序相关性统计测试(例如,Spearman,Hoeffding)、单变量直方图、围绕看似不直观的特征逻辑图的商业原理、模型所有者偏好、包含表示完整风险概况的特征等。

④ 这一步需要合适的统计数据、正常/不良人群的分离、风险的排序、围绕个体变量的商业直觉及其对信用决策的综合影响。

例如，假设"工作年限"是一个评分卡特征，而双变量分析反映了证据权重（WOE）趋势的几个逆转。这种逆转可能表明，工作三年或以上的人比那些工作不到两年的人风险更大。模型所有者可能会强行使证据权重趋势呈线性/单调之势，这样它就会随着就业时间的延长而增加（即降低风险）。正如前面章节中所广泛讨论的那样，（可能是错误的或有偏见的）数据被有效地重定义了，并且因良好的业务直觉而被采用了。①另一个例子可能是，在负债率的WOE（也就是Logit）图中证明了一个逆转，其中负债率较高的人履约状况要好于负债率较低的人。也许在这些情况下，个人具有补偿性因素，比如收入增长超过了债务，具有高流动性资本和净资产等优势。在这种情况下，建模者可能会选择从图中剔除逆转因子，这样就不会奖励每一个评分申请人，因为他们在整个连续体中有一个更高的负债率。

与供应商模型开发相关的一个重要考虑因素是，评分卡所有者将开发并应用评分卡重定义的规则和标准，这些规则和标准可能会受到评分卡开发过程中所做假设的影响。不承认这些假设，可能会因为惩罚申请人而导致矫枉过正：首先为特定因素给申请人分配较低的分数，然后针对特定分数范围使用处理相同问题的政策规则。如果信用申请人的评分因较低的分数分配而跌入受影响的范围，然后再次受到惩罚，信用评分加上业务规则的综合效应极有可能夸大该特定信用因素的风险。此外，这也可能在未来的模型开发中导致样本偏差问题。

一些供应商可能会使用优化算法，来指定每个评分卡特征的属性分数分配的下限和上限。此外，可以将策略变量"强行放入评分卡"，以便将判断值与基于数据的值集成在一起。这种做法的意义不仅在于避免由于重复判断而导致的矫枉过正问题，而且可以减少评分卡重定义的数量。模型所有者将需要了解如何完成这个重定义，以确定最佳选择，并使他们能够解释评分卡如何处理对

---

① 对于这种反直觉的情况，可能有一个合理的解释。举个例子，有人为了更好的机会换了工作，包括大幅度加薪和升职。这种人群目前的工作时间相对较短，他们的信用风险可能比那些终身雇员要高。但是也许终身雇员赚得更少，因为他们多年来没有"按市值计价"！

贷款人构成最大信用风险的案例。

如果开发过程基本上是未知的，则可以向供应商寻求帮助，以确定什么样的敏感性测试最适合用来证明系统可以有效地用于预期目的。至少所有关键的评分卡假设、优势、弱点和局限性都应该被识别并记录在案，以便在需要时能够进行常规监控和测试。应记录请求的日期以供参考，如果未能成功收集所需信息，应记录供应商的答复。监管机构或内部审计人员可能会要求提供这些信息。

最后，应该要求供应商提供最终的开发数据样本。如果可行的话，可以使用前面描述的典型逻辑回归和WOE方法来创建"基准"评分卡。在某些情况下，不同金融机构的模型验证团队也使用几种不同的算法构建模型，然后将结果与最终选择的评分卡进行比较，以便进行基准评估。它可能不会（也不应该）达到与供应商最终评分卡相同的分离程度，但应该提供一些验证性分析。可以仅使用已知的总体履约状况来执行此分析，以创建已知的正常/不良评分卡和分布。也可以对基于这两个分数的排序进行比较，以发现任何反转。还可以构建两种模型已知的正常和不良的比较图进行比较。同样，如果模型具有相同的变量，则假定各个特征属性WOE的起始值与它们各自的分组数值相同，则应合理调整结果。差异在很大程度上应归因于不同的目标函数和加权算法所造成的特征权重。在生成基准评分卡时，重要的是要了解对基于数据的WOE所做的任何调整，以及与供应商评分卡开发相关的任何其他假设/更改。

接下来，将研究与实施、使用和调整供应商评分卡及专有供应商评分相关的挑战。

13.5 供应商模型的实施和部署

成功地部署和引入供应商评分卡应该包括一个独立的部署保证功能。如前所述，在整个过程中大力推动供应商参与，在实施过程中最为关键。建议两家公司参与构建详细的实施计划，以解决以下关键领域的问题：评分卡集成技术要求、实施测试协议、持续监控（包括业务使用报告）和治理标准。公司和供应商之间应该定期举行会议，在模型部署前共享模型状态更新数据和结果。供应商代表应该参加模型所有者、公司数据管理、信息技术部署和测试团队以及业务领导层出席的会议。模型所有者负责确保构建一个与供应商协议的合同条款和公司的内部政策及程序相一致的计划。应深思熟虑地考虑储存和许可使用的条件，包括有充分的文件证明有足够的控制措施，以防止评分卡的非计划使用。

作者通常利用以下框架作为通用模型来实施计划：

- 执行概要

　　概述

　　背景

　　评分卡版本

- 评分卡验证

　　验证数据

　　采用的方法

　　考虑的因素和有效的挑战

　　截止值的评分方法

- 评分卡集成

　　决策流程

　　运行部署

- 实施

　　部署的环境要求

　　测试策略

　　并行测试计划

　　并行测试结果审查

　　终端所有者培训大纲

- 持续监测和报告

　　验证和业务使用报告

　　客群稳定指数

● 治理

治理机构

模型变化控制

在成功部署评分卡后，应至少每半年与供应商接触一次，讨论公司内部评分卡的执行情况。模型所有者应该要求供应商提供关于模型效能及其监测结果的详细文档。这些持续的监控工作是至关重要的，因为它们将公司和供应商重新与本章前面概述的初始项目意图和指导原则的核心宗旨联系起来。

13.6　持续监测所考虑的因素

良好的业务实践和监管指南要求评分卡所有者有一个全面的验证过程，以提供持续监控，包括结果分析和实施/使用过程验证。这一监测过程是确保评分卡和相关决策环境在必要时能够调整的关键机制，以避免发生变化时产生严重的不良后果。[①]供应商应该推荐一些方法来监测评分卡的效能变化、履约评分分布的变化以及总体和特征得分的客群变化。注意，用于这种监测的一些常见行业报告已经在本书的实施后报告章节中进行了讨论。这些是评估何时/如何调整政策、战略以及监测和研究的深度所必需的。评分卡根据申请人变为不良的风险等级进行排序的能力，以及与开发样本中的分布类似的区分正常分数和不良分数分布的能力至关重要。按得分（通常是十分位数）计算的逾期率（和损失）可能表明存在排名风险。低于模型基准曲线的账龄不良率曲线也可能表明模型发生偏移或恶化。多重测试[②]可以用来评估两个分数分布的偏离程度和重要性。时间分析可以帮助确定偏离的性质。例如，当已知的变化已经发生时，或者短暂的偏离程度。

---

① 可能发生变化的领域包括宏观经济状况、商业/营销策略、贷款承销和定价政策、证券组合销售/证券化、贷款申请人的信贷概况，或者相对于评分卡开发群体而言，与"通过门槛"群体相关的属性风险程度及其相应特征的权重。

② 分数分布的分离度量包括 Kullback 散度统计量、Kolmogorov–Smirnov（KS）统计量、Pearson's 卡方、c-统计量和基尼系数。

更持久的或不同类型的分布偏离可能会逐渐发生。对于平均值来说，分数分布只是简单地向右或向左偏离，而对于基于逻辑回归的分数算法来说，这种偏离只会影响截距项[1]，而不会改变属性的 WOE。在这种情况下，评分卡所有者可以根据风险偏好和分布偏离程度选择更改分数截止值。当比较两个分数分布时，建议在较高的点进行同质性检验，这将证明分数分布的形状[2]可能存在差异。例如方差（分布的扩散或离散）、不对称性[3]（值为 0 表示对称，负值表示左偏，正值表示右偏）、峰度（峰度或平坦度，取决于密度函数中心附近的符号）。在这些实例中，涉及分数公式截距和特征系数，以及与它们的属性相关的 WOE。因此，排名顺序可能会受到影响，应该进行检查。重新校准评分卡是一种选择，但可能无法有效地消除重新开发评分卡的必要性。[4]

供应商应该提供评分卡开发工作的基线值，以便检查评分客群随时间推移在得分范围内的稳定性。[5]供应商还应提出客群稳定性指标的阈值，以表明需要进行更深入的分析，并系统地发现趋势和用于诊断可疑原因的方法。[6]如果使用评分卡细分，则应在细分的层次上进行分析。

---

[1] 截距调整不会影响排名顺序，只会导致所有借款人的比例线性增加或减少。

[2] 我们可以根据分布的阶矩来检验形状的等价性，就像其他统计假设一样。然而，仅仅因为一个特定的时刻具有特定的值，并不一定意味着它们的分布形状是相同的。也就是说，如果一个分布的第三个阶矩是零，这并不意味着这个分布是对称的！如果它是对称的，第三个阶矩就是零，反之不一定。复合假设必须同时进行测试，以确定形状的等价性。

[3] 也有其他的测量方法。例如，用四分位数来代替方差，也就是四分位数之间的范围。另一种衡量不对称性的方法是计算平均值减去中位数，然后除以数量的标准差。峰度还有另一种选择。然而，作者并没有在实践中看到这种度量测试。

[4] 例如，没有包含在评分卡中的某些特征可能具有比当前的一个或多个评分卡特征更强的预测能力。

[5] 通常分位数(一般是十分位数)是通过人口稳定指数(PSI)与当前产量进行比较的统计和百分比计算的基础。请参阅实施后报告一章。

[6] 供应商应建议特定的时间间隔，在此期间，累计结果应较少受到季节效应、低成交量和月度波动的影响。供应商还应该根据人口的不稳定性，在特征层面指出需要进行的分析。然而，如前所述，这不是执行特征分析的唯一标准。有时效果可以抵消，所以整体情况看起来很好，但还有更深层次的变化正在发生。

作者经历了总体客群稳定性指数（PSI）不显著，但一些特征非常显著的情况。只关注客群稳定性指数或抽查一些特征的挑战在于，它可能会产生误导，并且只能传达客群的一部分情况。

从这个例子中得到的教训是，评分卡所有者应该从一个特征层面对变化进行全面的解释，即使整体情况看起来很稳定，因为补偿和抵消因素可能导致系统不稳定（同样的方法也适用于细分，如地理分组、渠道、产品/子产品等）。重要的是，要衡量"通过申请"客群随时间变化的程度和速度，因为它会影响评分卡的有效性。

对申请人群的特征分析显示，随着时间的推移，相对于每个评分卡特征的开发样本，平均分配的分数有所不同。供应商应该提供指示，说明如何为开发样本获取信息，以及如何通过在属性层面的差异求和来计算基线特征差异。

供应商应建议根据分数差异的程度进行进一步分析，比如在20分的分数上加5分，这样就会使贷款的违约率增加一倍。然而，在属性层面，可能有正值或负值，这些值加总起来可能最终会产生较小的总体差异。因此，建议考察属性层面上的显著差异。

关于贷款履约监测，供应商应该随时提供报告模板和定义，以跟踪逾期、不良履约和按分数区间定义的坏账的各个阶段。投资组合质量分析也应如此，包括队列账龄和滚动率分析，这些分析应以美元和计数为基础。这些报告将有助于确定评分卡的风险排名顺序。供应商还应该使用来自相同的、最近可用的时间段的[1]正常和不良信用申请人的样本，以及近期信用申请人的样本，进行过期样本的评分卡验证。[2]

重要的是要考虑评分卡重定义的影响，即分数达到批准标准的可能会被拒绝，分数达到拒绝标准的可能会被批准。参见图表13-7，其中呈现了正常和不良的客群得分分布，以及它们在分数截止值垂直线两侧的重叠区域。

---

[1] 这段时间应该足够提供一个最小数量的不良账户，其中最小数量应由供应商指定，以确保可靠的结果。

[2] 由批准和拒绝的申请人组成，以便可以测试评分卡的预计批准率的准确性。

图表 13-7   正常与不良分数分布图①

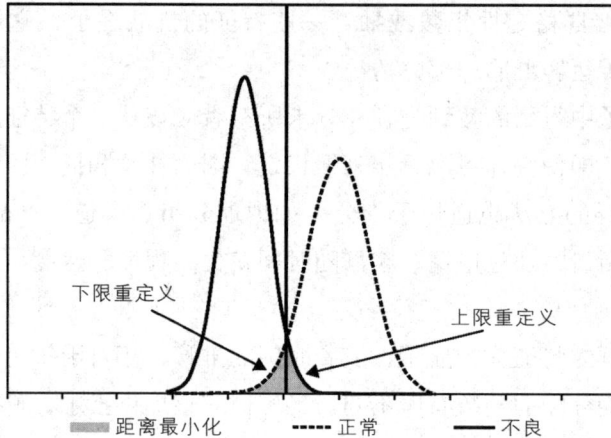

图中的分布都是对称的。正常账户用虚线描绘，不良账户用实线描绘，实线向右倾斜，平均得分低于中位数。下限重定义旨在批准已知的得分低于截止值分数的正常申请人，并且上限重定义旨在拒绝已知的得分高于截止值的不良申请人。重定义通常尝试使用旨在限制风险的策略规则、能够补偿评分卡一个或多个特征缺陷的因素，或者双重或多重分数矩阵中的额外分数。

评分卡重定义是评分卡验证的重点。应该对重定义的百分比设定阈值，包括低点和高点，以及可靠的实证支持和/或业务直觉，用于重定义规则。正如本书所述的，重定义的可接受阈值可能取决于几个因素，包括风险文化、对评分卡的信心以及产品类型和决策中人为干预的程度。模型供应商应该能够根据其客户群中的类似机构，指出重定义的通常级别。

13.6.1 供应商披露挑战的例子

评分卡所有者应该强制要求充分披露派生的特征构成，包括源数据元素、合并这些元素的公式或规则，以及在计算特征值之前应用的任何剔除标准。例

---

① 正常的分数分布是最右边的实曲线,不良的分数分布显示为最左边的曲线。

如，假设循环信用利用率是供应商评分卡中的一个特征。应该检查所使用的过程，以在征信机构生成其价值，并确定如何转换（例如，分组）以及对应的分数值。一个稍微简化的规范可能看起来如图表13-8所示。

图表13-8　　　　　　　　　循环信用利用率供应商计算逻辑

1.阅读信用申请人征信机构档案
2.如果信用申请人符合剔除标准，请设置剔除标志=Yes，然后退出流程
3.设置所有计数器且总金额（amount）字段=0
4.从文件中读取交易额记录
5.如果交易额记录结束，请转到步骤（12）
6.如果交易额类型=循环，则循环计数器=循环计数器+1，否则转到步骤（4）
7.如果交易额位于"旁路列表"[①]上，转到步骤（4）
8.容许值=容许值+1
9.如果交易额的状态为"未结"，且未结余额字段和高信用额字段有一个数值，然后，有效计数值=有效计数值+1，否则转到步骤（4）
10.如果高信用额>0，则总结余=总结余+未结和综合高信用值=综合高信用值+高信用值
11.转到步骤（4）
12.如果循环计数器=0，则循环信用利用率=A
13.否则，如果容许计数值=0，则循环信用利用率=B
14.否则，如果容许计数值=0，则循环信用利用率=C
15.否则，如果综合高信用值=0，那么循环信用利用率=D
16.其他循环信用利用率=（总余额×100）/信用总额[②]

①　例如，如果不包括医疗债务，那么与医疗和健康相关的交易额度将被忽略。可能会有更细的粒度，如医院、药房、牙医、诊所或私人诊所的医生、实验室、光学门诊、兽医、脊椎指压治疗师、殡仪馆等可以排除的特定交易额度类型。在美国，被排除在考虑之外的共同交易额度是儿童抚养义务。

②　四舍五入到最近的整数百分数。

　　这里的要点是，无论在系统开发中部署什么算法，都需要评估逻辑的有效性，以确保属性定义有意义，并将生成的代码和值适当地映射到评分卡上。对循环信用利用率计算或衍生循环信用利用率的征信机构属性所作的任何更改都必须事先知道。图表13-9提供了循环信用利用率的假设评分卡分数分配。

图表13-9　　　　　　　　　　循环信用利用率评分卡分值分配

属性描述	代码值	评分卡分值
没有循环交易	A	15
没有合格的交易	B	15
没有有效的合格交易	C	15
综合信用总额=0	D	15
不使用	0	25
第1层利用率	0% < x < 20%	45
第2层利用率	20% ≤ x < 35%	55
第3层利用率	35% ≤ x < 50%	60
第4层利用率	50% ≤ x < 75%	40
第5层利用率	75% ≤ x < 90%	25
第6层利用率	90%以上	0
缺少/没有信息	空白	15

　　在实践中，作者经历了这样一个事件，其中征信机构改变了一个征信机构特征的派生特征，而这个特征恰好出现在评分卡中。由于客群稳定性指数（PSI）超出正常范围，在事发几个月后才被检测到，随后的特征分析揭示了确切的原因。一个简单的事实是，使用外部数据的供应商模型带来的额外风险，比基于内部信用申请人数据的评分卡更难检测到，而外部数据往往不在评分卡所有者的控制范围内——这是持续监控如此重要的另一个原因。

在另一个例子中，征信机构编制的一个变量的来源与评分卡所使用的变量的来源不同。为了避免这些情况，实施适当的控制和质量保证程序是很重要的。

13.6.2 监测与另一个分数相结合

评分卡效能监测通常只有一个分数。然而，它有时可能更复杂，特别是当使用双分数矩阵时，要么使用内部开发的自定义分数，要么使用另一个供应商的分数。在这些情况下，可能需要两个供应商和额外带有判断标准的业务规则。将两个分数明确而不是隐含地连接在一起的动机，是为了保持因子的可分离性。相反，如果一个单独的分数，比如供应商的分数，被合并到一个模型中，就像在回归的情况中一样，则是模型不可分割的一部分。但是，如果分数是单独维护的，如在矩阵中，供应商或内部模型不会影响原来的模型。此外，在矩阵中使用单独的分数可以更灵活地创建决策策略。

在图表13-10所示的示例中，风险等级是根据每笔贷款的两个分数组成的矩阵来分配的。例如，申请分数为211分、征信机构分数为658分的贷款，其风险等级为4。有几个原因可以解释为什么双重分数方法可能有吸引力，包括：

图表13-10　　　　　　　　　单个供应商的双评分矩阵的样本[1]

		申请信贷人分数							
		<175	175~184	184~194	195~204	205~214	215~224	225~234	235以上
信用机构评分	<620	7	7	6	6	6	6	6	6
	620~639	7	6	6	5	5	5	4	4
	640~659	6	6	5	4	4	4	3	3
	660~679	6	6	5	4	3	3	3	3
	680~699	6	6	5	4	3	2	2	2
	700~719	6	5	5	4	3	2	1	1
	720以上	6	5	5	4	3	2	1	1

---

[1] Clark R. Abrahams, Mingyuan Zhang, "Credit Risk Assessment: The New Lending System for Borrowers, Lenders, and Investors," (Hoboken, NJ: Wiley, 2009), 147, Exhibit 3.11.

■ 改进风险等级排序。

■ 提高批准率/减少亏损。

■ 减少重定义和异常。

■ 系统方法/减少个人自由裁量权。

■ 如果第二个分数失效或受到损害（例如，不再可用），则可以防止或大大降低损害主评分卡/模型的风险。

此外，定制申请评分卡、供应商评分卡、供应商评分或双评分贷款决策模型的有效性可以纯粹基于业务知识。例如，主题专家（SME）可以指定"判断性"评分卡，[①]用于如图表13-11中描述的汽车贷款。[②]

图表13-11　　　　　　通过纯粹判断的有效挑战

因素	正常评级	分数	中等评级	分数	不良评级	分数
信用支付历史	最近24个月<2次交易30天逾期	18	最近24个月2次以上交易30天逾期	9	最近24个月的公共记录	3
	最近24个月没有交易		最近24个月，1次以上交易		最近5年内企业破产	
	60天逾期		60天逾期			
债务与收入比率	<25%	8	26%~34%	5	>35%	2
信用档案历史	2年以上	6	1~2年	3	<1年	1
预付款	<100%	6	100%~114%	4	115%以上	0
首付百分比	20%以上	5	10%~19%	3	<10%	2
就业稳定性	2年以上	6	1~2年	3	<1年	1
PTI比率	<10%	7	10%~16%	5	17%	3

① 参见 Clark R. Abrahams and Mingyuan Zhang, "Fair Lending Compliance Intelligence and Implications for Credit Risk Management,"（Hoboken, NJ: Wiley, 2008），185-188,关于判断系统及其优缺点的讨论。

② Ibid.,222-234；255-264关于判断信用评分卡的7个示例。

一个贷款申请的例子：

1.债务与收入比率为20%（正常评级）将分配8分。

2.过去两年没有逾期60天的交易额且很少有逾期30天的交易额（正常评级）将分配18分。

3.建立18个月的信用档案（公平评级）将分配3分；支付收入比率（PTI）为17%，将分配3分，依此类推。

在这个判断系统中，最高的分数是56分，最低的分数是12分，这样就可以把贷款划分为最多44个独立的分组。[①]这类评分卡可用于排序信用申请人，从直观上看，较高的信用申请评分获得较好的等级；反之，较低的信用申请评分则获得较差的等级。

一个典型的供应商得分范围为500分或更多（FICO得分范围从低分300分到高分850分）。您可以设置采集单个分数的频率，以及典型分数段的十分位数。您应该熟悉供应商分数的频率，以及分数分布的平均值、中位数和形式。您可能会发现，在大多数情况下，只有1/3的潜在个人得分实际会发生。此外，我们看到的许多双分数矩阵使用行和列十进制的分数，因此，存在10乘以10的分数段组合，总共需要分配风险等级的100个条目。

这项工作结束时，一个申请人将获得供应商评分、申请评分、双评分和判断评分。可以根据所有四个评分分别对样本中的贷款进行排名，并检查结果的反转模式，如图表13-12所示。

为了根据判断性得分构建排名，图表13-12中的所有贷款都应首先使用判断性评分卡进行评分，分数的取值范围为12～54分，以及56分。在本例中，一般贷款项目保留了等级排序，这些贷款项目从FICO最高分段到FICO最低分段进行排序。也就是说，在这个例子中有机会改进双分数排名。

---

① 贷款申请人实际上不可能在分组中得分为12，即在1～11和55的范围内，因为前11个分数低于所有"差"评级的因子分数的算术最小和，55是不可能的，因为对于任何因素，"正常"个体因子分数值与"公平"分数分配之间没有单分数差异。虽然理论上总共有56个分组（1~56），但实际上只有44个分组（计算为56-12 = 44）。

图表 13-12　　基于 4 个不同分数的 300 个贷款样本的排名

申请 编号	排名（按分数类型）				
	供应商评分	申请评分	双评分风险等级	判断评分	最终贷款等级
99-347-001	300	287	290	298	1
99-347-002	299	293	297	287	1
99-347-003	298	289	296	240	1
99-347-004	297	299	297	300	1
99-347-087	223	230	228	235	2
99-347-088	222	218	220	160	2
99-347-089	221	225	224	227	2
99-347-090	220	221	223	231	2
⋮					
99-347-159	151	168	157	150	3
99-347-160	150	172	160	142	3
99-347-161	149	157	154	163	3
99-347-162	148	139	142	241	3
⋮					
99-347-233	77	87	82	68	4
99-347-234	76	79	77	18	4
99-347-235	75	84	80	81	4
99-347-236	74	69	72	35	4
⋮					
99-347-297	4	8	6	20	5
99-347-298	3	12	7	11	5
99-347-299	2	1	1	1	5
99-347-300	1	3	3	3	5

　　在分析的基础上，可以确定对双分数矩阵增加不同贷款等级申请人特定子集的业务规则，其中子集采用定量方法确定，如基于树的算法，或通过检查排序表，再结合评分卡系统履约的持续监测结果。在后一种情况下，根据中小企业的经验和持续监测的结果，可以将 44 个分组映射到 1~7 级风险等

级，这与图表13-10的双分数矩阵中的风险等级一致。调整的例子见图表13-13。读者将会发现，可以通过使用适当的业务规则来提高双分数分配的等级。"最终贷款等级"一栏是指根据前几栏中指定的条件调整而形成的等级。

图表13-13 使用规则调整基于分数的等级

双分数等级	PTI %	首付%	预付%	新/旧	票据金额	最终贷款等级
1	< 10	20以上	5以上	都可以	<10 000美元	2
1	< 10	< 20	125以上	旧	10 000美元以上	2
1	10 ~ 14	5以上	< 125	旧	10 000美元以上	3
2	< 10	< 10	< 100	新	任意	1
2	< 10	< 10	125以上	都可以	任意	4
2	15以上	< 20	125以上	都可以	任意	5
3	10 ~ 14	20以上	100 ~ 124	新	任意	2
3	10 ~ 14	20以上	100 ~ 124	旧	任意	4
3	15以上	20以上	125以上	都可以	任意	5
4	< 10	5以上	< 100	新	<10 000美元	2
4	< 10	0 100	125以上	都可以	任意	5
4	15以上	20以上	< 100	都可以	任意	3
5	< 10	20以上	100以上	新	任意	4
5	< 10	25以上	不详	都可以	任意	2
5	10 ~ 14	20以上	< 100	都可以	任意	3

开发和应用供应商模型的判断性评估，并/或结合多个评分，如供应商和申请评分，可以形成用于改进贷款决策过程的见解。可以转化为有形的附加价值，这可以通过全面的模型验证来实现。

在下一节中，强调了对系统构建的透明度需求，特别强调特征构造和选择顺序。

13.7 供应商持续的质量保证

通常模型所有者期望供应商在开发过程中使用一个保留（或验证）样本来验证其评分卡，要求提供验证结果、解释结果并且所有关键假设都已经过测试。供应商应向所有者提供足够的信息，让他们能够自行对评分卡参数和假设进行敏感性测试。也就是说，由于缺乏可用的数据（通常缺乏足够的不良样本数量），供应商可能无法在评分卡开发时对一个保留样例执行验证。与申请评分卡相比，这种限制在行为评分卡中不太常见，在申请评分卡中，供应商可能使用引导方法。因此，在模型开发过程中没有对保留样本进行80/20分割。在这些情况下，供应商通常会使用最近一年来的过时样本执行验证。可以抽取一个以上的样本，跨越不同的客户群，并可以测试评分卡的正常和不良之间的分离程度。还有行为评分卡的例子，通常每年重新调整只影响截距项的分数/概率关系，而实际的评分模型（每个评分卡特征中的属性分值）保持不变。

在附录中，提供了供应商评分卡验证的关键考虑因素清单，与本章提出的要点一致。根据机构界定职责的方式，下列利益相关方在处理每项工作时，须考虑他们的角色（例如领导、提供意见、保证等）：[1]

1.供应商

2.评分卡所有者

3.内部评分卡开发人员

4.内部评分卡验证人员

使用清单[2]的目的是避免错误，并确保每个考虑因素都有相关方处理。一

---

[1] Abrahams & Zhang,(2008),255 260,Appendix 6C.

[2] 使用清单以减少错误的例子参见 Atul Gawande,The Checklist Manifesto：How to Get Things Right,(New York：Henry Holt & Company,2009)。

种可能的用途是，对每个利益相关方分配主要利益相关者责任，数字范围从（1）到（4）不等，而不是简单地检查标记（√）。无论角色如何，清单都是有用的，希望读者能认识到清单的价值。

13.8 参与

除了参加由专业风险管理协会主办的会议之外，我们还特别建议要参加供应商的相关会议。作者发现，这样的活动提供了与技术销售人员甚至开发人员在一个非正式、更轻松的环境中进行有意义的但通常却很有见地的交流机会。与评分卡的开发、实施、使用和管理相关的所有者组织、论坛和基于网络的利益组织的成员资格也是有帮助的，因此鼓励这种做法。在那里，人们可以分享想法，提出问题，发表意见，提出评论和建议，这可能会激发自己对一个重要主题的原创思维。让别人听到您的声音！

13.9 附录：供应商评分卡验证的关键考虑因素

	关键考虑因素	
1.	评分卡的用途是什么	
a.	它试图回答什么问题	☐
b.	它试图解决或处理的问题是什么	☐
2.	评分卡是基于合理的原则和推理吗？这个问题应该从三个不同的角度来考虑：（1）供应商观点；（2）行业观点；（3）所有者观点	
a.	理论	☐
b.	事实	☐
c.	观点	☐
d.	业务定义和参数	☐
i.	什么是客户履约定义（PPD）（供应商提供的，基于行业的，或指定的所有者）	☐
ii.	PPD 是否适用于评分卡的使用和它将适用的相关客群（当 PPD 由供应商提供或面向行业时，必须特别小心）	☐
iii.	什么是不确定的履约定义	☐

续表

	关键考虑因素	
iv.	评分卡开发样本和使用的剔除标准是什么	☐
v.	样本相对于整个经济周期（繁荣、衰退、复苏）的观察窗口在哪个阶段	☐
vi.	基于足够的历史经验，样本的履约窗口是否足够	☐
3.	评分卡能让所有者极为确定地推断出什么	☐
4.	评分卡的局限是什么	
a.	根据每个不同的预期用途	☐
b.	鉴于它所依据的支持理论	☐
c.	鉴于它使用的数据	☐
d.	在什么时间范围内	☐
e.	鉴于与关键评分卡假设相关的不确定性	☐
f.	仅适用于某些贷款产品	☐
g.	仅适用于某些地理区域	☐
h.	仅适用于某些渠道	☐
i.	仅适用于产品、地理区域、渠道的某些组合	☐
5.	评分卡选择的有效挑战：存在哪些替代方案，是否有更好的方法	☐
6.	如何衡量供应商提出的评分卡效能	
a.	开发时验证相对于保留样本的结果是什么	☐
b.	进行了哪些过时的保留样本验证，结果是什么	☐
c.	如何定期进行"持续"验证、系统和客群履约持续监测以及应用多大的阈值来确定评分卡是否需要进一步研究、重新校准或是否需要更换	☐
d.	评分卡输入的稳定性	☐
e.	评分卡假设的稳定性	☐
i.	分数批准贷款的账龄累计不良率	☐
ii.	分数批准贷款的账龄累计坏账率	☐
iii.	分数批准贷款的账龄累计逾期率	☐
f.	评分卡客群的稳定性（总得分客群分布比较）	
i.	系统级别	☐
ii.	评分卡的特征级别	☐
g.	预测能力（正常和不良客群分离）	
i.	系统级别	☐

第14章 评分卡开发过程第七阶段：实施后

"大致正确总比完全错误要好。"

约翰·梅纳德·凯恩斯（John Maynard Keynes）

一旦评分卡投入使用，实施后的工作主要有两个方面：

1.报告

2.审查

14.1 评分卡和投资组合监测报告

本节讨论风险从业者用来监测评分卡和投资组合效能的一些标准报告。评分卡和投资组合监测是一个相当广泛的主题——本章旨在向用户提供行业报告中最常见的一般概念。特别是，投资组合报告几乎总是针对高级管理人员以及投资组合风险管理人员的特别要求定制的，而评分卡监测在很大程度上是由风险管理人员、监管者以及模型验证团队的需求驱动的。所生成的大多数评分卡和投资组合管理报告都与投资组合和评分卡的效能统计数据相关联，如批准率、不良率、重定义率，以及度量实际效能与预期值之间差异的各种指标。但是，应该为一些重要的业务原因和目标来运行这些报告。这些目标以及用来实现这些目标的报告详见下文。

评分卡和实验应用管理报告：

■ 确认"未来就像过去一样"。正如前几章所述，评分卡总是为特定的申请人或客户/细分开发的（用开发样本的预期分数或特征分布表示）。

假设只要客群构成与开发评分卡时相同，那么评分卡就是有效的。这个假设需要在持续的基础上进行验证。通常用于监测受影响客群稳定性的报告包括：

• 系统稳定性（也称为客群稳定性和评分卡稳定性）报告。

• 评分卡特征分析报告。

• 非评分卡特征分析报告。

■ 监测并查明个人申请资料的变化来源，并批准（或客户的行为评分）。仅仅知道发生了变化是不够的，因为它不会有助于任何项目的操作。还必须确定变化的来源（和原因）。

• 评分卡与非评分卡特征分析。

• 竞争和营销活动分析。

• 按区域、渠道和其他细分进行深入分析。

• 跟踪新客户和申请人的风险状况。

• 系统稳定性报告。

• 评分卡与非评分卡特征分析。

• 批准/客户报告的评分分布。这些也用于预测目的。

■ 生成验收和重定义级别的统计数据。

• 最后的评分报告。

• 重定义报告，包括重定义的原因。

投资组合管理报告：

■ 监测已入账账户的风险表现。

• 逾期报告。

• 账龄分析。

• 逾期迁移报告。

• 跨期滚动率报告。

- 监测并查明逾期的原因和利润的来源。如前所述，如果知道损失来自哪里，就可以做出风险调整后的决定。
- 按区域、渠道和其他细分（特别是不使用深度细分的评分卡时）划分的逾期报告。
- 营销活动和竞争分析。

■ 估计未来损失率。

- 账龄分析和滚动率报告。请注意，虽然这些是预测未来损失率最常用的方法，但引入《国际财务报告准则第9号》规则可能会改变银行预测长期损失的方式。尽管如此，这些报告对于预测短期损失仍然是有用的。这项工作不仅仅是预测数字，它还包括测试各种可能影响未来损失的破坏性情景。

■ 评估不良率预测并管理预期。根据跟踪的实际履约情况，以便对未来的亏损预测进行调整。

- 账龄分析。
- 逾期报告。
- 逾期违约迁移报告。
- 用不同方法测量实际值与期望值的差异。这些是模型验证评估银行模型效能的最常见的报告。

前述内容适用于申请和行为评分卡报告。

毋庸置疑，在实施之前必须有适当的报告和跟踪机制安排，以便能够跟踪新评分卡或战略实施的早期结果。在应用环境中实施评分卡的初始阶段，建议每周生成报告，以便能够快速发现和纠正与预期效能的任何偏差。当确定评分卡或策略表现符合预期时，定期的月度或季度报告就足够了。一般来说，大多数零售投资组合的效能报告都是按月或按季度编制的，而中小型企业和批发投资组合往往是按季度或按年编制的。报告的生成取决于贷款额、模型风险和验证功能的偏好、监管机构的报告要求以及数据更新的频率。例如，中小企业和公司的数据通常每季度或每年更新一次，因此风险敞口通常每季度或每年评估一次，然后编制报告。

虽然信贷业务是动态的，但其进展相当缓慢。零售信贷风险指标和因素往往会在较长时间内发生变化，这与风险因素瞬息万变的市场风险不同。因此，重要的是确定重要的趋势，而不是异常数据，尤其是在需要更改决策时。在第12章的实施前验证部分，建议对过去3个月、6个月或更长时间的申请人进行系统稳定性报告。这样做的理由是，在决定评分卡是否仍然有效之前，要捕捉长期趋势。这里的理由没有什么不同——无论是试图决定评分卡是否仍然有效，或者确定是否需要更改特定细分市场的截止值，或者对特定客群或细分实施更严厉的逾期或信用授权处理，您都需要确保结果是对长期趋势而不是一次性事件的指示。

最后，正如前面章节关于评分卡开发所强调的那样，必须解释申请人概况和履约变化的业务原因。仅仅查看批准统计数据、不良率或稳定性指数是不够的，为了能够做出明智的/经过风险调整的决策，必须能够解释事情发生的原因。这里的概念与开发智能评分卡的概念相同，定性和定量相组合的方法可获得更好的结果。

模型风险管理

当根据监管需要而运行模型效能报告时，最好参考内部模型验证团队的结果，或者从本地监管机构那里得到一些想法。指导模型验证报告的最常用文件之一是《巴塞尔协议 II》工作文件 14。[1]这是一份相当全面的文件，在模型验证的定性和定量方面提供了合理的指导，包括所建议的拟合统计数据。尽管是为遵守《巴塞尔协议 II》而开发的，但其已被全球许多银行作为一套最佳实践采纳。美国监管机构发布的《OCC 2011-12》（第 2 版）[2]和欧洲银行管理局（European Banking Authority）发布的《GL-44》都是类似的文件，概述了模型风险管理的良好实践。

---

[1] Article I, "Studies on the Validation of Internal Rating Systems (revised)." BCBS Working Papers No. 14, Bank for International Settlements, May 2005.

[2] OCC 2011-12, "Supervisory Guidance on Model Risk Management." Board of Governors of the Federal Reserve System/Office of the Comptroller of the Currency, April 2011.

　　参与信用评分的金融机构一直都知道模型存在风险，并且已经对其进行了长期管理。自2008年信贷危机以来，这个话题变得更加重要。尽管人们普遍错误地认为模型或评分卡应该对危机负责，但事实是，该危机是多个原因导致的一次复杂事件。①其中包括对一线经纪人提供扭曲的薪酬计划、风险管理未能实施尽职调查（如确认收入），以及未能理解模型本身的优点和缺点。正如本书前面所讨论的，模型的开发和使用是一个综合性的工作，它涉及统计、团队合作、判断监督和情境决策方面的能力，而不仅仅是一个学术实践。要使其成功，必须有以下几个因素：

　　■ 连续检查点。这些已经在第2章中详细说明。关键是在模型各阶段设置检查点，而不是在过程结束后设置。模型验证和风险管理人员应该参与到评分卡开发的临时步骤中，以便尽早发现并解决任何问题。

　　■ 管理方向。高级管理层需要确保认真对待模型风险，并且确保模型验证团队拥有有效挑战内部开发的权威和资源。这一职能在公司组织架构中的地位，以及直接向高管层汇报，确保可被认真考虑。管理层还需要制定和/或批准高水平政策，并确保遵守和及时纠正模型风险管理在制定和实施评分卡方面的所有问题。此外，应该为每一张评分卡制定一个持续的监测计划，对定期监测和报告的关键业绩指标预先确定阈值。

　　■ 综合的基础设施。模型因开发、验证和部署完全不同的基础设施而增加了风险。其中一些问题已经在第3章中讨论过了。监管机构将无法复制结果、模型重新编码以及"翻译失真"等列为客户面临的一些风险。

　　■ 责任明确的独立验证。必须在模型开发人员、最终用户和验证之间划出明确的责任界限。没有这些，这个过程很快就会陷入僵局。虽然对结果的共同认可（通过团队合作）对于评分卡开发的每个阶段都是理想的，但是当涉及这一点时，一个人需要承担责任并做出决定。通常，模型验证团队对大多数监管模型开发问题有最终决定权，因为其需要对监管机构负责。在有些机构中，

---

① J. R. Bohn, "Credit Portfolio Risk and Performance Metrics: Lessons from the Sub-Prime Crisis." Shinsei Bank, 2008.

模型是为经营（非监管）用途开发的，风险管理部门作为最终用户，通常具有最终发言权。不同的银行模型验证级别不同。有些银行只有一个独立的模型验证部门，而有些银行则可能将内部审计作为额外的最终层级。

■ 稳健方法。本书只介绍了一种开发评分卡的方法。但是我们知道还有很多其他的方法可用来开发模型和评分卡。各机构需要为其模型开发制定正式的和文件化的方法，同时要考虑可用数据的数量和类型是否恰当、透明度/可解释性、监管需求、产品类型、所需的决策以及验证和开发人员的技能等诸如此类的问题。

■ 适当的控制。本书第2章提出了一些检查点。机构应该有自己的控制措施，以确保模型得到开发、验证和正确使用。这一点既与管理监督有关，也与能够有效应对挑战的独立工作人员有关。此外，应该形成文件和批准标准，并升级成协议，以确保遵循政策，并建立管理模型风险的标准化框架。

■ 反馈回路。虽然有一些关于模型风险管理的全球最佳实践，但是每个组织都需要开发一套适合其自身的模型，要考虑其风险偏好、组织架构、决策过程和信用评分的成熟度。为了持续不断改进，应该有一个真实反馈问题的路径，可以用来弥补任何漏洞，并创建更好的流程。

上述清单并非详尽无遗。模型风险管理的科学在不断发展——每个组织都应该开发一套与其文化、环境和规模相契合的框架。尽管全球实践提出了一系列好的想法，但归根结底,对具体银行来说，最有用的才称得上"最佳实践"。

14.1.1　信用申请分析报告

这些报告有时被称为"前端"报告，因为它们被用来跟踪即将生成的申请人分布以及登记在册的客群的质量（基于申请人得分）。

14.1.1.1　系统/客群/评分卡稳定性报告

在前面（第12章）已经详细地介绍了实施前验证的内容。在实施前验证期间，将最近一批申请人的分数分布与开发样本的分数分布进行比较，以确保评分卡在开始使用之前是稳定的。这里的目标和方法是相似的，除了在这种情况下，我们在持续的基础上测量稳定性，以确保评分卡仍然是稳定的。稳定性报告是对评分卡的前瞻性运行检查。正在进行的报告还按最近申请客群（"实际"）和开发样本（"预期"）的得分比较了分布情况。与前面一样，这样做是为了检测申请人概况的变化，用分数来表示申请人的分布。通过将现有客户的分布与开发样本的分布进行比较，可以很容易地修改报告，以便进行行为评分。在某些情况下，"实际"申请人可能是最近一个月或上一季度的申请人，这取决于报告的频率和申请人的数量。这种比较提供了两方面的资料：

1.它验证了"过去反映未来"的假设（不良率预测是基于一个类似于模型对未来申请人概况的预测）。虽然不是决定性的，但相似的证据提供了一定的契合度。同时，它提供了对模型效能的前瞻性评估（注意，所有依赖于实际和预期效能的指标都是面向未来的）。

2.它提供了申请人/账户的资信指标（例如，如果分数下降，可能表明申请人或现有客户的资信正在恶化）。

虽然从历史上看，系统稳定报告是按月发布的，但最近许多银行开始按季度发布报告——尤其是在抵押贷款领域，申请人数往往更稳定。

图表14-1是系统稳定性报告的一个例子。请注意，系统稳定性报告有时也被称为客群稳定性或评分卡稳定性报告。

图表14-1　　　　　　　　系统稳定性报告

分数范围	实际 %	预期 %	实际−预期（%）	ln（A/E）	指数
0～169	7	10	−3	−0.3567	0.0107
170～190	6	10	−4	−0.5108	0.0204
191～197	6	10	−4	−0.5108	0.0204
198～202	7	10	−3	−0.3567	0.0107
203～207	9	10	−1	−0.1054	0.0011
208～218	13	10	3	0.2624	0.0079
219～225	13	10	3	0.2624	0.0079
226～259	11	10	1	0.0953	0.0010
260～292	13	10	3	0.2624	0.0079
293以上	15	10	5	0.4055	0.0203
指数					0.1082

"实际%"和"预期%"两栏分别表示每个指定分数范围内近期样本和开发样本的例子分布。注意，在该表中，分数被设计成每个分数桶包含10%的

"预期"客群。这样做是为了提高效率，因此可以容易地识别出任何向上或向下的偏移（通过将每个组的基数设置为10%）。在前面的例子中，我们可以很容易地检测到向更高分数的偏移。

图表14-1提供了两种类型的分析。首先，可以通过查看上面的图表或查看实际的或预期的申请人/账户分配分数图表来确认客群偏移的性质。这可以提供额外的信息（例如，分数的变化是向下、向上还是达到峰度）。此外，在同一图表上显示除最近一个月或最近一个季度（例如，过去3个月、过去6个月等等）之外的历史时期的分布，将有助于跟踪长期趋势。这将表明，资信状况是否正在缓慢恶化，或者分布是否倾向于遵循周期性变化。一个长期趋势的变化可以看作是一个稳定的事件，因此可以通过政策变化和其他决定做出调整。这是一种更好的指导决策的方法，而不是对不稳定的月度变化做出反应。第12章提供了如何发现一次性、季节性和长期趋势的详细例子。

图表14-2比较了同一图表上的预期分布和最近实际分布，最近实际分布包括最近3个月实际分布和最近6个月实际分布。近期实际和预期的数字取自图表14-1。图表14-2清楚地表明申请人在过去6个月的得分持续升高。类似于在第12章中所做的工作，我们将做进一步的分析。例如，如果特定的营销活动是在6个月前完成的，或者进一步研究过去，找出分布发生变化的原因。

图表 14-2　　　　　　　　系统稳定性趋势

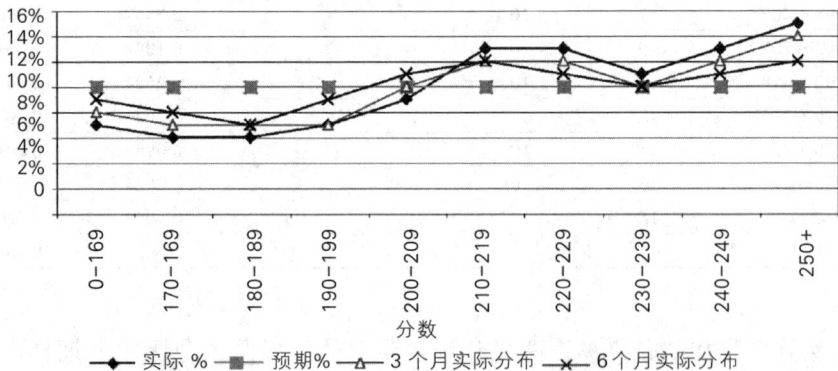

图表 14-2　　　　　　　　系统稳定性趋势

除了通过直观地观察图表数据的偏移，我们还可以用数学方法测量偏移的大小。这只是测量两个分布之间的差异，有很多方法可以做到这一点。一种方法是使用行业标准计量单位，如图表14-1所示。该指数称为系统稳定指数（SSI）或群体稳定指数（PSI），如图表14-1右下角所示，衡量的是在得分范围内近期申请者与预期（来自开发样本）之间的客群偏移幅度。该指数计算如下：

$$\sum \text{（实际\%-预期\%）} \times \ln \text{（实际\%/预期\%）}$$

这个计算与前面在第10章中看到的信息值的计算完全相同；它也测量了两个分布之间的偏差。

一般来说，该指数可以解释如下：

■ 小于0.10，显示无明显变化。

■ 0.10～0.25之间，显示有需要研究的小变化。

■ 大于0.25，显示申请人数发生重大变化。

如前所述，以上只是业界的经验法则，并非决定性的。其他方法，例如用卡方检验分组后的数据，具有一定程度的重要性，也可以用来测量偏移的大小。这里展示的方法是信用风险管理人员广泛使用的一种方法。与大多数分析方法一样，只有在有足够的数据时，系统稳定性分析的结果才可靠。如果有一个小批量的产品，为几十个申请人制作月度报告就不会很管用。该指数对分组的大小也很敏感。群组过分集中或者稀疏都会引起问题。例如，准备一份报告，其中的分数被设计用来代表每个数据分组中预期病例10%或5%的分布，可能会减少一些这样的担忧。大多数分析师在报告中使用相同的分数等级，这导致案例分布不均匀。过分集中或稀疏群组都会产生问题。

这个指数并不是一个终极的衡量标准，它只提供了一般性的指标。事实上，它只告诉我们是否发生了偏移，并指出了偏移的大小。在确定群体偏移是否显著之前，应考虑诸如趋势（这种变化是暂时的还是长期的）、变化的幅度以及变化的原因等因素。从能够使用该报告产生决策的角度来看，这里更重要的任务是找出分数变化的原因。

分数的变化可能是由几个原因造成的（这些原因在第12章已经详细说明，因此，这里只提供一个摘要）：

■ 由于移民或快速的经济增长引起的总体人口变化而导致申请人概况的变化（例如人口变化）。

■ 市场动态，包括诸如营销活动、细分市场竞争和产品设计等。例如，如果最近一个月的申请者明显年轻，或者集中在某个特定领域，这可能是由于有针对性的营销活动。产品设计上的变化，如提高忠诚度计划、改变收费结构、"6个月免息"之类的优惠，或转向非传统渠道，也能吸引不同类型的申请者。吸引特定客群的外部竞争也可能影响申请人的构成。例如，通过产品设计（例如，电信公司利用广告和手机来吸引年轻客户）、忠诚度计划和更高利息率来定位客户的公司。一家没有与信用卡相关的忠诚度计划的银行发现，随着时间的推移，申请人的质量一直在下降。分析显示，大多数申请者被那些提供信用卡忠诚度计划的银行拒绝（那些可以得到附加福利的信用卡的人，同时又是那些不能去这家银行的人）。在行为评分方面，更积极的授权或信用额度管理策略、引入忠诚度计划、重新定价、交叉销售和其他此类活动可以改变现有客户的评分状况。

■ 编码错误。这通常是一个系统性的错误。

■ 数据抓取中的错误，其中数据样本中存在非随机或细分不正确的情况，或者将排除在开发样本之外的情况包括在内。

有几种方法可以用于进一步调查这种偏移的原因。这些方法包括：

■ 进行评分卡特征分析，分析评分卡中特征的偏移（这听起来似乎很明显，但是这样做是因为分数是基于评分卡获得的。这也再次强调了建立一个基础广泛的"风险概况"评分卡的重要性，以便这些分析中显示的变化能够反映现实，而不仅仅是由基于狭义评分卡的一两个特征的波动造成的）。

■ 分析非评分卡特征的变化。这些主要分为三大类：

■ 没有进入评分卡的明显特征。（由于这些特征是风险等级划分的，它们的分布可定性地确认客群状况是变好还是变坏。）

■ 与评分卡相关联的特征。（这些应该与评分卡保持同方向，从而确认评

分卡特征的变化）

■ 评分卡中分子和分母的比率。

■ 收集相关信息，包括监管规定的变化、近期内部与竞争对手的营销活动，以及两者的产品变化。

14.1.1.2 评分卡特征分析报告

评分卡特征分析报告比较了每个评分卡特征的当前样本和开发样本的分布，以及任何分布变化对得分的影响。该报告可以进一步查明分数发生变化的原因，通常每季度或系统稳定性报告显示有重大变化时，就会生成该报告。与系统稳定性报告一样，再次建议将预期分布与当前和历史时期的分布进行比较，以发现趋势。

图表14-3显示了一个关于"年龄"的评分卡特征分析的例子。

"预期%"和"实际%"分别表示开发样本和近期样本的分布情况。使用这些数据可以进行两项分析。第一，每个特征的预期分布、当前分布以及历史分布都可以绘制在图表上，如图表14-2所示，可以直观地显示偏移的性质。

第二，我们可以用数学方法计算偏移的幅度。在这种情况下，我们将根据得分来计算这种偏移的影响。在得分范围内，这种影响或者评分卡特征指数简单地计算如下：

$$\sum（实际\%-预期\%）\times 点数$$

图表14-3 评分卡特征分析

年龄（岁）	预期%	实际%	点数	指数
18~24	12	21	10	0.9
25~29	19	25	15	0.9
30~37	32	28	25	−1
38~45	12	6	28	−1.68
46以上	25	20	35	−1.75
指数				−2.63

请注意，在此分析中包含"按标准批准百分比"一栏，可以说明评分卡是否系统地歧视某一特定细分，还是呈现了不合逻辑的批准率趋势。此外，一些风险经理还通过属性列包含"不良率"，作为对风险排名的额外检查。按属性划分的不良率应该遵循一个类似于 WOE 曲线的逻辑趋势。分析人员根据属性计算"平均当前得分"和"平均开发得分"，以检查总得分是否也符合逻辑。

图表 14-3 显示向年轻申请者的偏移，导致申请人的年龄得分比预期的低 2.63 分。

对于评分卡中的所有其他特征也会产生类似的报告，通常放在一页上进行分析。此示例（来自部分申请评分卡）如图表 14-4 所示。

通过分析上述特征，可以得出如下结论：

■ 申请人越来越年轻（因此风险也越来越大）。

■ 他们很少住在自己的住所（风险更高）。评分卡以外的其他与时间相关的特征，如就业时间和最长从业年限，也应该指向同一方向。如果他们不这样做，就可能意味着潜在的欺诈，或其他一些问题。

■ 他们没有搬迁。上述例子中所示的条形区域已经聚合——实际上，它们将被分解成更精细的区域。从逻辑上讲，这意味着居住时间较短不是因为迁移——这意味着很可能是因为贷方采取了某种行动。

■ 在过去 6 个月里，他们向征信机构提出的咨询数量显著增加（风险更大）。对过去 3 个月、12 个月和 18 个月的调查进行分析，将确定这是短期现象还是季节性现象，还是某种更为持久的现象。有关如何检测季节性的详细示例，请参阅第 12 章。

■ 征信机构和内部机构的逾期数量更高（风险更大）。征信机构其他的逾期行为特征应该证实这一点。

■ 征信机构的数据显示循环信用的利用率较低（风险较低）。

图表14-4　　　　　　　　　　　评分卡全部特征分析

年龄	预期(%)	实际(%)	点数	指数	逾期	预期(%)	实际(%)	点数	指数
18~24岁	12	21	10	0.9	0	80	65	45	-6.75
25~29岁	19	25	15	0.9	1~2个月	12	21	20	1.8
30~37岁	32	28	25	-1	3~5个月	5	8	12	0.36
38~45岁	12	6	28	-1.68	6个月以上	3	6	5	0.15
46岁以上	25	20	35	-1.75					-4.44
				-2.63	利用率				
居住期限					0	12	8	15	-0.6
0~6个月	18	29	12	1.32	1~9个月	10	19	40	3.6
7~18个月	32	32	25	0	10~25个月	14	20	30	1.8
19~36个月	26	22	28	-1.12	26~50个月	22	25	25	0.75
37个月以上	24	17	40	-2.8	50~69个月	11	6	20	-1
				-2.6	70~85个月	13	9	15	-0.6
地区					86~99个月	14	8	10	-0.6
大城市	55	58	20	0.6	100个月以上	4	5	5	0.05
小城市	26	24	25	-0.5					3.4
乡村	19	18	15	-0.15					
				-0.05					
6个月咨询次数									
0	63	34	40	-11.6					
1~3次	19	31	30	3.6					
4~5次	10	16	15	0.9					
6次以上	8	19	10	1.1					
				-6					

　　虽然所有其他指标都表明申请者的风险较高，但较低的利用率表明情况并非如此。应该调查这些反直觉的趋势。如前所述，我们必须跟踪评分卡中每一个比率的分子和分母来解释变化的来源。在这种情况下，分别跟踪余额和信用额度（计算利用率的分子和分母）。虽然平均余额比历史水平略有增加，但信贷额度增加的幅度更大。这通常发生在高度竞争的市场环境中，银行开始交叉销售产品给风险较高的细分市场，同时增加客户的信用额度，以提高竞争力。

因此，申请者的利用率得分较高，但并不意味着风险较低。这里存在的问题是，客户的利用率分数并不代表与该分数相关的真实风险水平/不良率。这有可能影响模型的预期不良率和风险排名。

更深层次的业务推理分析，有助于对症下药，有助于了解营销活动、竞争、经济环境和产品变化等活动，因为这些有助于解释客户基本情况的变化。

在此种情况下，如果风险经理知道申请者的得分高于他们应该得到的，可以考虑如下一些选择：

■ 降低对高风险申请者利用率分配的赋分。但这种做法并不理想，因为这也将惩罚低利用率的低风险客户。

■ 如果是新开发的评分卡，用一个变量替换利用率，该变量根据申请人的实际风险水平为他们分配适当的分数。这会降低总体的平均分数，并使分数分布略微向下偏移，但会更接近事实。

■ 提高截止值。即使针对高风险客群的策略是经过深思熟虑的，分数的不当分配也会扭曲预期的表现。提高截止值将使预期的不良率回归到计算出的近似水平。

■ 调整预期损失/不良率，以反映比评分所显示的更高实际风险。各种分析可以用于此，包括延长账龄，如图表12-6所示。它不会改变申请者和被批准者的风险水平，但会使预期更加现实。

因此，前面的分析从简单的计算分数偏移到类似于针对申请人（或客户，为行为评分卡）的关键风险指标（KRI）的分析。

这种分析的一个自然延伸就是比较评分卡之外的其他特征的开发和当前分布。这些可以包括：

■ 不在评分卡中，但被认为对申请人资信有影响的特征。这些包括没有进入评分卡的明显特征。例如，如果评分卡特征的变化表明申请人的资信在恶化，那么审查这些强有力的非评分卡特征将有助于确认这种变化。这确保了对申请人资信的判断是基于更广泛的信息，因此更可靠。

与评分卡中的特征相似的特征。例如，如果"年龄"出现在评分卡上，跟踪其他与时间相关的特征——比如就业时间或居住时间，以及最长的从业年限——可能会进一步解释申请人资料变化的原因。如果评分卡上有"过去6个月查询次数"，跟踪过去3个月和12个月查询次数将有助于进一步解释查询的变化。在重大节日之前，查询也有增加的趋势。

14.2 应对变化

前面的报告说明是否发生了变化及变化的程度，并通过调查，说明了变化的原因。每隔一定的时间，风险/验证经理就会被要求决定在发生变化时如何处理评分卡。关键的标准是确定这些变化是否重大。一般而言，应考虑下列事项：

■ 跨时间趋势或一次性事件。在我看来，这是最重要的原因，因为一次性事件（如特定的营销活动、余额转移促销和重大节日等）引起的变化并不足以改变评分卡。这些都是一次性的信号（虽然有一些信用卡组合的信号经常出现）。同时，由于人口、产品、政策、法规或忠诚度计划的变化而产生的变化，往往是永久性的。例如，如果信用卡的忠诚度计划从赚取旅游积分转变为五金店积分，这很可能会改变申请信用卡的人口统计学特征。在这种情况下，需要重新开发评分卡。

■ 变化程度。如果这种变化导致非常小的变化，比如分布的变化不到5%，那么值得重新开发评分卡吗？毕竟会涉及更多的成本和更多的付出。在这种情况下，大多数风险经理会调整策略，并继续使用相同的评分卡。理想的情况是，人们应该测算客群的变化对预期不良率的影响，然后利用这个数字做出决策。这类似于我们做过的工作，即判断是否值得为某个细分付出格外的开发成本。

■ 系统误差（输入/计算）。在某些情况下，输入错误、输入值缺失或计算错误可能导致非常大的偏差。在模型投入使用前应检查计算误差。例如，在输入方面，通常是一个教育问题，要确保一线员工输入正确的值，而不是在下拉列表中选择默认选项。办公室或客户服务中心的纸质申请表与直接在商店或展台输入的申请表有着不同的特点。对于某些人口统计学变量，一线员工有时也会留空白以节省时间。对于信用评分，会有两个主要的影响："缺失"的比例比预期的要高，我们失去了未来分析的数据。

■ 评分卡的使用年限。如果评分卡是相当新的，选项可以包括用不同的变量重新开发它，即替换不稳定的变量，或者使用最近的账龄调整预期（在第12章中讨论过）。如果评分卡使用时间长于履约窗口，重新开发评分卡是一个更好的选择。

■ 变化以来的时间。稳定报告具有前瞻性，这意味着它们将立即发现一些变化。例如，如果改变规定以降低抵押贷款的最高贷款价值比（LTV），那么这种改变将立即生效。而由于人口变化或经济周期造成的申请人数变化则较慢。只有当变化发生在过去足够长的时间里，产生实际的可分析效能时，重新开发评分卡才成为可行的选项。否则，我们的选择仅限于猜测变化的影响以及变更截止值或策略等操作。如果LTV被降低，我们可以分析截断样本的效能（即删除当前和未来LTV之间的申请和账户），然后相应地调整策略。在某些情况下，还可以根据截断样本，重新开发评分卡。如果这些变化发生的时间足够长，足以产生一些账龄，我们还可以使用账龄推断来估计未来的损失率，并相应地调整截止值/策略。

■ 技术问题。尽管建模人员和风险管理人员希望立即使用新开发的模型，但在许多情况下，技术基础设施的局限性意味着要等待数月。这与验证和法律审查是分开的，而在美国等国家，验证和法律审查也可能需要很长时间。在某些情况下，银行有一个15～18个月的周期来构建和实施一个模型，而领先的银行设法在大约2个月的时间内做到这一点。如果技术不允许引入新的变量，那么调整模型的权重是一个不错的选择。这意味着使用与以前相同的变量和相同的属性分组全由运行评分卡，但使用的是更新的数据集。新的回归运行将生成新的权重和分数。重新调整评分卡也是有可能的，在同一评分卡上重新计算每个分数等级的预期不良率。同样，这是重新开发模型的另一种选择。

■ 隔离效应。如果这些变化仅仅是由于一个或两个变量的不稳定性而产生的，则替换它们也是一种选择；否则，重新加权、重新调整和调整预期都是可以做到的。这些孤立变量变化的原因将决定最佳的行动方案，其中包括改变截止值和重新计算预期的不良率。另一个孤立的不稳定的情况是当变化发生在一个可识别的细分市场中。在这种情况下，可以采取的补救策略包括：对评分卡进行重新细分、给受影响的细分分配不同的截止值或改变预期的履约。

基于上述考虑，风险经理在与模型开发和模型验证人员协商后，可以就不稳定评分卡的最佳行动方案做出决定。同样，制定这个及其他业务决策是这项工作的目标（除了生成监管报告之外）。这应该是驱动任何使用评分卡的公司的报表类型、次细分市场和这些报告发布的主要问题。

14.2.0.1 最终评分报告

最终评分报告用于申请评分卡，并生成用于获取批准率和重定义率等操作数字。它也可以用来监测过度重定义，并评估申请人和批准账户的质量。图表14-5显示了典型的最后得分报告，使用评分卡的截止值为200分。

图表14-5   最终评分报告

得分范围	申请人数	批准数	批准率	未提取	下限	上限
0~169	700	–	0	0	0	
170~179	800	16	2%	0	16	
180~189	700	35	5%	0	35	
190~199	900	99	11%	0	99	
200~209	1 100	924	84%	3%		176
210~219	1 100	968	88%	3%		132
220~229	1 000	900	90%	5%		100
230~239	1 200	1 092	91%	8%		108
240~249	1 100	1 045	95%	11%		55
250以上	1 400	1 344	96%	15%		56
	10 000	6 423	64.2%	8%	150	627
截止值以上		6 273			4.84%	9.09%
截止值以下		150				

此表的批准率为64.2%，下限和上限重定义率分别为4.84%和9.09%。注意，一些贷款机构根据申请人总数作为分母计算重定义率，而其他贷款机构使用低于或高于截止值的申请人数量作为分母（用于下限和上限重定义）。如果监管机构或内部验证团队已经指定了计算这个数字的特定方法，那么显然应该使用这个方法。否则，选择一种方法并坚持下去。在某些情况下，公司还根据所有重定义的总和除以申请人总数来计算"总重定义率"。虽然这是一个有趣的比率，但对决策其实没有太大帮助，因为下限重定义和上限重定义的本质是不同的，因此必须分别跟踪，分别计算。

针对诸如中小企业贷款、零售抵押贷款和定期贷款等产品，还增设了"未提取率"一栏，用于对应那些贷款被批准但选择不接受贷款的人。换句话说，其贷款被批准，但没有入账。在评分卡开发中，这些被认为是不确定的（第10章已经详细介绍了针对此种情况的管理方案）。特别"未提取"率应在最高得分范围内进行监测。总会有一些客户因为在其他地方获得了更好报价而离开该银行，这是因为各个银行对信用申请人的评级存在差异。如果离开的客户数量随着时间的推移保持稳定，在某种程度上就是正常行为。然而，如果这个数量随着时间的推移开始上升，可能意味着银行在价格或信贷限额方面缺乏竞争力。鉴于我们监控的是最高分数的范围，逻辑上，我们会向被批准的申请人提供最好的价格/报价。如果最好的报价仍然不够好，那很可能是一个定价问题。请注意，这可能是深思熟虑的策略的一部分。一些银行不喜欢拒绝申请者，所以会故意以高于竞争对手的价格批准申请。从技术上讲，这可以算作是一个基于分数批准的申请人，但（希望的）最终结果是，客户自愿离开。这样做的时候要谨慎，因为这可能会导致逆向选择——接受贷款的客户可能会这样做，因为他们没有其他选择，并且可能无法以批准的价格持有贷款。

从评分卡开发和监测的角度来看，用户需要了解产品定价实践可能对投资组合质量和数据行为产生影响。

图表14-5中的报告通常是为每个评分卡生成的，但是许多用户也会针对各个子群体和细分生成报告。这样做是为了确保一个有价值的细分不会受到处

罚，或者确保不同细分的批准率是一致的。有证据表明这种情况没有发生，这可能意味着评分卡要么没有按照设计进行预测，要么是过度的重定义。在第一种情况下，可能需要选择另一种细分，而在第二种情况下，则需要进一步调查和控制。

图表14-5的一个变量是随着时间的变化跟踪入账贷款质量的。案例如图表14-6所示。

这个图表展示了三个时期内按照申请分数分类的账户分布情况。将这些数据与预期的分布进行比较，以确定账户的质量是否比预期更差或更好。图表14-6显示了质量的持续下降，其中在200～209分值区间（略高于截止值）批准的比例正在增加，而最高分值区间的批准比例正在下降。

此外，下限重定义的百分比不仅逐渐增加，而且它们的得分也越来越低。

图表14-6 账户质量

得分	预期（%）	2016年1季度（%）	2016年2季度（%）	2016年3季度（%）	2016年4季度
0～169	0	0	1	1	
170～179	0	1	3	4	
180～189	0	2	3	5	
190～199	0	2	4	5	
200～209	20	26	28	26	
210～219	15	19	20	20	
220～229	20	22	22	20	
230～239	16	15	12	11	
240～249	18	4	3	5	
250分以上	11	9	4	3	
合计	100	100	100	100	

　　虽然系统稳定性和最终评分报告显示了申请人的资信状况,但本报告则显示了已批准账户的质量。该报告有助于为每笔新贷款生成更好的预期不良率,而不是依赖于从收益表中导出的简单的批准率/不良率关系。这种关系——例如,如果批准率是70%,那么可以预期总不良率为3%——是基于这样一个假设,即截止值以上的账户分布保持稳定。如图表14-6所示,一旦这个假设不再有效,就必须重新评估预期不良率。在某些情况下,对于给定的投资组合,批准率可以保持不变;但如果组合发生变化,则收益表中的预测将不再有效。

14.2.0.2　重定义报告

　　本报告根据重定义原因跟踪下限和上限重定义的数量。在基于手动(人工)和自动(软件)方法组合做出决策的情况下,重定义也需要由这两种决策类型进行跟踪。

　　正如第12章"重定义"一节所讨论的,过度和不受约束的重定义会导致损失增加,而有些重定义是合理的,应该这样做。因此,当重定义级别增加时,或者出于未指定的原因进行重定义时,该报告在充当一个监测工具,向管理层发出警示。此报告还可以用来确定组织内部正在执行的重定义的质量。在可能的情况下,所有重定义都应该基于合理的和可跟踪的原因进行,以便进行分析,确定哪些重定义原因是适当的,哪些应该放弃。如何确保这样做?一种方法是通过重定义原因生成履约报告(不良率)。

　　图表14-7显示了样本重定义报告。

图表14-7　　　　　　　　　　　　重定义报告

重定义原因	数量	系统"D"	系统"A"	人工"D"	人工"A"
下限					
地方性知识	34	34	0		34
正当的逾期	96	96	0		96

续表

重定义					
贵宾	12	12	0		12
VP重定义	8	8	0		8
	150	**150**	**0**		**150**
上限					
破产	125	120	0		5
属地知识	102	0	102	102	
负面信息	200	0	200	185	15
政策规则1	55	55	0		
政策规则2	73	73	0		
政策规则3	92	92	0		
	647	**340**	**302**	**287**	**20**

图表14-7展示了按原因和决策类型进行的重定义。请注意，系统和人工决策的定义因公司而异，这取决于它们的批准过程。一些机构要求审核人员审查和确认所有申请的系统决定，而另外一些机构对于大多数申请则借由系统自动批准或拒绝，很少进行人工审查。因此，图表14-7所示的报告可以根据具体情况，将之列入"初步决定"和"最终决定"，而不是由系统和人工决定。重点是关注重定义的理由和方法。

还请注意，本报告不包括"其他"或"没有指定"作为原因代码的情况。当然，这些应该最小化，或者最好消除。在设计申请流程处理系统和报告之前，好的做法是调查信用风险制度团队和评审人员，并编制一个全面的清单，列出所有可以用来重定义申请的原因。这些原因可以再细分为小组，并用于下拉列表或代码的判断使用。基于无法进入系统的原因，这种做法降低了重定义的机会。

对于下限重定义，所有的决策都显示为"系统D"和"人工A"，这意味着系统拒绝了所有的决策（得分低于截止值），最终却被人工基于特定的原因批准了。应该合理监测这些重定义的逾期违约情况，以寻求更好的重定义原因。

上限重定义有如下一些变量：

■ "破产"显示了系统拒绝所有125次重定义，表明破产的存在可能出于自动的政策拒绝，并且使用来自征信机构的在线信息。但是，尽管有5个人此前已经有破产记录，其最终却得到了审查人员的批准。应该单独监测这些获批申请人的履约状况，因为其本质上更像下限重定义。

■ 政策规则1、2和3也是系统自动拒绝的例子，同样可能是基于在线的征信机构或内部信息（针对现有产品）。

■ "属地知识"显示，102名申请人全部通过了系统的审核，然后可能由地区评审中心或分支机构实施了人工拒绝。这也许是因为存在评分卡之外的负面信息。

■ "负面信息"（指的是在征信机构和内部信息上的逾期违约）显示了一个有趣的情形。所有200名申请者最初都被系统自动批准，这意味着特定的负面信息不构成自动拒绝的制度规则，很可能是审查人员主动检查征信机构的全部报告、内部记录或其他文件而注意到的。随后，有185人因负面信息而被人工拒绝，审查人员只决定批准其中的15人。这15人应该被视为下限重定义，并且需要单独监测。

因此，图表14-7中所示的设置可以用来监测重定义，而不是按照重定义的原因进行简单的分配，因为重定义原因有时会掩盖某些类型的决策，例如所示的上限重定义手册批准的破产。根据 "如果得分>截止值和决策=批准（if score>cutoff and decision = approve）"的逻辑生成报表，以定义已批准的账户，则无法将5个破产者识别为重定义，并将它们包括在正常批准的范围内。有人可能会说，15人的一些负面信息是人工发现和批准的，他们也应该重定义。在这种情况下，应该单独跟踪这些信息，以评估批准具有负面信息账户的决定有效性。

在重定义率较高的环境中，应该做一个附加报告，概述重定义的风险概况。这可以通过多种方式来完成，例如：

■ 比较重定义和非重定义的评分卡和非评分卡特性，特别是"最严重违约"等负面行为特征。

■ 跨时间的重定义分数分布。

用于对那些需要重定义的风险概况进行定性评估。

14.2.1 投资绩效报告

投资组合履约报告通常被称为"后端"报表。其中包括通过各种措施来分析账户的逾期违约。

14.2.1.1 逾期（或履约）报告

逾期（或履约）报告是用来确定投资组合的履约。这些报告通常由图表组成，这些图表根据不同的不良定义的分数来显示不良率。此外，该报告还针对各个细分（例如，地理、渠道、人口统计）加以编制，以识别高、低逾期率的特定细分。该报告还以"开户月份"进行编制，以确定任何具有较高风险的特定队列（稍后将介绍账龄分析）。

图表14-8显示了信用卡投资组合账户逾期报告的一个例子。

该报告通常由计数（如图表14-8所示）和应收美元生成，并适用于行为和申请评分。

■ 截止值为200分的申请人评分卡的履约。

■ 活跃账户（即已使用其现有信用的账户）的单独列。"活跃"的定义在不同的贷方之间有所不同，但通常基于最低数量的交易、最近的使用量或存量余额来决定。本列与定期贷款组合（如抵押贷款或汽车贷款）的报告无关。

■ 对于定期贷款，有时还会为"已支付"增加一列，它将跟踪在贷款到期之前已足额还清欠款的客户数量。然而，该列与账龄更为相关。

■ 使用活跃账户总数作为分母的每个逾期期限的"不良率"。一些贷款人选择使用开户的总数量作为循环投资组合的基础。监管要求、模型验证指南和历史实践都决定了逾期数量的计算方法。对于抵押贷款和贷款等定期贷款产品，应使用已开立或目前有余额的总账户作为分母。如果该评分卡是基于"1×90天、2×60天或3×30天"等复杂的不良定义开发的，那么需要添加一列来评估该评分卡的实际履约情况。注意，如果正在开发行为评分卡，则此报告将提供不良数量的近似指示。

图表 14—8 逾期报告

分数	账户	活跃	%	现在	%	1~29天	%	30~59天	%	60~89天	%	90天以上	%	坏账	%	破产	%
0~169	2 865	2 702	94.30	783	29.00	594	22.0	459	17.00	297	11.00	216	8.00	135	5.00	216	8.00
170~179	1 750	1 622	92.70	691	42.60	324	20.0	243	15.00	101	6.20	89	5.50	68	4.20	105	6.50
180~189	986	886	89.90	444	50.10	142	16.0	115	13.00	51	5.80	37	4.20	31	3.50	66	7.40
190~199	1 478	1 391	94.10	814	58.54	209	15.0	153	11.00	64	4.60	46	3.30	36	2.56	70	5.00
200~209	12 589	10 399	82.60	6 977	67.10	1 248	12.0	832	8.00	458	4.40	354	3.40	218	2.10	312	3.00
210~219	21 996	17 949	81.60	13 162	73.33	1 705	9.5	1 095	6.10	628	3.50	449	2.50	336	1.87	574	3.20
220~229	35 786	27 197	76.00	22 579	83.02	1 496	5.5	1 224	4.50	598	2.20	435	1.60	321	1.18	544	2.00
230~239	26 143	18 222	69.70	15 871	87.10	893	4.9	583	3.20	346	1.90	237	1.30	109	0.60	182	1.00
240~249	15 997	10 926	68.30	10 041	91.90	350	3.2	229	2.10	153	1.40	76	0.70	22	0.20	55	0.50
250分以上	16 442	11 509	70.00	10 899	94.70	230	2.0	184	1.60	115	1.00	46	0.40	23	0.20	12	0.10
合计	136 032	102 803	76	82 263	80	7 191	6.99	5 118	4.98	2 812	2.73	1 985	1.93	1 299	1.26	2 135	2.08

■ 随着得分的降低，不良率呈上升趋势，情况本应如此。这表明，评分卡也是对风险进行排名。

■ 对每一个"翻倍概率的点"区间（本例中为20点数），不良率大约翻倍。当然，这与实际的不良率一样，取决于上限、下限重定义的优先级别、条件、预期客户的组合以及其他因素。因此，我们寻找的是近似的而不是精确的行为。

"不良"的定义可以是"曾经"不良或"当前"不良。大多数贷款人基于这两个定义生成不同的报告，因为它们有不同的用途。

在某些情况下，低于截止值的账户履约状况（例如低于10点或20点的下限重定义），可能接近或优于那些高于截止值的账户。这主要是由于更好的"最佳选择"——那些略低于截止值的数据，是经过仔细审查后人工选择的"最佳数据"，而那些高于截止值的则是自动批准的。这也表明，"最佳选择"通常可以在接近截止值的情况下取得一些成功，但不要低于截止值太多。当然，这取决于首先使用完整的无偏差数据集，构建良好的排序模型。

这份报告是基于逾期违约——类似的报告可以为客户流失、利润、收入、收回或任何其他目标生成，而这些目标是评分卡开发的目的。

履约监测的另一个目标是评估评分卡的预测准确性。通过分数或分数池，比较实际的和预期的不良率。此外，还可以生成许多统计数据来度量这两个不良率之间的差异。《巴塞尔协议II》工作报告14[1]是一个很好的统计数据来源。为了进行适当的比较，实际的账户履约应该基于与评分卡开发样本相同的标准（具有相同的"不良"定义、细分、履约窗口和排除条件）。这种比较的例子如图表14-9所示。

---

[1]　P.Siarka, "Vintage Analysis as a Basic Tool for Monitoring Credit Risk," Mathematical Economics 14, no. 7 (2011): 213–228.

图表 14-9   评分卡准确性

分数	账户	活跃账	%	实际不良	%	预期不良 %
0～169	200	198	99	89	44.9	23.0
170～179	348	300	86	79	26.3	18.0
180～189	435	367	84	56	15.3	14.0
190～199	466	387	83	24	6.2	10.0
200～209	2 456	1 876	76	122	6.5	8.0
210～219	4 563	3 600	79	151	4.2	5.0
220～229	5 678	4 325	76	166	3.8	4.0
230～239	7 658	4 598	60	88	1.9	2.0
240～249	5 786	3 546	61	38	1.1	0.8
250分以上	4 987	2 176	44	20	0.9	0.5
合计	32 577	21 373	66	833	4	

这个图表显示了一个投资组合的实际不良比率与开发阶段的预期不良比率的比较。这里需要注意几个因素：

■ 由于该报告在达到履约窗口之前无法生成，因此其操作价值有限（对于即时/正在进行的决策）。然而，这是内部验证和监管机构都需要的关键报告之一。对于期限未到的队列，使用图表 6-4 中所示的账龄分析和图表来跟踪各队列在每个时间段的预期履约。例如，如果一个队列 6 个月的实际履约好于开发阶段的 6 个月履约，那么它在到期时的实际不良率可能低于预期，反之亦然。这些信息对账户管理和预测很有用。关于账龄的更多讨论将在下一部分进行。

■ 实际履约几乎总是不同于预期，这是因为上限和下限重定义、账户管理策略、经济周期、债务人从其他渠道获得更多信用，以及某种产品从授信至履约期限结束之间可能发生的其他事件等，都会导致风险增加。对风险经理来说，重要的是能够在任何给定时间准确预测预期的履约。

■ 通过开放时间持续监测不良率，并与预期履约进行比较，以此来评估评分卡是否确实有效。在大多数情况下，有效的评分卡确实会对风险进行排序，但监测的不良率并不完全符合预期。如果评分卡没有对风险进行排序，则需要进行替换。在预期和监测违约之间存在差异的情况下，可能需要采取一些行动，比如更改截止值（适用于一些细分）、修改制度规则或调整评分权重等。

14.2.1.2 账龄（或队列）分析

账龄或队列分析包括按开户时间不同队列（在特定时间段内开立的账户）所生成的不良率。虽然模型监测人员更愿意按账户查看本报告，但风险管理人员也可能希望为余额生成相同的报告，以便更准确地了解损失的情况。

与违约报告一样，本报告也针对不同的不良定义、各种细分和亚客群而编写。该报告用于：

■ 确定高风险的同类群组（在一个特定的月份或季度开立的账户风险是否高于其他账户）。

■ 跟踪不良率随时间的变动——注意，图表 6-4 显示了不良率随时间的发展情况，此表是根据来自图表 6-2 所示的队列分析表的信息而开发的。这些信息用于比较新队列的履约和长期履约状况，进行预期管理并产生更准确的预测。

■ 确定基于时间的亚群，这些亚群对损失的贡献不成比例。进一步的分析是为了查明原因，如果可能的话，找出补救措施。

如图表 14-10 所示账龄分析的例子。该图表显示的是 2015 年 1 月至 2016 年 3 月期间开立的账户的履约状况，以相同的账户时间为准。换言之，我们正在比较不同月份但履约期相同的不良率，在本示例中，基于季度。注意，我们基于业务目标以及评分卡开发所制定的目标，为其他指标生成类似的报告，如客户流失、利润、破产、收回等可以用不同的不良定义来运行（例如，曾经逾期 90 天，曾经逾期 60 天等）。图表 14-10 显示，2015 年 3 月和 4 月期间开户的，风险高于其他月份开户的。我们还可以看到，客户的不良率在两到三个季度后会更高。在这一点上，我们可以参考 2015 年 3 月和 4 月的系统稳定性报告和其他报告，找出造成这种履约差异的原因。这可能是由于以下因素造成的：逆向选择、截止值的变化、季节性效应、针对高风险客群的营销努力、系统错误导致高风险客户在不经意间获得了批准，或过度重定义等。简而言之，我们需要使用本章中几乎所有的报告以及关于业务实践的历史信息来找出原因。

图表 14-10　　　　　　　　　　　账龄分析（%）

开户日期	1个季度	2个季度	3个季度	4个季度	5个季度
01-15	0.00	0.44	0.87	1.40	2.40
02-15	0.00	0.37	0.88	1.70	2.30
03-15	0.00	0.42	0.92	1.86	2.80
04-15	0.00	0.65	1.20	1.90	
05-15	0.00	0.10	0.80	1.20	
06-15	0.00	0.14	0.79	1.50	
07-15	0.00	0.23	0.88		
08-15	0.00	0.16	0.73		
09-15	0.00	0.13	0.64		
10-15	0.20	0.54			
11-15	0.00	0.46			
12-15	0.00	0.38			
01-16	0.00				
02-16	0.00				
03-16	0.00				

　　一旦了解了这些原因，就可以确定它们是否代表一次性事件，或者是否存在导致重复发生的条件。如是后者，可以采取具体措施避免批准这种高风险账户。从图表 14-10 之中的数字来看，3 月和 4 月发生的事情可能都是一次性事

件。原因是 5 月以来开立的账户都出现了正常的逾期行为。如果 3 月和 4 月的事件是故意的和永久性的，那么低于该事件的所有队列的不良率都将高于平均水平。另一个必须经常做的比较是，与过去 2～3 年在类似月份开立的账户进行比较。这是为了确定这些事件的影响是否具有季节性，是否每年都会发生。

在某个月后的同组人员不良率高于平均水平的唯一可能原因是蓄意行为。这意味着贷款人降低了截止值，放松了政策执行标准，或者试图决定接受风险更高的客户。在所有其他情况下，在超出平均履约水平的 1/2 到 3/4 之后，风险和验证经理应该能够快速确定什么地方出现了问题，找出原因并进行补救。如果是由于产品设计或本书早些时候讨论的其他问题而导致申请人分布发生了变化，他们可以决定提高截止值或收紧其他贷款政策，并确保未来的贷款群体恢复到正常的预期不良率水平。如果是由于政策、市场、产品或其他影响申请人资信状况的因素的变化所限，那么就应该考虑这些因素的变化。

此外，一旦发现特定群体的风险高于其他同类群体的风险，就可以做出风险调整决策来控制它们。这些包括：

■ 如果贷款可续期，则提高贷款续期价格，或不续期。

■ 对高风险客户不续签信用卡（注意，由于信用卡产品的到期日很快，实际上到了续签日期时，大部分高风险客户已经变成不良客户了）。

■ 通过标记高风险客群，只有在提出要求并经过仔细审查后，才会提高他们的信贷额度，从而限制自动信贷额度的增加。

■ 信用卡客户在早期发生逾期和超出限定的信用额度，则限制他们继续使用信用卡。

■ 对这些群体采取更严格的清收措施。

■ 降低信用额度。请注意，在《巴塞尔协议 II》时代，这种情况已变得越来越普遍，因为要求银行为未使用的信贷额度留出资本。为了控制损失，高风险群体的信用额度可以降低到略高于他们的余额，或者低于其他信用卡的现有限额。当然，降低限额应该在审慎的战略规划之后进行，而且只针对那些在银行没有其他业务的高风险账户，或者那些所有其他产品明显逾期、不能在未来为银行创造利润的账户。这是因为降低信用额度是一种敌对行为，会导致客户流失——而这并不是您所希望的。在这种情况下，我们认识到特定群体是高风险的，我们希望减少未来的损失。

账龄分析报告也被广泛应用于预测。这个想法是根据较旧的同类群体的长期账龄开发情况来推断较新的同类群体的账龄。通过这种方式，可以预测未来几个月或几个季度的新群体的不良率。当用于预测未来12个月的投资组合时，我们将使用一个特定的长期群体作为基础来推断未来12个月银行已有的所有群体。也有人认为，账龄分析可以用于《巴塞尔协议II》的回溯测试。

使用报告中的信息来驱动这种决策是关键。这使得报告成为一种决策工具，而不仅仅是产生文件和统计数据的练习。

如果将某些项目记录在案，那么对前面提到的过往信息进行研究（以了解群体履约差异的原因）就会变得更容易。这些包括：

■ 评分卡、截止值、政策规则、产品、营销策略、奖励计划（奖励的存在、奖励类型、赎回变化）和监管环境的变化。

■ 关于主要营销活动的信息，如交叉销售活动、现场活动、余额转移等。

■ 任何其他有助于找出分数变动和账户履约原因的信息。

应该为每个投资组合捕获这些信息，并记录下来，以便将来的诊断和故障剔除变得更容易。这种文档在信用评分中很常见，通常称为投资组合年表日志。注意，这与数据更改日志是分开的，数据更改日志捕获公司内部对数据库的所有更改。

14.2.1.3 逾期迁移报告

在逐月的基础上，大多数贷款人跟踪账户从一个逾期桶转到另一个逾期桶的情况。图表14-11中提供了这样的逾期迁移报告的一个例子。

图表14-11所示的报告，监测账户数量从一个逾期类别迁移到另一个类别的情况，即从"前一个月"迁移到"本月"。请注意，"前一个月"队列中的"%"度量是按列分布。"这个月"下面的"%"度量则是按行分布的。例如，

图表 14—11

逾期迁移

本月 上月	上月 #	上月 %	现在 #	现在 %	1~29天 #	1~29天 %	30~59天 #	30~59天 %	60~89天 #	60~89天 %	90~119天 #	90~119天 %	120~179天 #	120~179天 %	180天以上 #	180天以上 %	破产 #	破产 %
现在	54 780	72	52 591	96.0	2 082	3.8											210	0.2
1~29天	12 640	17	10 112	80.0	632	5.0	1 871	14.8									85	0.2
30~59天	3 254	4	1 302	40.0	325	10.0	472	14.5	1 139	35.0							59	0.5
60~89天	2 271	3	182	8.0	204	9.0	227	10.0	227	10.0	1 413	62.2					39	0.8
90~119天	1 449	2	55	3.8	65	4.5	80	5.5	87	6.0	72	5.0	1 065	73.1			42	2.1
120~179天	887	1.2	16	1.8	12	1.4	19	2.1	20	2.2	27	3.0	64	4.0	550	78.0	150	7.5
180天以上	632	0.8	1	0.2	8	1.2	11	1.8	16	2.5	13	2.0	3	3.0	371	60.3	210	29.0
合计	75 915		64 258	85	3 329	4	2 679	3.5	1 488	2.0	1 524	2.0	1 132	1.5	921	1.2	585	0.8

在上个月逾期 30～59 天的所有账户中，40% 是处于当前状态，10% 是逾期 1~29 天，14.5% 是逾期 30~59 天，依此类推。同样的报告也产生了每一个逾期组以及不同时间段的逾期金额。一些银行按季度编制这份报告，是出于遵守《巴塞尔协议 II》的要求，许多银行按资产池编制这份报告。该报告称为池迁移报告。

诸如此类的报告也有助于预测。这个报告可以修改，以提供多年的长期滚动率。在某些情况下，由于违约率较低，无法开发 90 天违约或坏账模型，可以开发预测较低违约率（例如 60 天）的模型作为过渡。然后，可以将 60 天模型的预测情况与滚动率信息（例如，从 60% 周转到 90%）结合起来，然后预测 90 天的逾期或坏账。该报告与第 6 章中讨论的滚动率分析相似，并提供了类似的证据，证明存在逾期的"无回报点"。上面的报告显示，上个月逾期 1～29 天的客户中，有 80% 还清了贷款而变为当期客户，而在逾期 90～119 天的客户中，只有 2% 还清了贷款。

在某些情况下，机构还开发了过渡状态模型，以预测账户在指定时间内从一个桶迁移到所有可能桶的可能性。例如，我们可以预测一个当期账户在未来一个月内迁移到还清或逾期 30 天的可能性，或者一个逾期 30 天的账户在同一时间段内迁移到还清、当前或逾期 60 天的可能性。这些模型也用于预测。

14.2.1.4 跨期的滚动率

图表 14-11 跟踪了不同时期每个逾期桶中未偿付的账户和未偿还美元的数量。图表 14-12 显示了这样一个报告的例子，为了说明这一点，只显示了两个逾期桶。实际上，它是针对所有的逾期桶而报告的。

此报告可帮助您了解违约账户和美元的跨期违约情况。逾期账户美元的相对增长也显示了欠款金额的增加，以及违约造成的损失是否也在增加。

上面的报告并不是一个详尽的清单，它们只是使用评分卡的银行运行的一些常见情形的一小部分示例。事实上，银行运行数百份报告来管理评分卡并监测其投资组合。这些报告是定制的，以满足不同利益相关者的要求，以及每个需要做出的决策。

图表 14-12

滚动率

日期	应收账款合计			当前			1～29天		
	逾期账户数	金额（美元）	逾期账户数	%	金额（美元）	%	逾期账户数	%	金额（美元）	%
5月16日	80 895	256 987	71 188	88.0	230 260	89.6	6 472	8.0	35 978	14.0
6月16日	81 229	277 125	71 075	87.5	245 533	88.6	6 986	8.6	36 026	13.0
7月16日	86 985	289 541	75 851	87.2	251 901	87.0	6 872	7.9	41 115	14.2
8月16日	89 524	298 654	77 796	86.9	261 322	87.5	7 162	8.0	41 513	13.9
9月16日	92 458	311 897	80 069	86.6	270 103	86.8	7 027	7.6	39 923	12.8
10月16日	97 114	318 694	84 004	86.5	276 626	86.6	7 478	7.7	40 155	12.6
11月16日	99 365	322 145	85 851	86.4	283 488	88.0	7 651	7.7	39 302	12.2
总计	627 570	2 075 043	545 834	87.0	1 819 233	87.7	49 647	8	274 012	13.2

一些常见的业务报告包括下面这些，都是由众多细分产生的：

■ 活跃客户与不活跃客户。

■ 周转与交易的比例。

■ 信用额度的利用率。

■ 按利用率计算的违约率。

■ 按时间分列的平均消费额和支付额。

■ 平均利息和交换收益。

■ 违约风险敞口报告。

■ 违约损失率报告。

■ 信贷转换系数报告。

■ 定期贷款提前还款报告。

■ 账户结清报告。

■ 清收报告包括已清收金额、平均清收天数、付款天数、已付款百分比、平均已付款金额、纠正率、自我纠正率、纠正时间。

■ 定期贷款续期率。

■ 关于模型履约的指标：

• （1-PH）统计量

• 准确度

• 准确率（基尼系数）

• G^2 似然比统计量[①]

• 曲线下面积（AUC）

• 贝叶斯误差率

• 附条件信息熵比

• D 统计

---

① SAS® Credit Scoring 6.1 for Banking: User's Guide（Cary, NC: SAS Institute, 2016）.Y. Bishop, S. Fienberg, and P. Holland, Discrete Multivariate Analysis（Cambridge, MA: MIT Press, 1975）, 125, equation（4.2-2）.

- 误差率
- 信息统计
- 肯德尔的Tau-b值（p值）
- Kolmogorov Smirnov统计量
- Kullback Leibler统计量
- 皮特拉（Pietra）指数
- 精度
- 灵敏度
- 萨默斯D值（p值）
- 特异性
- 有效验证分数

■ 关于模型校准的指标：

- 卡方检验（p值）
- 相关分析
- Hosmer Lemeshow测试（p值）
- 观测值与估计指数
- 平均绝对偏差（MAD）
- 平均绝对百分误差（MAPE）
- 均方差（MSE）
- 布赖尔（Brier）技术评分
- 斯皮格勒（Spiegelhalter）实验

14.3　审查

"正如通常所说的，一遍又一遍的重复和审查什么是好的是好事。"

柏拉图

一旦建立并实施了评分卡，实施后的审查是一个很好的方法，可以识别出整个评分卡开发和实施过程中的差距或缺陷；反之，也可以识别出有效性的领域。这有助于提高后续评分卡开发项目的效率和效果。正如第2章所详述的，审查工作应与有关各方一起进行。

应该注意的一些关键问题包括：

■ 是否需要清洗数据？如果是，则应该存储和运行有关清洗的逻辑规则，以便将来其他人可以使用。在理想情况下，这应该并入自动的提取−转换−加载（ETL）算法中。

■ 是否创建了新的派生变量？如果是这样，它们应该以一种可以被团队的其他成员反复使用的方式共享，最好是通过具有审计跟踪功能的图形用户界面（graphical user interface，GUI）。与数据清洗一样，这些也应该添加到自动化ETL流程中，以便将来可以创建它们并添加到风险数据集中。自动化降低了模型风险，并避免了对同一件事的重复审计，还确保了计算的一致性。

■ 审查和清收人员面谈过程中是否成功地识别了预测变量和特征随时间变化而变化？这个过程应该在以后的项目中重复。如评分卡开发分析证明受访者所提供的资料可能不正确，则应将有关资料交还评审人员。例如，让评审人员调整他们的期望值。例如，评审人员可能认为住在城市中心的年轻人是高风险客户，因为他们房租高，工作和搬家频繁。但分析显示，他们是可接受的风险客户，因为这些属于城市中心的"正常"行为。在大多数情况下，交互式分组的结果可以呈现给那些负责评审或投资项目组合管理的人员，因为信息是相当直观的、可视化的，并且很容易理解。它还可以通过更好地理解影响投资组合的风险因素来改进风险管理。

■ 客户的投资组合是否有什么独特的因素，比如季节性或异常活动时期？如果是这样，应该记录这些信息，以便用于将来的开发以及项目组合评审。

■ 有没有因为犹豫不决或技术原因导致项目停滞不前的情况？将来有什么办法可以避免这种情况的发生吗？这些问题包括：等待数据、无法解释结果或数据、由于职责/司法管辖权不清导致决策陷入僵局、其他部门由于计划不周而未能履行职责、不能实施评分卡、存在技术问题、无法就截止值或其他策略达成共识等。其中一些问题可以通过更好的规划、建立清晰的责任和更好的团队合作来解决。

■ 有没有什么"数据技巧"或数据转换使评分卡开发工作更容易开展？

■ 有没有引发问题的数据元素？

■ 战略一旦制定和实施，是否有任何意外或意想不到的后果？这是一个沟通问题（也就是说，那些受影响的人不知道）或者是一个预测失败的问题？如果是这样，就应该做更多的"如果"的类型分析。

■ 报告是在评分卡之前做的吗？

■ 如何才能更好地与团队其他成员分享通过本项目产生的智力和知识产权，并将其保存在机构内？

这些问题中的大多数——以及它们的答案——都已经在书中提到了。尽管如此，还是经常会发生错误。然而，重要的是要从中汲取经验，并确保每个后续的评分卡开发项目变得更有效、更有序，而且——最重要的是——更智能。

附录A　信用评分中常用的变量

为开发评分卡而选择变量背后的考量已在前一章中详细讨论过。当然，所使用的变量取决于产品、国家、法规以及从征信机构等数据源获取数据的可用性。下列清单并非详尽无遗，尽管它包含了全球范围内最常用于开发零售信用风险评分卡的数据元素。评分卡开发人员应该确保在使用某个特定数据元素之前可以在其辖区业务范围中内使用它们。

人口统计资料

- 年龄
- 居住时间
- 最近的工作时间
- 过去5年的唯一住址数量
- 行业时间或总就业时间
- 过去5年的唯一工作岗位数量
- 邮政编码；通常使用一些业务逻辑进行分组
- 居住状况
- 就业状况/类型

- 职业类型
- 行业类型
- 最高学历
- 受抚养者人数
- 孩子数量
- 婚姻状况
- 担保人数量
- 家庭收入者人数
- 借款人的数量
- 自己的车？摩托车？

抵押品数据

- 购买的住宅类型：公寓、独立式、半独立式、简易别墅、分割式房屋
- 住宅的使用面积、房间数量、房屋使用年限等
- 新房或现房
- 客户首次按揭或续约
- 第一、第二、第三留置权
- 二手车或新车
- 汽车的品牌
- 二手车的行驶里程
- 车主占用/投资
- 二手车年龄

内部/财务数据

- 内部产品数量
- 银行各类产品的存续期

- 在银行有无保险箱?
- 在银行有无投资账户?
- 工资是否存入银行?
- 收入——通常用于与其他变量的比率
- 总资产
- 总负债——与资产的比率
- 净资产;还有流动资产净值
- 总债务/收入
- 每月总偿债金额
- 总偿债比率
- 循环债务/总债务(金额及产品数量)
- 汽车或房屋价格除以收入
- 贷款价值比
- 银行最严重的逾期情况:最近12/24/36个月的循环贷款和定期贷款
- 银行账户逾期30/60/90天
- 在过去的12/24/36个月,在银行分别逾期30/60/90天的次数
- 其他银行信用卡的数量
- 银行存款总额
- 存款总额/未偿还欠款总额
- 不同账户最近12/24/36个月的存取款平均差额
- ATM平均取款额;以及当前和过去12个月的ATM取款比率
- 所有渠道的平均提现率和历史平均提现率
- 上个月/过去12个月的平均存款
- 目前行为得分
- 行为得分趋势。例如,过去6个月或9个月的平均得分
- 循环贷款的上个月还款/过去12个月的平均还款
- 连续付款月数
- 银行最佳信用产品;按照信用卡等级进行抵押

■ 还款天数

■ 按产品计，平均逾期余额

■ 提前还款的产品数量

■ 银行循环额度使用比率和历史比率

征信机构数据

■ 征信机构得分

■ 征信机构有记录时间，或在征信机构中最早的交易年龄

■ 查询总次数

■ 过去 3/6/12 个月的查询次数，用于多种比率

■ 总交易和总未平仓交易

■ 最近 3/6/12 个月开仓的交易——用于总开仓交易的比率

■ 在给定时间内，未平仓交易总量占总查询量的比例

■ 总活跃交易——也用于比率

■ 总定期交易和总循环交易——用于与总交易的比率

■ 当前交易数量、逾期 30/60/90 天等，也可用于比率

■ 总信贷额度——循环中

■ 总余额——循环中

■ 总利用率——也可以按时间比例使用

■ 当前所有交易的最差评级；也是按时间，如过去 12/24 个月

■ 征信机构过去 30/60/90 天的逾期数量

■ 公开记录数量

■ 记录类型：破产、逮捕、止赎、诉讼、留置、判决或其他此类记录

■ 破产后数月或数年

■ 清收项目数量

■ 次级贷款人贷款余额

宏观经济变量

■ GDP：以下所有数值均用作确定增长/收缩方向的比率

■ 失业率

■ 就业率

■ 新屋开工率

■ 消费者价格指数

■ 房价指数

■ 通货膨胀率

信用卡

■ 成为客户的时间

■ 购买量——按时间比例使用，如上个月的平均值除以3个月、6个月、12个月的平均值，周期

■ 跨时间交易数量和比率

■ 平均利息收入，用于购买时的利率

■ 服务费收入

■ 支付金额——用于购买时的利率

■ 现金支取：平均值、数额和历史趋势

■ 上个月付款的百分比，用于比率

■ 消费习惯——主食/总消费，以及其他类别的消费，如快餐、餐厅、娱乐、奢侈品商店等

■ 互联网交易数量和长期比率

内部银行评分卡特征候选项（注：P =主要——最具预测性；S =次要——在评分卡中找到）。

资料来源：Abrahams & Zhang， Fair Lending Compliance Intelligence and for Credit Risk Management（Hoboken，NJ：Wiley，2008），197-199.

图表 A-1、图 A-2 分别提供了银行内部评分卡和征信机构评分卡的候选特征。

图表 A-1　　　　　　　　　　银行内部评分卡候选特征

Factors	Direct Auto	Indirect Auto	Credit Card	Home Equity	Mortgage	Other Secured	Small Business
				Portfolios			
Credit history	P	P	P	P	P	P	P
Credit bureau score	P	P	P	P	P	S	S
Debt-to-income ratio	P	P	P	P	P	P	S
Payment-to-income	S	P	S	n/a	n/a	n/a	n/a
Loan-to-value	P	S	n/a	P	P	P	n/a
Payment shock	n/a	n/a	n/a	n/a	S	n/a	n/a
Credit limit/Mo. Inc.	n/a	n/a	S	n/a	n/a	n/a	n/a
Net worth	n/a	n/a	n/a	n/a	S	n/a	S
Liquidity	S	S	S	S	S	P	P
Months of reserves	n/a	n/a	n/a	n/a	S	n/a	n/a
Employment stability	S	S	S	S	S	S	S
Housing ratio	n/a	n/a	n/a	S	n/a	n/a	n/a
(Trade in + cash)/price	P	P	n/a	n/a	n/a	n/a	n/a
Co-app bureau score	S	S	S	n/a	n/a	S	n/a
Loan term	P	S	n/a	S	S	S	S
Custom credit score	P	P	P	P, n/a	P	P	P
Years in profession	S	S	S	S	S	S	S
Residence stability	S	S	S	S	n/a	S	n/a
Deposit relationship	S	S	S	S	S	S	S
Prior loan experience	S	S	S	S	S	S	S
Age of vehicle	S	P	n/a	n/a	n/a	n/a	n/a
Loan amount	S	S	S	S	S	S	S
Owner-occupancy	n/a	n/a	n/a	n/a	S	n/a	n/a
Add-ons-to-unpaid bal.	n/a	S	n/a	n/a	n/a	n/a	n/a
Income tier	n/a	n/a	S	n/a	n/a	S	n/a
Financial performance tier/trend	n/a	n/a	n/a	n/a	n/a	n/a	P
Quick ratio	n/a	n/a	n/a	n/a	n/a	n/a	S
Current ratio	n/a	n/a	n/a	n/a	n/a	n/a	S
Working capital	n/a	n/a	n/a	n/a	n/a	n/a	S
Debt/net worth ratio	n/a	n/a	n/a	n/a	n/a	n/a	S
Return on assets	n/a	n/a	n/a	n/a	n/a	n/a	S
A/R inv AP turn	n/a	n/a	n/a	n/a	n/a	n/a	S
Receivables aging	n/a	n/a	n/a	n/a	n/a	n/a	S
Management quality	n/a	n/a	n/a	n/a	n/a	n/a	P
Industry	n/a	n/a	n/a	n/a	n/a	n/a	P
Life ins./credit life ins.	S	S	S	S	S	S	S
Geographic concentration	n/a	n/a	n/a	n/a	n/a	n/a	P
Market diversity	n/a	n/a	n/a	n/a	n/a	n/a	P
Type of ownership	n/a	n/a	n/a	n/a	n/a	n/a	S
Disability ins.	S	S	S	S	S	S	S
Prof. ins./bonding	n/a	n/a	n/a	n/a	n/a	n/a	S
LTV below threshold	S	S	n/a	S	S	S	n/a
Strong co-applicant	S	S	S	S	S	S	S
Savings pattern	n/a	n/a	S	n/a	n/a	n/a	n/a
Cash flow analysis	n/a	n/a	n/a	n/a	S	n/a	S
Relationship	S	S	S	S	S	S	P
Diversification of customer base	n/a	n/a	n/a	n/a	n/a	n/a	S
Education	n/a	n/a	n/a	n/a	n/a	n/a	S
Own/rent	S	S	S	n/a	n/a	S	S

　　常见的征信机构评分卡候选特征（注：P =主要——最具预测性；S =次要——在评分卡中找到）。

图表 A-2　　　　　　　　　征信机构评分卡候选特征

Factors	Direct Auto	Indirect Auto	Credit Card	Home Equity	Mortgage	Other Secured IL	Small Business
			Portfolios				
# Tradelines	S	S	S	S	S	S	S
# New recent tradelines	S	S	S	S	S	S	S
# Satisfactory ratings	S	S	S	S	S	S	S
% Satisfactory trades	S	S	S	S	S	S	S
# 30-day late revolving	S	S	P	S	S	S	S
# 30-day late installment	P	P	P	S	S	S	S
# 30-day late mortgage	P	P	P	P	P	P	P
Total # 30-day late	S	S	P	S	S	S	S
# 60-day late revolving	S	S	P	S	S	S	S
# 60-day late installment	P	P	P	S	S	S	S
# 60-day late mortgage	P	P	P	P	P	P	P
Total # 60-day late	S	S	P	S	S	S	S
# 90-day late revolving	S	S	P	S	S	S	S
# 90-day late installment	P	P	P	P	P	P	P
# 90-day late mortgage	P	P	P	P	P	P	P
Total # 90-day late	P	P	P	P	P	P	P
# Open trades by type	S	S	P	S	S	S	S
# Liens or judgments	P	P	P	P	P	P	P
# Foreclosures or repos	P	P	P	P	P	P	P
Bankruptcy last 5 years	P	P	P	P	P	P	P
# Derog items	P	P	P	P	P	P	P
# Current past dues	P	P	P	P	P	P	P
Ratio sat/tot trades	P	P	S	S	S	S	S
# Inquiries < 6 mos	S	S	P	S	S	S	S
# Inquiries < 12 mos	S	S	P	S	S	S	S
Ratio of bal/cred lmt	S	S	P	S	S	P	S
Age of oldest trade	S	S	S	S	S	S	S
# Collections > $X	S	S	S	S	S	S	S
# Derog > $X	S	S	S	S	S	S	S
Condition on last 12 mos	S	S	S	S	S	S	S
Condition on last 24 mos	S	S	S	S	S	S	S
Ratio of type/tot trades	S	S	S	S	S	S	S
Prev ratios by type trd	S	S	S	S	S	S	S
Depth of credit file	P	P	P	P	P	P	P
Ratio of install/tot trds	P	P	S	S	P	P	P
Ratio of rev/tot trds	S	S	S	S	S	S	S
Revolving tot utilization	S	S	P	S	S	S	S
Total major derogs	P	P	P	P	P	P	P
Ratio nondelinq/tot trd	P	P	P	P	P	P	P
Mos since last past due	P	P	P	P	P	P	P

附录B　创建评分卡的端到端样本

下面是一个端到端示例，展示如何创建评分卡。这是一个高度简化的示例，旨在展示如何根据本书前面各章中讨论的输入和公式来计算最终的分数。实际上，评分卡开发项目要复杂得多，还有许多其他任务。

该示例基于SAS Enterprise Miner，包括信用评分节点插件。

我们将在示例中使用的样本数据集是一个相当标准的北美数据集，包括一些人口统计信息、征信机构信息和财务信息。

注意变量“曾经60天逾期”（Ever60dpd）是我们的目标变量（图表B-1）。

图表B-1　　　　样本数据集中一些选定的变量

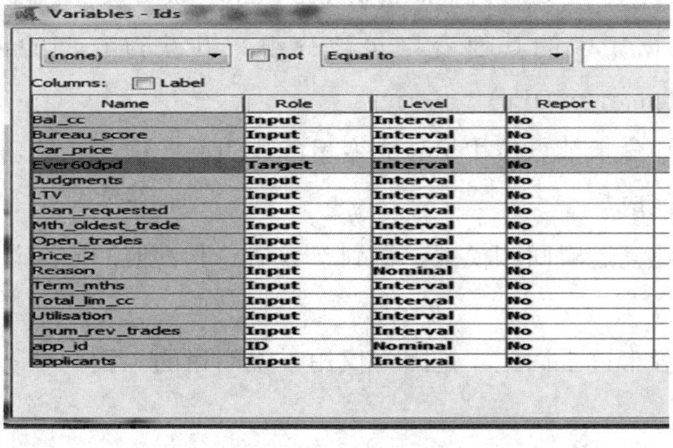

Variables - Ids

(none)　not　Equal to

Columns:　Label

Name	Role	Level	Report
Bal_cc	Input	Interval	No
Bureau_score	Input	Interval	No
Car_price	Input	Interval	No
Ever60dpd	Target	Interval	No
Judgments	Input	Interval	No
LTV	Input	Interval	No
Loan_requested	Input	Interval	No
Mth_oldest_trade	Input	Interval	No
Open_trades	Input	Interval	No
Price_2	Input	Interval	No
Reason	Input	Nominal	No
Term_mths	Input	Interval	No
Total_lim_cc	Input	Interval	No
Utilisation	Input	Interval	No
_num_rev_trades	Input	Interval	No
app_id	ID	Nominal	No
applicants	Input	Interval	No

交互式分组节点用于分组中的一些变量。

第一个分组变量是"利用率",它生成了如图表B-2所示的曲线和表格。

图表 B-2　　　　　　　　　使用的证据权重(WOE)曲线和表格

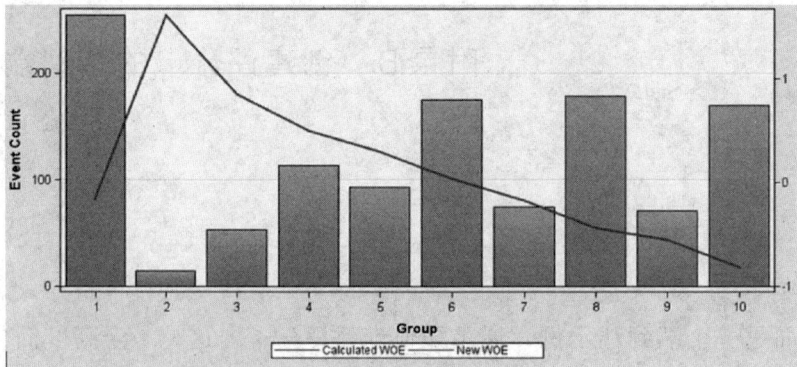

Label	Group	Calculated WOE
Utilisation < 2, _MISSING_	1	-0.15669
2<= Utilisation < 5	2	1.61812
5<= Utilisation < 12	3	0.84963
12<= Utilisation < 27	4	0.50146
27<= Utilisation < 39	5	0.2956
39<= Utilisation < 62	6	0.02892
62<= Utilisation < 71	7	-0.17937
71<= Utilisation < 92	8	-0.44191
92<= Utilisation < 100	9	-0.55603
100<= Utilisation	10	-0.82186

同样,变量最早交易月份(Mth_oldest_trade)被分成7个桶(图表B-3)。

然后,数据集中的其他变量也被分组,并获得它们的证据属性权重(weights of evidence,WOEs)。

接下来,评分卡节点被用于建立变量的逻辑回归模型,并创建评分卡。这个过程分两步完成。

第一步是建立逻辑回归模型,得到参数估计和其他回归统计信息。结果如图表B-4所示。

注意,评分卡过于简化,是因为仅用于说明目的。我们可以在模型中看到5个变量。

图表 B-3　　　　　最早交易月份的证据权重（WOE）曲线和表格

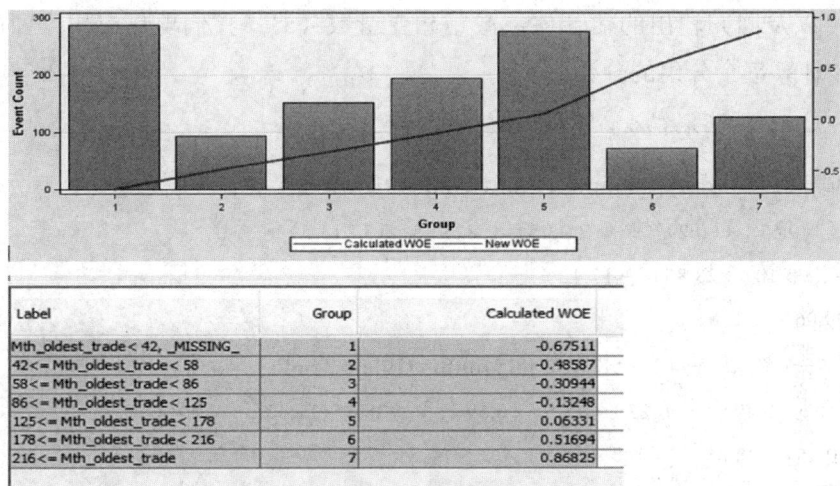

Label	Group	Calculated WOE
Mth_oldest_trade < 42, _MISSING_	1	-0.67511
42 <= Mth_oldest_trade < 58	2	-0.48587
58 <= Mth_oldest_trade < 86	3	-0.30944
86 <= Mth_oldest_trade < 125	4	-0.13248
125 <= Mth_oldest_trade < 178	5	0.06331
178 <= Mth_oldest_trade < 216	6	0.51694
216 <= Mth_oldest_trade	7	0.86825

图表 B-4　　　　　　　　逻辑回归运行的输出结果

Analysis of Maximum Likelihood Estimates

Parameter	DF	Estimate	Standard Error	Wald Chi-Square	Pr > ChiSq	Standardized Estimate	Exp(Est)
Intercept	1	-2.9323	0.0343	7307.07	<.0001		0.053
WOE_Bureau_score	1	-0.8024	0.0459	305.69	<.0001	-0.4183	0.448
WOE_LTV	1	-0.9783	0.0803	148.58	<.0001	-0.2406	0.376
WOE_Mth_oldest_trade	1	-0.2713	0.0733	13.72	0.0002	-0.0789	0.762
WOE_Total_lim_cc	1	-0.3791	0.0638	35.35	<.0001	-0.1411	0.684
WOE_Utilisation	1	-0.2662	0.0704	14.29	0.0002	-0.0846	0.766

　　根据输出结果，我们可以开始为每个被分组的属性分配分数。让我们从指定缩放参数开始，在200点时，其概率是50∶1，而在20点时，其概率翻倍。

　　根据第10章的公式，我们可以计算出"偏移"（Offset）和"因子"（Factor）。

Factor= PDO/ln（2）= 20/0.6932 =28.85

Offset=score− {Factor ×ln（Odds[①]）} =200 −（28.8517×3.9120）

　　　=87.13

――――――――――――

① Odds表示比例。

最后，使用图表 B-3 中用于最早交易月份（Months Oldest Trades）的 WOE，以及回归输出的估计值、截距和变量数（5），我们现在应用下面的公式开始计算每个分组的分数。

$$-(woe_i * \beta_i + \frac{a}{n}) \times factor + \frac{offset}{n}$$

对于第一个分组，Months Oldest Trade 少于 42 或丢失，我们会这样计算分数：

$-[(0.67 \times (-0.27) + (-2.93/5)] \times 28.85 + (87.13/5)$

$= -(-0.40) \times 28.85 + 17.42$

$= 29.06$[①]

下一分组，是 42～58 之间的 Months Oldest Trade：

$-[(-0.49 \times (-0.27)) + (-0.59)] \times 28.85 + 17.42$

$= 0.4577 \times 28.85 + 17.42$

$= 30.62$

如图表 B-5 第二列所示，变量 Months Oldest Trade 分数分布情况如下。为了便于使用，分数通过四舍五入取整数。在最右边的列中还显示了每个分组的 WOE。

本例中显示的另一个变量"利用率"的分数分布，见图表 B-6。

图表 B-5　　最早交易月份（Months Oldest Trade）分数分布

Mth_oldest_trade< 42, _MISSING_	1.00	29	-0.68
42<= Mth_oldest_trade< 58	2.00	31	-0.49
58<= Mth_oldest_trade< 86	3.00	32	-0.31
86<= Mth_oldest_trade< 125	4.00	33	-0.13
125<= Mth_oldest_trade< 178	5.00	35	0.06
178<= Mth_oldest_trade< 216	6.00	38	0.52
216<= Mth_oldest_trade	7.00	41	0.87

---

① 原书有误,实为 28.96——编辑注。

图表 B-6　　　　　　　　　利用率分数分布

Utilisation< 2, _MISSING_	1.00	33
2<= Utilisation< 5	2.00	47
5<= Utilisation< 12	3.00	41
12<= Utilisation< 27	4.00	38
27<= Utilisation< 39	5.00	37
39<= Utilisation< 62	6.00	35
62<= Utilisation< 71	7.00	33
71<= Utilisation< 92	8.00	31
92<= Utilisation< 100	9.00	30
100<= Utilisation	10.00	28

同样，我们将为评分卡中的所有其他变量计算所有其他属性的分数。

克拉克·亚伯拉罕斯（Clark Abrahams）是 BB&T 的高级副总裁、信用模型验证组经理。克拉克是银行的前首席风险官，拥有超过 25 年的银行从业经验。在 FICO，他建立并验证了评分卡，并评估了竞争性的评分技术。在 SAS，他与人合作发明了一种新的信用体系，其中包括获得专利的信用模型验证方法。克拉克是本书第一版的特邀作者，并与人合著了另外两本关于借贷的书。克拉克出生于旧金山，毕业于加州大学伯克利分校，也是斯坦福大学的工程师。他一直强烈呼吁提高透明度，以确保贷款体系是有效和公平的。

比利·安德森博士（Dr. Billie Anderson）是密歇根州大急流城费里斯州立大学的数据分析副教授。2008 年，她在阿拉巴马大学获得了应用统计学博士学位。安德森博士也是 SAS 分析培训师。在此职位上，她讲授数据挖掘和信用评分申请方面的课程。安德森博士前往客户现场，在那里她讲授并帮助客户实现数据挖掘和信用评分解决方案。她为 SAS 开发了信用评分方面的培训课程。安德森博士在信用评分领域发表过 SAS 全球论坛论文、期刊文章并撰写书籍的部分章节。

布拉德利·本德（Bradley Bender）是 BB&T 的高级副总裁，社区银行高级模型风险经理。作为模型所有者，他负责为消费者、小型企业和商业业务领域执行有效的模型风险管理框架。此前，他曾担任多个信贷和投资组合风险管理职务，负责商业、政府担保和小企业贷款业务。布拉德出生于北卡罗来纳州温斯顿-塞勒姆，毕业于北卡罗来纳大学格林斯伯勒分校，他开发并倡导了业务运营和金融服务行业集团中的模型集成、流程调整、监测和治理标准的最佳实践。

查尔斯·马纳（Charles Maner）是 BB&T 风险管理部门的定量信用风险执行副总裁，他专注于对商业、小型企业和消费者业务领域的传统信用风险进行定量分析。此前，他在美国银行负责开发和评估工作，重点是确保遵循《巴塞尔资本协定》的内部业务风险评级方法。查尔斯出生在北卡罗来纳州的温斯顿-塞勒姆，毕业于北卡罗来纳大学教堂山分校和佐治亚理工学院。他倡导将传统统计和运筹学领域的定量技术结合起来。

亨德里克·瓦格纳博士（Dr.Hendrik Wagner）是研究风险参数的独立顾问。在职业生涯的早期，他在 SAS EMEA 从事评分卡开发工具的工作，并管理数据挖掘解决方案。自 2007 年以来，他一直在为全球银行开发和验证《巴塞尔协议II》项目中的评级模型。客户包括泰国、马来西亚、南非、芬兰、匈牙利、英国和德国等国家的主要银行。其他研究领域包括欺诈建模和移动通信。他在比勒费尔德大学获得科学信息学博士学位，研究神经网络的模块化。更多详情请访问他在 Linkedin 上的主页：https：//de.linkedin.com/in/drhendrikwagner。